한국아동청소년상담학회 연구총서 7

해결중심 단기치료

Harvey Ratner · Evan George · Chris Iveson 공저
김동일 역

100 개의 핵심 포인트

학지사

This work was supported by the Ministry of Education of the Republic of Korea
and the National Research Foundation of Korea (NRF-2020S1A3A2A02103411)

역자 서문

오랫동안 각종 심리치료 이론은 내담자의 문제의 원인을 이해하기 위해 필요한 직관적이고 논리적인 설명을 제공하는 데 초점을 맞춰 왔으며 다양한 접근을 제안했습니다. 그에 비해 해결중심상담은 심리치료의 핵심 목표를 내담자의 변화에 두고 있습니다. 해결중심상담의 집단 프로그램을 운영할 때도 집단 구성원들이 지닌 문제의 동질성보다 문제를 해결하고 정서적으로 안정된 삶을 살고자 하는 공통적인 욕구에 초점을 두기 때문에 다양한 문제 영역에 활용되어 왔고, 한 메타분석 연구 결과 효과크기 1.2라는 매우 큰 값을 보였습니다(김동일 외, 2017).

이 책에서 100개의 핵심 포인트로 정리한 '해결중심 단기치료(Solution Focused Brief Therapy: SFBT)'는 빠른 시간 내에 내담자가 자신의 삶에서 변화를 이뤄 낼 수 있도록 도와주는 접근입니다. SFBT는 내담자가 자신의 문제로부터 벗어나도록 스스로를 설득하는 내담자의 언어이며, 상담을 통해 삶이 어떻게 바뀌길 바라는지 내담자와 함께 탐색하고 그러한 자리에 도달하는 데 있어서 내담자 자신이 갖고 있는 기술과 자원으로 무엇이 있는지 검토하여 단기간에 진행하는 것을 지향합니다.

이 책에서는 SFBT의 시작, 기법, 종결, 추수 회기, 수퍼비전 등에 대한 다양한 질문과 그에 대한 간결하고 의미 있는 대답을 제시하고 있습니다. 이미 SFBT에 익숙한 숙련 상담자뿐만 아니라 이제 막 입문을 한 초심 상담자가 적절한 질문을 가지고 있다면 그에 맞는 해결책을 찾을 수 있으리라 생각됩니다. 이 책을 통하여 상담자가 내담자를 '해결중심'으로 바라보는 방식을 따르길 기대합니다.

- 내담자를 다른 시각으로 바라보기
  - 내담자는 이미 유능하다. 상담자는 성공을 돕기 위한 컨설턴트이고, 내담자는 잘 해낼 수 있는 전문가이다.
  - 내담자의 생각에 중심을 두고, 내담자의 목표를 그대로 받아들여야 한다.
  - 내담자가 가장 잘 알고 있다.
  - 내담자는 변화에 대한 욕구를 가지고 있다.

- 문제를 객관화하기
  - 문제는 문제일 뿐이다.
  - 문제를 내담자 자신으로부터 분리시켜 스스로 실패자라는 생각을 버리고, 단지 문제로 인해 원치 않는 영향을 받고 있다는 생각을 갖도록 한다.

- 내담자의 유능감을 발견하기
  - 문제가 일어나지 않은 상황(예외 상황)에 초점을 맞추기: 과

거에 잘했던 성공 경험을 상기시켜 문제가 해결될 수 있는
가능성을 찾도록 한다.
-문제 용어를 해결적 용어로 재기술하기: 고착된 운명의 메시
지를 소망의 메시지로 바꾸도록 한다. 문제가 바뀌지는 않지
만, 이를 통해 문제에 대한 의미를 완전히 변화시킬 수 있다.

• 현실적이고 구체적인 목표를 세우기
-내담자 스스로 목표달성에 책임감과 협동적 태도를 갖도록
격려한다.

이 책을 내놓기까지 매우 많은 분의 도움이 있었습니다. 2020년
한국상담학회 아동청소년상담학회 연차대회 발표 및 워크숍 집단
프로그램을 직접 참여하고 운영해 준 서울대학교 WITH Lab. 연구
원들 그리고 정성 어린 손길로 책을 만들어 준 학지사 임직원 여러
분께 진심으로 고마운 마음을 전합니다. 특히 워크숍에 참여하여
우리에게 귀한 배움의 기회를 제공해 준 여러 상담자를 기억하고
자 합니다. 마지막으로, 지속적으로 동참해 준 독자 여러분께 깊은
감사를 드립니다.

2021년 관악산 연구실에서
오름 김동일

powered by WITH Lab. (Widening InTellectual Horizon):
Education and Counseling for Children-Adolescents with
Diverse Needs

저자 서문

우리 센터(BRIEF)에서 진행된 해결중심 단기치료의 세 번째 회기를 마칠 때 내담자가 상당한 향상을 보고한 후에, 상담자는 추가 회기가 필요한지 물었고 내담자는 다음과 같이 응답했습니다.

제가 지금은 상담에 많이 의존하지 않고 있다고 느낍니다. 이는 매우 좋은 징조라고 생각해요. 제가 변했다는 것을 느껴요. 저는 여러 가지 일에 어떻게 접근해야 하는지에 대한 좋은 아이디어들을 얻었습니다. 상담자와 만나서 진행했던 상담 중에서 일부는 매우 미묘하면서도 많은 것을 바꾸었고 많은 도움을 주었습니다. 하지만 어떤 면에서는 아주 간단해 보입니다. 그리고 그것들은 정말 좋았습니다. 이는 아주 작은 변화가 큰 임팩트를 가져오는 것을 증명한다고 생각합니다. 그것은 꽤 좋은 일이죠. 사실 저는 일어난 일의 배경에 대하여 이야기할 여유는 있지만, 과거는 들추지 않는 것이 좋습니다. 왜냐하면 과거에 집착하지 않는 것은 일종의 면죄부(사면)가 되기 때문입니다. 운명이나 뭐 그런 것에 대해 이야기하는 것도 어찌 보면 괜찮은 설명이고 때로는 어떤 일이 벌어진 결과에 대해 책임을 지는

데 도움이 될 수 있기 때문에, 저는 과거를 탐색하는 그런 종류의 상
담이 문제가 있다고 이야기하는 것은 아닙니다. 하지만 제 생각에 만
약 누군가가 겪지 않았어도 될 것을 다시 돌아보면서 트라우마(심리
적 외상)를 겪게 된다면 대부분 더 좋아지지 않을 수 있다고 봅니다.

이 내담자는 해결중심 단기치료 웹 사이트에 있는 설명과 실제
경험이 어떻게 매우 미묘하게 다른지 이야기해 주고 있습니다.

이 책에서 우리는 SFBT의 핵심을 정리하여, SFBT의 단순하면서
도 복잡한 과정의 풍미를 충분히 제시하고자 합니다. 해결중심접
근은 내담자가 나아지기 위해 문제 자체(혹은 문제의 원인)를 다루
지 않아도 된다고 주장한다는 점에서 의심할 여지 없이 매우 혁신
적인 접근입니다. SFBT는 결국 대화의 방식입니다. SFBT 접근의
창시자 중 한 명인 스티브 드세이저(Steve de Shazer)는 밀워키에 있
는 단기가족치료센터(Brief Family Therapy Center: BFTC)의 안내데
스크 직원과 있던 일화를 반복하여 이야기하기를 좋아합니다.
그 직원은 해결중심상담이 무엇인지 궁금하다며 회기를 참관하
고 싶다고 했습니다. 몇 분이 지나자 그녀는 "아! 이건 대화(bunch
of talk)인 거네요."라고 이야기하고 데스크로 돌아갔습니다. 드세
이저의 마지막 저서 『대화는 원래 마법이다(Words Were Originally
Magic)』라는 제목에서 알 수 있는 것처럼 대화(bunch of talk)가 변
화를 만들어 냅니다.

BRIEF 센터는 1989년에 세 명의 전문가가 설립했습니다. 우리
는 모두 사회복지를 전공하고 가족상담자 자격을 가지고 있습니
다. BRIEF는 치료, 코칭, 훈련, 컨설팅 센터(www.brief.org.uk)로서,
단기치료를 위한 폭넓은 수련 프로그램을 보유하고 있습니다. 이

책에서는 우리의 임상 경험에서 얻은 사례를 바탕으로 기법과 아이디어를 소개할 것이며, 내담자의 익명성 보장을 위해 사례를 변형하여 소개할 것입니다. 우리는 또한 이 책에 기여한 예전 동료 야스민 아즈말(Yasmin Ajmal)과 가이 셰넌(Guy Shennan)에게 감사의 말을 전하고자 합니다.

이 책의 독자에게 전합니다. BRIEF에서 수강했던 약 7만 명의 수련생은 '치료 전문가' 혹은 '상담자'로 일하지 않지만, 해결중심접근은 그들의 일과 직업에 매우 큰 도움이 되고 있습니다. 그들 업무의 관심사가 내담자의 변화에 맞춰져 있다면, 이 책에서 제시한 상담 기법을 사용할 수 있을 것입니다. 따라서 우리는 간호사, 의사, 보건 전문가, 교사, 멘토, 사회복지사, 보호관찰관, 요양소/탁아소 근무자, 부모, 매니저 등과 같은 다양한 분야의 사람들이 일상의 업무에서 이러한 접근을 활용할 수 있을 것이라 믿습니다. 특히 명시적으로 '변화지향적인' 작업을 하는 치료 전문가, 상담자, 코치들에게 커다란 도움이 될 것입니다.

차례

해결중심 인터뷰의 특징 • 67

상담 초기 단계 • 83

계약하기 • 101

PART 5 내담자가 소망하는 미래 • 141

PART 6 성공 경험 찾기 • 159

척도질문 사용하기 • 173

대처질문: 어려운 상황의 경우 • 199

상담 종결 준비하기 • 207

추수상담 단계 · 221

종결 과정의 고려 사항 · 241

평가와 자신 보호하기 · 249

가정과 학교에서 아동과 청소년을 위한 상담 · 257

PART 14 성인을 위한 상담 ㆍ 287

 PART 15 수퍼비전, 코칭, 조직관리 ㆍ 309

 PART 16 자주 묻는 질문 ㆍ 329

개관

PART

01

1

해결중심 단기치료란

해결중심 단기치료(SFBT)는 가능한 한 빠른 시간 내에 내담자가 자신의 삶에서 변화를 이뤄 낼 수 있도록 도와주는 상담접근이다. 일반적으로 변화는 두 가지 방식을 통해 나타날 수 있다. 첫째, 소망하는 미래, 즉 상담이 성공적으로 이루어진다면 자신의 삶이 어떻게 바뀔지 묘사하게 함으로써 변화가 발생할 수 있다. 둘째, 이미 내담자가 보여 주었던 기술과 자원, 즉 과거 및 현재의 성공 경험 사례들을 자세히 설명함으로써 변화가 일어날 수 있다. 이러한 이야기 과정을 통해 내담자들은 삶 속의 자기 행동을 조정해 나갈 수 있다.

SFBT는 내담자와 대화하는 하나의 방법이다. SFBT는 내담자가 자신의 삶에 대해 말하는 방식이나 내담자가 사용하는 단어와 언어가 그들 삶에 유용한 변화를 만들어 낼 수 있다고 가정한다. 이 때문에 SBFT는, 한 전문가의 말에 따르면 자신의 문제로부터 벗어나도록 스스로를 설득시키는 내담자의 언어라고 할 수 있다(Miller, 1997: 214).

이전에 단기치료 실제(Brief Therapy Practice)로 알려졌던 BRIEF 팀은 처음으로 영국에서 SFBT를 시행했다. 1980년대 후반 당시에는 이 접근법이 다른 상담방식과는 급진적으로 다르다고 여겨졌다. 많은 사람은 상담자가 내담자 호소 문제의 자세한 내용을 모른다 해도 문제가 해결될 수 있다는 생각 또는 내담자 스스로 문제를 해결할 능력이 있다는 생각이 너무 순진하다고 생각했다. 거기에 '내담자에게 평균적으로 필요한 회기는 3~4회기뿐'이라고 주장하였기 때문에, 이 새로운 접근법은 위험해 보이기까지 했다.

하지만 현재의 시점에서 보았을 때 이러한 접근법의 특징들은 더 이상 독특하게 보이지 않는다. 다른 치료 접근법에서 SFBT의 많은 핵심적 원리를 오랫동안 사용하고 채택해 왔기 때문이다. 혹자는 무엇이 SFBT인지 말하는 것보다 무엇이 SFBT가 아닌지 말하는 것이 더 쉽다고 주장하기도 했다(McKergow & Korman, 2009). 예를 들면, 이론적 지향이 서로 다르더라도 대부분의 상담 실무자는 미래 중심적 질문 또는 심지어 소위 기적질문이라 불리는 질문법(많은 사람은 이것이 해결중심 접근법을 처음 개발한 사람들의 가장 유명한 발명이라고 생각한다)을 사용한다고 말한다. 더 나아가 일반적으로 상담자들은 내담자가 상담 초기에 자신의 문제에 대해 말하도록 촉진하는 것이 필수적이라고 생각하며, 해당 과정에서 문제에 대한 정의를 잘 만들어 나가는 것이 매우 중요하다고 이야기한다. 해결중심 상담자들은 내담자들이 상담에서 자신의 문제에 대해 이야기할 수 있을 것이라고 기대한다는 점을 알고 있다. 하지만 그들은 내담자들이 문제에 대해 이야기하도록 촉진하지 않으며, 오히려 많은 경우 내담자가 '해결 대화'를 하도록 의도적으로 이끌곤 한다(Berg & de Shazer, 1993). 더욱이 어떤 접근법은 회기를 마칠 때 상담자가 다음에 무엇을 해야 하는지에 대한 조언을 제공하거나, 적어도 자신의 문제를 해결하기 위해 노력하라는 일종의 숙제를 제공해야 한다고 제안한다. 몇몇 해결중심 상담자도 내담자에게 간단한 과제를 내주기는 하지만, 대체로 다음 회기 전까지 자신의 삶 속 변화를 알아 오도록 하는 것 이상은 아니다. 이 접근법에서는 조언을 거의 하지 않는다. 이 접근법의 창안자 중 한 명인 인수 킴 버그(Insoo Kim Berg)는 상담자들에게 '내담자의 삶에 당신의 발자국을 남기지 말라'고 조언하곤 했는데, 이는 상담자가 가능한 한 적고 짧게 개입해야 한다는 것을 의미한다. '개입'은 상담자와 내담자가 서로 묻고 대답하는 것 자체이며, 그 이상도 이하도 아니다.

요약하자면, SFBT는 상담을 통해 삶이 어떻게 바뀌길 바라는지 내담자와 함께 탐색하고, 그러한 자리에 도달하는 데 있어서 자신이 갖고 있는 기술과 자원으로 무엇이 있는지 검토하는, 단기에 끝나야 하는 신속한 접근법이다. SFBT는 상담자가 내담자가 가지고 있는 문제의 유형을 평가하거나 내담자의 문제에 대한 해결책을 제공하는 것에 대한 이론이 아니다. 문제의 유형이나 해결책은 내담자로부터 와야 한다.

오늘날 '단기치료접근'은 정신역동치료나 인지행동치료와 같이 다양한 이론에 기반한 접근법들을 지칭할 수 있다. 이러한 접근법들 간의 유일한 공통점은 의도적으로 짧게 개입하려고 한다는 점—즉, 기존 접근법을 활용하여 좀 더 시간 효율적인 방법으로 개입하려고 한다는 점—밖에 없는 것 같다.

하지만 기존의 접근법과는 다르게 원래부터 짧은 기간을 목표로 두고 개발된 상담방식도 존재한다. 캘리포니아 팰로앨토의 정신건강연구소(Mental Research Institute: MRI)에 있는 단기치료센터(Brief

Therapy Center)는 1967년 이러한 목적으로 설립되었으며, 이곳의 내담자들은 처음부터 상담이 최대 10회기까지만 진행될 것임을 안내받았다. 이후 단기가족치료센터(Brief Family Therapy Center: BFTC)가 'MRI의 중서부 지부'로서 1977년 밀워키에 설립되었으며 (Nunnally et al., 1985: 77), 이곳에서 MRI의 작업과 최면치료사 밀턴 에릭슨(Milton Erickson)의 작업 그리고 가족치료 방법을 통합함으로써 SFBT가 개발되었다. MRI의 10회기 제한을 유지하지는 않았지만, SFBT 개발진들은 추적 연구를 통해 '해결중심치료'가 본질적으로 짧다는 점에 주목했다. 따라서 그들은 다음과 같이 주장했다. "일반적으로 내담자들은 치료의 이론적 기반이나 치료 계획과는 상관없이 6~10회기만 상담을 받기 때문에, 단기치료를 회기의 제한이 아닌 다른 관점에서 정의해야 한다. 그러므로 우리는 ① 회기 수 제한에 의해 정의되는 단기치료와 ② 인간 문제를 해결하는 방식으로 정의되는 단기치료를 구분하고자 한다."(de Shazer et al., 1986: 207) 따라서 해결중심 접근법은 차별화된 방법과 철학을 지닌, 특수한 단기치료 전통의 일부라고 할 수 있다.

2

해결중심 단기치료의 기원(1):
밀턴 에릭슨(Milton Erickson)

밀턴 에릭슨은 정신과 의사이자 최면치료사로, 1980년에 사망했다. 에릭슨은 자신의 작업에 대해 글로 남긴 것이 거의 없지만, 많은 상담자와 상담 학파에게 영감을 주었다. 에릭슨의 최면 요법, 신경언어 프로그래밍(neuro-linguistic programming: NLP) 그리고 가족치료의 많은 측면은 자신은 항상 이론이 없다고 주장했던 에릭슨 덕분에 발달할 수 있었다.

에릭슨에 대한 이야기가 많긴 하지만 그중 최고의 컬렉션은 제이 헤일리(Jay Haley)의 『혼하지 않은 상담(Uncommon Therapy)』(1973)일 것이다. SFBT에 미친 그의 영향력은 드세이저의 초기 저술에서 볼 수 있다. 예를 들어, 그는 다음과 같이 에릭슨의 말을 인용한다.

그(내담자)에게 도움을 줄 때, 내담자가 제시하는 모든 것을 존중하고 활용해야만 한다. 오래전의 어떤 사건이 왜 일어났는지에 대해

> 이해하는 것보다는, 내담자가 현재 무엇을 하고 있고 미래에 무엇을
> 할 것인지에 더 중점을 두어야 한다. 심리치료에서 필수적인 것은
> 내담자의 현재 및 미래의 적응이어야 한다.
>
> (de Shazer, 1985: 78)

다음으로, 드세이저는 에릭슨의 수정구(crystall ball) 기법에 대해 설명했는데, 이는 최면 상태의 내담자들에게 그들의 문제를 성공적으로 극복하는 장면을 마음속으로 그려 보도록 하는 기법을 말한다. 이 기법은 내담자들에게 '문제가 없는 삶'을 상상하도록 권유하는 '기적질문'의 시초가 되었다. 드세이저는 이렇게 말했다.

> 이러한 아이디어들은 목표가 달성된 실제 상태로서의 치료 목표에
> 심리적으로 효과적으로 대응할 수 있는 치료 상황을 만들기 위해 활
> 용된다. 내가 보기에 이 (수정구) 기법의 원리는 문제가 아닌 해결책
> 에 기반을 둔 상담의 기초를 형성한다.
>
> (de Shazer, 1985: 81)

드세이저는 에릭슨이 '변화는 가능할 뿐만 아니라 피할 수 없다'는 기대를 가지고 내담자를 만난 것으로 보인다는 점에 주목했고, 이것을 불교 사상과 연결시켰다. 변화는 계속되는 과정이고 안정은 환상일 뿐이다.

요약하면, 에릭슨의 상담 기법 중에서 단기치료의 발달에 가장 중요한 영향을 미친 것은 다음과 같다.

• 내담자가 상담 장면에 가져오는 것을 활용함

27

- 비규범적임(즉, 사람들이 무엇을 해야 하는지에 대한 규범이 정해져 있지 않음)
- 내담자의 과거나 통찰을 향상시키는 것에 대해서는 관심이 없음
- 수정구 기법
- 과제를 제시함
- 상담자는 치료의 성패에 책임이 있음

기원(2): 팰로앨토에 위치한 정신건강 연구소의 가족상담과 단기치료센터

정신건강연구소(MRI)는 1959년에 정신과 의사이자 초기 가족상담자인 돈 잭슨(Don Jackson)에 의해 설립되었으며, 의사소통 및 상담적 접근법과 관련된 아이디어를 개발하고 연구를 진행하는 것으로 유명해졌다. 1967년에 단기치료를 위한 센터가 설립되었고, 여기에서부터 전략적 가족상담(strategic family therapy)이라는 새로운 가족상담 학파가 탄생했다.

존 위클랜드(John Weakland), 파울 바츨라빅(Paul Watzlawick)과 딕 피쉬(Dick Fisch)가 센터 내의 팀을 이끌었다. 이들은 의사소통의 패턴에 관심이 있었으며, 특히 문제를 둘러싼 패턴과 체계의 변화 및 변화에 대한 저항을 측정하는 항상성(homeostasis)이라는 개념에 집중했다. 확인된 내담자(identified client)의 상호작용 패턴에 대한 관심은 문제 형성에 대한 독특한 관점을 이끌어 냈다.

　　문제와 관련된 가장 영향력이 큰 이들의 아이디어는 구체적이
고 평범한 삶의 문제들이 인식되고 다루어지는 방식으로 인해 문제
가 발생하고 유지된다는 것이다. 이유, 논리, 전통, '상식(common
sense)'에 근거하여 다양한 해결책이 시도되지만(여기에는 문제에
대한 부인도 포함된다), 그것들은 효과가 미미하거나, 없거나, 심지
어 상황을 악화시키기도 한다. …… 이러한 해결책들이 아무리 논리
적이고 옳아 보이더라도, 상담은 기존의 방식을 멈추거나 반대로 뒤
바꿈으로써 '시도한 해결방법'을 변화시키는 데 초점이 맞추어진다.

(Cade, 2007: 39-40)

　　에릭슨의 영향으로 MRI 팀은 문제 및 그 근본 원인을 이해하고
자 하는 시도를 하지 않았다. 대신에 그들은 문제를 액면가 그대로
수용했고, 문제로 인해 지금-여기에서 일어나는 것들을 살펴보았
으며, 내담자가 행동을 변화시키도록 영향을 미치고자 했다. 그들
은 최면술(formal hypnotic work)을 사용하지 않았으며, 내담자를
변화의 방향으로 이끄는 에릭슨의 언어 사용을 연구했다. 예를 들
어, 그들은 종종 내담자에게 지금은 문제를 악화시킬지도 모르는
위험을 감수하면서까지 변화를 만들 때가 아니라고 하면서 "변화
로 천천히 나아가라."라고 제안했다(Weakland et al., 1974). 역설적
으로 이 말은 내담자로 하여금 더 많은 변화를 만들어 내도록 자극
하는 효과가 있었다. 또한 그들은 '재구성(reframing)'이라는 기법을
개발했는데, 이는 문제 혹은 문제행동을 전혀 다르게 묘사함으로
써 내담자가 자신을 다르게 바라볼 수 있도록 촉진했다(Watzlawick
et al., 1974: 95). 예를 들어, 확연한 말 더듬기 증상을 보이며 세일즈
맨으로 성공하고 싶은 남성의 사례를 살펴볼 수 있다. 그가 '시도한

해결방법'은 말을 덜 더듬으려고 노력하는 것이었으나, 이 해결방법은 오히려 스트레스를 가중시켜 증상을 악화시켰다. 그들은 이 남성이 자신의 어려움을 장점으로 바라보도록 격려했다.

> 보통의 빠르고 고압적인 세일즈맨의 설득에 정이 떨어진 내담자들의 관심을 사로잡는 방식으로 바라보고자 했다. 그는 일하는 과정에서도 더 높은 수준의 더듬기를 보이도록 특별히 지시받았다. 그러나 그는 스스로 이유를 알 수는 없었지만 더 편안함을 느끼게 되었고, 일하는 과정에서 말 더듬기가 덜 나타나게 되었다.
>
> (Watzlawick et al., 1975: 94-95)

MRI 접근은 최대 10회기를 제공한다. 내담자가 10회기 이전에 충분한 진전을 보일 경우, 그들은 남은 회기 수를 추후 필요 상황을 위해 '저금(in the bank)'해 놓을 수 있다. 그들의 결과는 훌륭했다 (Weakland et al., 1974).

4

기원(3):
밀워키의 기본 단기가족치료센터와
새로운 접근법의 탄생

SFBT에 대한 이야기는, 적절하게 MRI의 존 위클랜드에게서 시작한다. 그는 팰로앨토에 살면서 MRI에서 약간의 일을 했던 젊은 상담자 겸 전 색소폰 연주자인 스티브 드세이저와 친구가 되었다. 아마도 드세이저가 그곳에서 약간의 훈련을 했을 가능성이 있다. 위클랜드는 또 다른 연습생인 인수 킴 버그에게 드세이저를 소개했고, 이 두 사람은 결혼하여 드세이저의 고향인 밀워키에 단기치료센터를 설립하기로 결정했다. 이윽고 두 사람은 재능 있는 다양한 상담자와 연구자로 구성된 팀을 그들 주위에 모았다. 한 연구의 각주에서 드세이저(de Shazer, 1989: 227)는 "절반은 '단기'상담자, 절반은 '가족'상담자로 구성된 상담자 집단을 어떻게 다르게 명명할 수 있는가?"라며 그들의 센터에 부여한 이름에 대해 말했다. 비록 그들의 초기 논문들이 가족상담 매체에 많이 실렸지만, 드세이저가 자신을 단기치료자라고 밝혔고 팀의 초기 작업이 MRI에 매우 가까웠다는 것은 분명하다. 때마침 집단의 참신한 창의력이 새로운 사상의 발전으로 이어졌고, 그들은 또한 「가족이 해결책을 가지고 있다(The Family has the solution)」(2000)라는 논문을 쓴 밀워키의 사회복지사 돈 노럼(Don Norum)의 작업과 같은, 당시로서는 신선했던 사고에도 열려 있었다.

그들이 사용한 초기 접근방식은 문제의 행동 양식을 식별하고, 내담자의 변화를 이끌어 낼 수 있는 과제를 고안하는 쪽으로 설정되었다. 또한 상담을 위한 최소한의 목표를 구성하는 것이 무엇인지에 주목하였고, 앞서 말한 에릭슨의 수정구 기법(최면술 없이 사용됨에도 불구하고)과 같은 기법들이 "불만 없는 미래에 대한 기대"를 높이는 것 같아 보였다(de Shazer, 1985: 84). 가족상담 기법인 순환질문과 유사하게, 그들은 '내담자가 자신을 타인으로서 바라보고 그들의 수정된 행동이 다른 사람들에게 미치는 영향과 그 반대의 영향을 보도록 유도하는 타인의 관점 질문'을 채택했다. 내담자와의 협력을 발전시키는 방법으로 '활용(utilization)'을 이용한다는 점이 에릭슨의 영향을 받았다는 증거이고, 드세이저는 내담자의 저항을 내담자의 독특한 협력 시도방법으로 볼 것을 제안했다. 1984년에 그는 이 아이디어를 「저항의 죽음(The Death of Resistance)」이라는 논문으로 탄생시켰다.

이 논문에서 드세이저는 팀이 개발한 과제를 언급했다. "지금부터 다음에 만나기 전까지의 시간 동안 우리는 당신이 관찰하기를 바랍니다. 그래서 다음에 우리에게 당신 가족에게 일어난 일들 중 계속해서 일어나기 원하는 것을 설명할 수 있도록 말입니다."(de Shazer, 1984: 15) 다른 곳(DeJong & Berg, 2008)에서 우리는 23개의 다양한 가족 문제를 열거한 한 가족을 만났고, 치료팀은 어디서부터 시작해야 할지 몰랐을 때 이 과제를 주기로 결정했다는 것을 알게 되었다. 그 결과, 이 가족은 돌아와서 그들이 알아낸 많은 것을 보고했고, 게다가 이런 일들 중 일부는 그들에게 새로운 것처럼 보였기 때문에 그들은 진전을 보였으며 더 이상의 상담은 필요하지 않았다. 이 팀은 다른 내담자들에게 동일한 과제를 주는 실험을 시작했고, 같은 결과를 발견했다. 1984년 그들은 결국 '1회기 공식 과제(First Session Formula Task: FSFT)'라고 불리는 이 과제를 모든 내담자에게 주도록 상담자들에게 지시하는 연구를 착수했는데, 그 결과는 충격적이었다. 특히 이 팀에게 인상적이었던 것은 내담자의 구체적인 문제 제시에 맞추어 상담 과제를 구성해야 한다는 '규칙'을 어겼다는 점이다. 대신 내담자가 제시한 문제와 상관없이 내담자에게 주어지는 일반 과제가 있었다. 드세이저와 킴 버그가 런던에서 처음으로 SFBT에 대해 발표했을 때(1990년 BRIEF 발표), 드세이저는 SFBT가 이 과제로부터 개발되었다고 언급했다. 이것은 드세이저가 제안한 '규칙에 대한 예외'의 개념으로 직접적으로 연결되었는데, 내담자들이 그들의 문제를 극복하는 시기이지만 "이 예외들을 종종 놓치는 이유는 이러한 차이점들이 차이를 만드는 것으로 보이지 않기 때문이다. 즉, 차이가 너무 작거나 너무 느리다."라는 것이다(1985: 34). 그는 FSFT가 잠긴 많은 문제를 해결할 수 있는 '스켈레톤 키(skeleton keys)'[1](자세한 예는 59장 참조)로 간주되는 여러 작업 중 하나였으며, 각 문제에 대해 다른 키를 찾을 필요가 없었다고 설명했다.

---

1) 역자 주: 여러 자물쇠에 쓸 수 있는 열쇠, 마스터키를 말한다.

─────────── **5** ───────────

단기가족치료센터: 첫 번째 단계

드세이저는 그의 첫 번째 책인 『단기가족치료의 패턴(Patterns of Brief Family Therapy)』(1982)에서 관찰팀의 중요성을 강조했는데, 그들의 임무는 MRI에서 수련받았던 것처럼 적절한 과제에서 상담자(팀을 대표하여 상담을 진행하고 있는)를 돕는 것이었다. 점차적으로 상담자들이 단지 관찰자들이 사용하기 위한 정보를 모으고 있는 것만은 아님이 명확해졌다. 인터뷰 자체가 치료적인 것으로 보였고, 그의 두 번째 책(de Shazer, 1985: 18)에서는 팀이 "촉진적이지만 필요하지는 않다."라고 이야기했다.

다른 기법들이 개발되고 있었는데, 가장 두드러진 것은 내담자가 목표를 향해 나아가는 정도를 정의할 수 있도록 0(또는 1)에서 10 사이의 평정 척도를 사용했다는 것이다. 1970년대 초 드세이저는 내담자들에게 이러한 질문이 사용되도록 가르쳐 주었다. 처음에 그는 이 척도가 자신의 문제에 대해 모호한 내담자들에게 가장 유용하다고 보았다. 이전의 MRI 접근법은 상담자가 문제가 무엇이고 어떻게 처리되고 있는지에 대해 명확히 할 필요가 있음을 강조해 왔기 때문에 모호한 내담자들의 경우 이 접근법을 적용하기 어려웠다. 하지만 척도가 고안되면서 내담자가 숫자로 자신의 문제를 정의할 수 있게 되었다.

『Keys』에서 드세이저는 14세기의 철학자 오컴의 윌리엄(William of Ockham)을 언급했는데, 그는 "더 적은 수의 논리로 설명이 가능한 경우 많은 수의 논리를 세우지 말라(what can be done with fewer means is done in vain with many)."라고 했다(1985: 58). 오컴의 면도날(ockham's Razor)[2]로 알려진 이 원칙은 효과적인 치료를 위한 최소값을 찾기 위한 핵심 동력이 되었다.

1982~1987년, 이 초기 단계에서는 해결중심모델이 주로 예외를 찾고 내담자가 예외를 확장하는 데 도움이 되는 것에 기초했다. 해결중심 접근법은 1986년 「Brief Therapy: Focused Solution Development)」(de Shazer et al., 1986)라는 논문을 통해 전 세계에 공식적으로 발표되었다. 이 논문은 12년 전 같은 저널에 게재된 고전적 MRI 논문 「Brief Therapy: Focused Problem Resolution」을 의도적으로 참고한 것이었다.

연구팀은 치료 전 변화(Weiner-Davis et al., 1987)를 살펴보기 위한 프로젝트를 구성했는데, 내담자들이 첫 번째 예약 전에 변화에 대하여 주의해 달라는 요청을 받았을 때 그들 중 2/3가 상황이 개선되었다고 보고했다는 것을 발견했다. 연구팀이 이것을 통해 알게 된 것은, 많은 내담자에게 첫 번째 회기 이전과 회기 동안 이미

---

2) 역자 주: 오컴의 면도날은 같은 현상을 설명하는 2개의 주장이 있다면 간단한 쪽을 선택하라는 의미의 철학적 원칙으로 '사고 절약의 원리'라고도 불린다.

변화 과정이 일어나고 있다는 것이다. 그러므로 상담자의 임무는 이미 일어나고 있는 변화를 증폭시키기 위해 변화의 시작점을 찾기보다는 변화 과정을 돕는 것이다. 드세이저는 불교 사상을 언급하면서 변화는 지속적이며, 안정은 환상이라고 말했다.

그러나 밀워키 팀의 연구를 수년간 관찰한 사회학자 게일 밀러(Gale Miller)는 그의 저서 『Becoming Miracle Workers』(1997)에서 이 단계가 단지 해결중심 치료법 개발의 첫 번째 단계에 불과하다고 제안하면서, 엄밀히 말하면 그것이 해결에 초점이 맞추어져 있지 않다고 말했다. 그는 이 치료법을 '생태계 단기치료법(ecosystemic brief therapy)'이라고 부르며, 이 치료법의 주된 목적은 기존의 병리학적 의사소통 패턴을 정의하고 그 패턴을 파괴하기 위해 가족이 수행할 적절한 작업을 찾는 것이었다고 말했다. 밀러에게 있어 진정한 해결중심적 지향의 전환은 '기적질문'이 개발되면서 이루어졌다. 이 질문은 내담자가 새로운 방식으로 그들의 삶에 대해 이야기할 수 있게 해 주었다.

6
단기가족치료센터: 두 번째 단계

어느 날 기적이 일어났다고 상상해 보세요. 그리고 당신이 오늘 여기에 가져온 문제들이 해결되었습니다. 알겠나요? 당신이 자는 사이에 기적이 일어났기 때문에 당신은 기적이 일어났다는 사실을 알 수 없습니다. (내담자: 네.) 알겠나요? 그럼 다음 날 당신은 기적이 있었다는 사실을 어떻게 발견할 수 있을까요? 기적이 일어났다는 것을 알려 줄 만한 변화가 있다면 무엇일까요?

(de Shazer, 1994: 114)

기적질문(miracle question)의 기원에 대한 여러 가지 이야기가 있다. 가장 신뢰할 만한 이야기는 1980년대 초반에 인수 킴 버그가 기적질문이라는 말을 처음 사용했으나 몇 년간 그것의 중요성을 인정받지 못했다는 것이다. 기적질문은 1986년의 '전통적인' 논문에 실린 평범한 참고 사항으로서만 가치가 있었으나 그로부터 2년이 채 지나지 않았을 때 드세이저는 그의 책 『Clues』에서 기적질문이 해결중심접근의 기초라고 이야기하곤 했다.

처음에 해결중심 상담자들은 기적질문을 내담자가 치료 목표를 정의하는 것을 돕는 또 다른 한 가지 방법으로 보았다. 그러나 점차적으로 그들은 기적질문을 통해 얻는 반응들이 그들이 기존에 익숙해져 있는 방식을 통해 얻은 내담자들의 반응보다 더 값지다는 것을 깨달았다. 내담자들은 그들의 상상력을 사용하여 기적 사건을 그려 보았다(에릭슨이 그의 수정구 기법에서 가능성을 봤던 방식으로). 그리고 기적질문은 비현실적인 답을 이끌어 내는 질문을 사용하기보다 내담자들로 하여금 현실적일 수 있도록 하였으며, 단순히 기적을 말하는 것만으로도 기적 이후의 장면을 경험한 것으로 보이게끔 했다.

> 질문을 할 때마다 그런 것은 아니지만 규칙적으로 그리고 치료자의 경험이 늘어날수록 더 자주, 내담자들은 마치 그들이 기적 이후에 일어나는 것을 경험하고 있는 것처럼 행동할 것이다. 내담자들은 마치 그들이 묘사하는 것을 실제로도 경험하고 있는 것처럼 그들의 신체를 이용하여 기적 사건을 묘사할 것이다.
>
> (de Shazer et al., 2007: 40)

이제 첫 회기 상담 절차는 내담자가 무엇이 그들로 하여금 상담을 찾게 하였는지 질문을 받은 뒤에 그들에게 문제가 해결되는 기적이 일어났다는 것을 상상하도록 요청하는 순서가 되었다. 그다음 내담자들은 그들이 기억할 수 있는 가장 최근의 사건 중에서 기적이 일어난 다음 날과 비슷한 일—예외 사건 또는 '기적의 조각들'(de Shazer, 2001)—을 생각해 보라고 요청받는다. 그리고 내담자들

은 그들이 치료의 목표와 관련하여 현재 어느 위치에 있는지 확인
하기 위해 척도를 사용하도록 요청받는다. 척도는 '기적 척도(The
Miracle Scale)'라고 부른다(de Shazer et al., 2007: 61).

이 해결중심접근은 몇 년 전에 비해 장족의 발전을 해 왔다. MRI
에서처럼, 상담자들은 관찰팀이 내담자를 위한 과제를 만들기 위
해 사용할 정보를 모으기로 되어 있었다. 하지만 해결중심접근 덕
분에 기적이 일어나고 있다는 신호들을 내담자가 알아차리도록 하
기 위한 또는 기적이 이미 일어나기 시작했다는 가장을 하기 위한
일들이 줄어들었다.

---

⑦

해결중심 단기치료의 현재

드세이저의 모든 저서가 발간된 1982년에서 1994년까지의 기간은 단기치료에서 창의성과 발전이 있었던 놀라운 시기이다. 그 이후로 밀워키에 있는 BFTC 팀은 해산하였고, 드세이저는 철학적인 연구에 더 많은 시간을 할애했다. 한편, 그의 아내인 인수 킴 버그는 가족과 상담하는 것에 대해 저술한 『Family Preservation』(1991), 스콧 밀러(Scott Miller)와 공동으로 저술한 『Working with the Problem Drinker』(1992)로 시작된 여정을 이어 나갔다. 여기서 흥미로운 점은 그들이 개념적으로 모델을 더 이상 진전시키지는 않았지만, 기관들이 대개 고객의 요구를 충족시키기 위해 설립된다는 점을 고려할 때 모든 종류의 내담자 서비스에 그 모델을 사용하도록 개방했다는 점이다. 그래서 해결중심 단기치료가 호소문제와 상관없이 모든 내담자에게 적용할 수 있는 것으로 여겨지지만, 특정 환경에서 일하는 상담자들은 이 접근을 그들의 내담자에게 어떻게 적용할 수 있는지 알고 싶어 한다. 후에 버그는 아동보호, 물질남용, 아동상담, 코칭 모델에 대해 책을 썼고, 사망 즈음에는 학교에서의 상담에 대한 급진적인 접근법을 소개하는 책을 쓰고 있었다(WOWW라고 알려져 있다; 78장 참조). 그녀는 상담 장면이 아닌 길거리 등 삶의 현장으로 상담을 가지고 와서 작업하는 것으로 유명했다. 최근에 코칭, 멘토링, 보건, 사회복지와 같은 다른 역할 내에서 비치료자(상담자)가 이 접근법을 사용하면서 해결중심 단기치료(SFBT)보다 '해결중심 실제(solution focused practice)'로 부르는 것이 보편화되었다. 더욱이 1980년대 중반에 BFTC가 제안한 원래 모델에 근접해 있는지, 또는 BRIEF와 같은 팀에 의해 개발된 새로운 모델을 채택했는지 여부를 확인하는 것과 관련된 다양한 접근방식이 증거에 기반하게 되면서 오늘날 '해결중심접근'이라고 부르는 것이 가능해졌다.

BRIEF에서는 우리가 제공하는 상담을 BFTC의 연속이라고 생각하는데, 내담자의 관점에서 성과의 일관성을 확인할 필요성에 있어서뿐만 아니라 특히 드세이저가 그토록 좋아했던 오컴의 면도날 원칙의 적용에 있어서도 그렇다(Shennan & Iveson, 2011). 이에 따라 우리는 초기 모델을 약간 수정했다. 예를 들어, 드세이저는 그가 죽기 오래전에 우리가 작업(상담)에서 기적질문의 중요성을 줄이고 있고, 내담자들에게 숙제를 거의 내주지 않고 있음을 알고 있었다. 그는 우리가 이렇게 하는 이유를 받아들였고, 단기치료의 전통을 발전시키려는 우리의 시도를 반가워했다.

1989년에 설립된 이래로 BRIEF는 단기치료 수련을 제공하는 세계에서 가장 큰 기관이 되었다. 이 과정에 참여하고 있는 임상가는 거의 7만 명에 이른다. 시간이 지나면서 SFBF는 영국에서 받아들여졌다. 2010년에는 영국 왕립정신과협회(Royal College of Psychiatrists)가 시행하는 심리치료에 대한 국가감사(National Audit of Psychological Therapies)에서 SFBT가 시행되고 있는 치료법 중 하나로 기재되었다. 영국의 연구자들은 다양한 범위의 환경에서 이 접근의 활용에 대한 책과 논문을 늘리는 데 기여하고 있다. 2003년에는 해결중심 실제를 위한 영국협회(United Kingdom Association for Solution Focused Practice, www.ukasfp.co.uk)가 설립되었다. 또한 남미와 유럽, 호주와 뉴질랜드에도 협회가 존재한다. SFBT는 싱가포르와 일본에서도 잘 알려져 있고, 알라스데어 맥도널드(Alasdair Macdonald)와 다른 영국 출신 사람들이 중국에 해결중심접근 수련을 전달해 왔다.

8

철학적 토대: 구성주의

기적질문 이후의 내담자는 이전과 다른 사람이다.

(Steve de Shazer의 발표, 런던의 BRIEF, 1993)

여기서 드세이저는 아마 문자 그대로 말했을 것이다. 왜냐하면 그는 현실은 발견되기보다 창조된다는 철학적 관점에 토대를 둔 구성주의적 입장을 취하고 있었기 때문이다. 이는 객관주의 (objectivism)로부터 벗어나는 변화를 포함한다(de Shazer, 1991: 46). 이러한 관점은 정신건강 진단과 관련하여 상당한 논란거리이다. 현재까지 대부분의 정신의학(psychological medicine)은 사람들이 고통받는 '조건'을 더 면밀하게 정의하려고 시도해 왔다. 이는 정의되고 치료될 수 있는 실제(예: '우울증')가 존재한다는 구조주의적 사고에 기반한다. 해결중심치료의 상담자와 같은 후기 구조주의자 (post-structuralists)의 경우, 우울증을 언급하고 객관화하는 것을 염려한다. 우울증은 이제 내담자가 남성 혹은 여성, 백인 혹은 흑인이라는 사실만큼이나 현실이 된다. 게일 밀러는 사람들이 스스로 문제를 만드는 경향이 있기에 상담의 역할은 "그 문제에서 사람들을 빼내는 것"이라고 주장했다(Miller, 1997: 214).

> 우리는 삶에서 어려운 문제들, 매우 현실적이고 때로는 매우 고통스러운 문제들에 직면하기 마련이다. 그러나…… 이러한 현실은 구성되어 간다. 문제들은 우리와 독립적인 현실로서 존재하는 것이 아니라 우리가 현실과 협상하는 방식에 따라 존재하게 되는 것이다.
>
> (Gergen, 1999: 170)

철학적 기반:
비트겐슈타인(Wittgenstein), 언어
그리고 사회구성주의

　주요한 철학적 영향을 끼친 비트겐슈타인은 '언어게임(language game)'³⁾이라는 개념을 발전시켰고, 단어들은 그것들이 사용되는 문맥과 그것들을 사용하는 규칙에 따라 다른 의미를 갖는다고 제안했다. "비트겐슈타인에 따르면, 우리는 단지 대화의 참여자들이 단어를 어떻게 사용하는지에 의해서 그것들이 무엇을 의미하는지 알 수 있을 뿐이다."(de Shazer, 1991: 69) 문제중심 언어게임(problem focused language game)은 부정적이고 과거사에 집중된 언어를 주로 포함하여 문제의 영속성을 암시한다. 반대로, 해결중심 언어게임(solution focused language game)은 보통 더 긍정적이고 희망적이고 미래중심적이며, 문제의 일시성을 시사한다(de Shazer et al., 2007: 3). '문제중심 대화가 문제 그 자체에 속하고 해결책이

---

3) 역자 주: 언어게임은 비트겐슈타인의 후기 언어철학을 대표하는 것으로, 언어는 규칙이 있는 경기나 게임과 같아서 언어활동 현장의 상황과 맥락 속에서 그 의미가 확보된다는 이론이다.

아니라는 점'에서 '문제중심 대화(problem talk)'와 '해결중심 대화(solution talk)'가 구분되었다. 반면에 "내담자와 상담자가 함께 구축하고자 하는 해결책에 관해 더 많이 이야기하면 할수록, 그들은 그들이 말하고 있는 것의 진실이나 현실을 믿게 된다. 이것이 언어가 자연스럽게 작용하는 방식이다"(Berg & de Shazer, 1993: 9). 이러한 언어적 접근은 지나치게 지적이고 사람들의 감정에 충분한 주의를 기울이지 않는다는 비판을 낳았지만, 드세이저는 감정이 언어의 한 부분이며 따라서 내담자들은 그들의 감정에 대해 이야기하지 못하도록 제지되지 않는다고 주장한다. 그리고 그는 "'내적 과정'은 외적인 기준이 필요하다."라는 비트겐슈타인의 말을 인용하며 해결중심 대화에서 드러나는 행동에 초점을 맞춘다. 추가적인 비판은 그것이 내담자들의 삶의 사회적 · 정치적 맥락에 충분한 주의를 기울이지 않는다는 것이다. 이에 대해 드세이저는 내담자가 상담자에게 외부 이슈들(예: 열악한 주거 환경, 인종차별주의)을 언급하지 않았는데 상담자가 이를 언급하는 것은 상담자 자신의 정치적 어젠다를 상담실로 가져오는 것이라고 주장했다(Miller & de Shazer, 1998).

SFBT와 가장 가까운 지배적인 철학적 입장은 사회구성주의이다. "구성주의는 개개인이 정신적으로 경험의 세계를 구성한다는 것을 제안한다. 세계를 구성하는 과정은 심리적이며, 이것은 '머리에서' 일어난다. 대조적으로, 사회구성주의자들에게 우리가 현실로 받아들이는 것은 사회적 관계의 결과물이다."(Gergen, 1999: 236-237) 이는 우리가 세계를 구성할 때 주로 사회적 관계가 제공하는 범주를 따른다는 것을 의미한다. 이는 해결중심치료에서 상담자와 내담자 사이의 관계뿐만 아니라 다른 사람들과의 관계에 대해 질문하는 것에 초점을 두는 이유를 설명한다. 이는 또한 내담자와의 협력적 관계를 보장하며, 형성되고 있는 치료적 관계에 특히 주의를 기울이는 것을 수반한다. 상담자가 적절한 조언이나 처방을 제공하기 위해 내담자를 평가하고 진단하는 일을 하기보다 내담자와 함께 내담자의 미래에 대해 작업한다. 드세이저가 말했듯이(존 위클랜드에게 농담을 하면서), "치료는 두 사람 중 한 명이 도대체 무엇을 원하는지 알아내려는 두 사람에 관한 것이다!" 이는 상담자로 하여금 상담자가 유용한 질문을 하는 데는 전문가이지만, 내담자의 삶에 대한 전문가는 아니라는 것을 받아들이도록 요구한다. 만약 내담자가 인생에서 자신이 원하는 것이 무엇인지를 가장 잘 알고 있다고 신뢰받는다면, 이는 오직 내담자만이 치료의 결과를 판단할 수 있다는 것을 의미한다. "내담자들의 평가가 문제가 해결되었음을 가리킬 때 문제는 해결된다. 이러한 입장은 드세이저와 내담자의 피드백과 평가를 유일한 정보의 원천으로 보는 것을 불신하는 증거 기반 치료를 지지하는 집단 사이에 상당한 간극을 만들었다."(Walsh, 2010: 25)

이에 대한 마지막 요점을 제시하고자 한다. 드세이저의 후기 구조주의자적인 견해는 치료가 어떻게 작용하는지를 설명하는 이론이 발전될 수 있다는 생각에 반대한다는 것을 의미한다. 그 대신에 그는 "설명(explanation)보다는 기술(묘사, description)[4]을 가능케 하는 방식으로" 철학을 사용했다(Simon & Nelson, 2007: 156). 그가 주장하듯이, 다른 치료모델들에 대해 질문받았을 때 그는 (그것에 대

---

4) 역자 주: 설명(explanation)은 이유, 원인에 대한 해석, 분석이며, 기술(묘사, description)은 사물이나 상황에 대한 관찰과 묘사이다.

한 이론을 제공하기보다는) 자신이 본 것만을 기술(묘사)할 수 있었다. 그래서 그는 내담자들에 대해 이야기할 때에도 모든 해석을 피하고 비트겐슈타인을 따랐다고 주장하며, 단지 보고 들은 것만을 기술(묘사)해야 한다고 강조할 것이다.

10

해결중심 단기치료의 기본 가정

드세이저가 즐겨 말하는 것처럼, SFBT는 이론적 기반이 없다. 하지만 앞서 살펴본 바와 같이 SFBT는 철학의 영향을 강하게 받았고, SFBT를 실시하는 상담자들은 내담자와 상담에 관하여 수많은 가정을 공유하고 있다.

- 모든 내담자는 무언가를 향해 동기화된다. 동기가 없는 내담자는 없으며, 내담자가 무엇을 향해 동기화되고 있는지 밝혀내는 것이 바로 상담자가 해야 할 일이다.
- 상담자는 내담자가 상담 작업에 어떤 방식으로 협력하려고 하는지 확인하고, 내담자가 협력하려는 방식에 가장 협동적인 방식이 무엇인지 발견해야 한다. '저항'이라는 개념은 상담자와 내담자 간 협력의 발달을 방해하기 때문에 유용하지 않다.
- 문제의 원인을 이해하려고 시도하는 것은 문제해결에 필요하지도 않을뿐더러 유용하지도 않다. 오히려 문제에 대해 논의

하는 것은 때때로 내담자에게 굉장히 방해가 되기도 한다.

- 성공적인 작업은 내담자가 상담에서 무엇을 원하는지 아는 것에 달려 있다. 내담자가 무엇을 원하는지를 알게 되면, 상담의 과제는 그것을 달성하는 가장 빠른 방법을 발견하는 것이 된다.
- 문제 패턴이 얼마나 고착되었는지에 상관없이 내담자는 문제 해결책 중 일부를 실천하고 있을 때가 있다. 심리치료에서 가장 효율적인 접근법은 내담자가 하고 있는 '이미 효과적인 방식'을 더 많이 사용하도록 돕는 것이다.
- 문제들이 곧 그 기저에 심리적인 정신장애가 있다는 것을 의미하지는 않는다. 문제들은 오직 내담자가 없어지길 바라고 있는 것들이다. 그렇기 때문에 대부분의 경우 문제가 해결되었는지를 가장 잘 판단할 수 있는 사람은 바로 내담자이다.
- 때때로 문제해결이 시작되기 위해서는 아주 작은 변화가 필요하다. 항상 문제와 관련된 모든 사람을 다루어야 하는 것은 아니다. 사실 문제를 갖고 있다는 사람을 무조건 봐야 하는 것 또한 아니다.

드세이저는 '단기치료의 기저 철학을 형성하는' 세 가지 법칙을 다음과 같이 제시하였다(de Shazer, 1989: 93).

- 망가지지 않았으면 고치지 말라.
- 무엇이 효과가 있는지 안다면 그것을 더 많이 하라.
- 효과가 없다면 그것을 다시 하지 말라. 다른 것을 시도하라.

드세이저의 이름을 담고 있는 마지막 책에는 다음과 같이 다른

'주요 원리'가 추가되어 있다(de Shazer et al., 2007: 2-3).

- 작은 변화가 큰 변화를 만들어 낼 수 있다.
- 해결책이 문제와 반드시 관련되어 있는 것은 아니다.
- 문제해결을 위한 언어는 문제의 기술을 위해 필요한 언어와 다르다.
- 항상 문제가 문제인 것은 아니다. 활용될 수 있는 예외 상황은 언제나 존재한다.
- 미래는 창조되는 것인 동시에 조정될 수 있는 것이다.

11

내담자-상담자 관계

『Clues』(1988)에서 드세이저는 MRI의 분류를 응용하여 내담자-상담자 관계를 고객형, 불평형, 방문형의 세 가지로 나타내었다. 이것은 "치료적 대화가 불평으로 시작하는 것이 특징적이다."라는 생각과 연결되어 있다(de Shazer, 1988: 88). "때로 사람들은 불평이 없는 것처럼 보이고, 치료실에 온 이유가 단순히 누군가 그들에게 가라고 했거나 누군가 그들을 데리고 온 것처럼 보인다."(de Shazer, 1988: 87) 내담자와의 관계가 '방문형(visitor-type)'일 때에는 내담자를 방문자처럼 대우하고, 치료나 과제를 강요하지 않는 것이 필요하다는 것을 의미한다. 대신에 상담자는 내담자를 칭찬하고, 그들의 편에 서서 효과가 없는 것보다는 효과가 있는 것을 찾는 것이 권장된다. '불평형(complainant-type)'은 문제가 있는 것을 알고 있지만 그것에 대해 아무것도 할 의지가 없거나 관심이 없는 내담자와의 관계를 지칭한다. 그들에게 다가가는 규칙은 방문형의 경우와 유사하다. 내담자가 자신의 문제에 대해 실제로 무언가 하기를 원하는 경우의 관계만 '고객형(customer-type)'이라고 할 수 있다.

1991년에 드세이저의 생각이 바뀌었다. 그해에 BRIEF는 드세이저와 버그를 '주저하는 내담자'라는 주제의 강연에 초청했다. 그런데 강연 중간에 드세이저는 주저하는 내담자는 절대 없다고 선언했다. 모든 내담자는 목적을 가지고 오며, 비자발적으로 온 내담자일지라도 목적을 가지고 있다는 것이다. 그는 불과 몇 년 전에 만든 구분이 상담자에게 내담자의 동기를 평가하게끔 만들어 집중을 방해한다고 느꼈다. 오히려 내담자가 우리와의 만남으로부터 원하는 것(심지어 그것이 다시는 상담자를 만나지 않는 것일지라도)을 진지하게 여긴다면 그것은 협력적인 작업관계의 기초가 된다. SFBT의 핵심은 내담자가 원하는 것과의 협력이다.

다음 대화 예시에서 상담자는 내담자가 '타당한 이유'를 가지고 만남 장소(큰 규모의 중학교 내부에 있는 상담실)에 왔다고 가정한다. 상담자는 이러한 가정을 모든 질문에 함축적으로 포함하였고, 그 결과 이와 동일한 가정이 내담자의 대답에도 반영되었다.

상담자: 제시카, 이 만남에서 네가 가장 바라는 것이 무엇이니?

제시카: 잘 모르겠고, 사실 별로 생각해 보지도 않았어요.

상담자: 지금 생각해 본다면 네가 이 만남에서 가장 바라는 것이 뭐라고 생각하니?

제시카: 바라는 건 없어요.

상담자: 이 만남이 유용하게 끝난다면 어떤 결과로 이어지길 바라니?

제시카: 유용하지 않을 것 같아요, 이런 만남은 늘 그렇죠.

상담자: 그래, 그래서 좋은 생각이 아니라는 거구나?

제시카: 네.

상담자: 하지만 너는 지금-여기에 있어. 왜 그렇지?

제시카: 저에게는 선택권이 별로 없었어요. 제가 여기에 꼭 와야 한다고 들었어요.

상담자: 어렵구나. 왜냐하면 나는 네가 꽤 의지가 강하고 스스로 선택하는 것을 좋아한다는 인상을 받았거든. 그렇지 않니?

제시카: 가끔은요.

상담자: 그렇다면 협조하고 여기에 오는 것은 왜 선택했니?

제시카: 말씀드렸듯이, 저에게는 선택권이 없었어요.

상담자: 나는 네가 항상 시키는 대로 따르는 것을 상상할 수가 없구나!

제시카: 맞아요.

상담자: 어째서 이번에는 시키는 대로 하기로 결정한 거니?

제시카: 그러지 않으면 제적당할 테니까요.

상담자: 그렇구나. 그럼 적어도 지금은, 가능하면 학교에 남을 수 있는 방법을 찾아야겠구나?

제시카: 네.

상담자: 그렇다면 만약 이 만남이 너와 학교에게 옳은 방법으로 네가 학교에 남을 수 있는 방법을 찾는 데 도움을 준다면, 이 만남이 유용한 것이라고 할 수 있겠니?

제시카: 아마 그렇겠죠.

상담자: 좋아. 내가 몇 가지 질문을 해도 될까?

제시카: 해 보세요.

제시카가 만남에 오기 위한 타당한 이유가 실제로 있었는지 혹은 그녀의 '동기'가 대화 과정에서 구성되었는지는 정확히 알 수 없다. 어느 쪽이든 동기에 대한 상담자의 추측은 그의 질문들을 위해 필요한 성분이었다.

이 입장에서 치료적인 관계에 대한 다양한 가정은 다음과 같은 제안을 한다.

- '문제'는 내담자가 바꾸기를 원하는 것이다. 내담자가 자신의 문제를 이야기할 때 상담자는 그것이 실제로 그들의 어려움임을 인지하고, 그들의 감정을 확인하도록 노력할 것이다. 하지만 상담자가 문제의 이면에 의미가 있다고 가정한다면, 상담자의 전문가적 지식에 초점을 두게 되어 내담자의 이야기에 집중하기가 어려워진다.

- 해결중심접근 상담자는 내담자가 진술한 목표 외에 다른 목표는 가지지 않는다. 법정 맥락에서 상담자는 법정 권한과 법의 요구 사항 내에서 내담자가 성취하기를 소망하는 것을 확립하려고 노력할 것이다.

- 상담자가 내담자의 목표를 향해 작업할 때와 마찬가지로, 상담자는 치료가 완료된 시점과 그것이 유용했는지 여부를 내담자가 알 것이라고 믿는다. 내담자는 이미 문제해결에 필요한 자원과 기술, 강점을 가지고 치료에 참여한다. 아직 내담자가 모르고 있을 수 있으므로 상담자는 내담자가 그것을 알아차리도록 어떻게 이야기를 꺼낼지 스스로 생각한다.

- 상담자는 내담자의 문제에 대해 내담자가 어떻게 해야 한다/할 수 있다와 같은 어떠한 관점도 가지지 않도록 노력해야 한다. 가치, 믿음, 문화의 특정 맥락에서 내담자에게 옳은 것이 무엇인지를 명확히 할 여지를 남기면서 이 상황을 해결하기 위한 내담자의 독특한 방법을 상담자와 내담자가 대화를 통해

함께 형성한다.

- 내담자가 무엇을 하든 그것은 치료 과정에 도움이 되는 가장 좋은 방법이라고 생각한다. 상담자가 내담자의 반응이 '저항'을 암시한다고 해석한다면, 이는 그들이 내담자의 말을 열심히 듣지 않는다는 단서이고 아마 뭔가 다른 것을 할 필요가 있다. 내담자의 대답이 무엇이든 SFBT에서 '틀린' 답은 없다.

- 상담자의 전문성은 내담자가 가져온 문제해결과 관련하여 내담자와 이야기하고 내담자를 생각하는 방법들에 대한 접근성에 달려 있다. 상담자의 임무는 내담자의 답변을 바탕으로 질문을 작성하는 것이며, 대부분 마지막 말을 새로운 질문에 포함시켜 내담자가 더 많은 자기발견을 하도록 유도하는 것이다. 이런 맥락에서 내담자에게는 자기 자신과의 관계가 상담자와의 관계보다 더 중요하다.

12

해결중심 단기치료가 효과가 있다는 증거

최근의 접근에서 SFBT가 작동한다는 증거는 매우 빠르게 축적되어 왔다. 맥도널드(Macdonald, 2011)의 97개의 관련 연구, 2개의 메타분석, 17개의 무작위 통제실험은 해결중심접근의 이점을 보여 주며, 9개는 기존 방법 이상의 장점을 보여 준다. 그는 34개의 비교연구 중 26개가 해결중심접근을 선호한다고 말했고, 또한 3∼5회기에서 성공률이 60%를 넘는 4,000건 이상의 사례에 대한 데이터를 강조한다. 그가 인용한 치료와 상담을 포함한 연구들은 공격성과 약물 남용(Lindforss & Magnusson, 1997), 가정 폭력(Lee et al., 1997), 부부 및 부모와의 집단 작업(Zimmerman et al., 1996, 1997), 노인과의 작업(Seidel & Hedley, 2008), 신체적인 어려움(Cockburn et al., 1997), 정신건강(Eakes et al., 1997; Perkins, 2006) 및 아동과의 작업(Littrell et al., 1995; Franklin et al., 2008)이다. 이러한 연구에서 입증된 접근방식에 대한 적용의 잠재적 범위는 인상적이며, 지금까지 명확하고 명백한 배제 기준을 지적하는 연구는 없다. 이러한 연구에서 입증된 접근은 효과적으로 적용 가능하며, 명백한 배제 기준을 지니고 있다. 인구학적 차이로는 잠재적인 내담자를 인구학적 근거에서 제외할 수 있을 만큼 충분한 차이를 만들지 못하며, 문제의 본질은 크지 않은 것으로 보인다. 맥도널드의 연구(1997, 2005)가 예상한 방향성에서 차이를 보이기는 하지만 모든 연구가 만성성에 근거하여 차이점조차 보여 주지는 않았다.

따라서 현재의 접근방식에 관한 지식은 다양한 범위에서 실현할 때의 효과성과 다른 치료법들과의 공통점을 제시한다. 이것은 윤리적인 상담에서 상담자들이 모든 내담자에게 SFBT를 시도할 수 있게 할 것이다. 그러나 살라망카에서 베예바흐(Beyebach)의 작업(Herrero de Vega, 2006)은 도움이 되며, 핵심 해결책 중심 규칙인 '만약 그것이 효과가 없다면 다른 것을 하라.'를 지지한다. 그의 연구는 세 번의 회기 후에 개선의 여지가 없으면 모델 또는 상담자의 변화를 하도록 제시하기 때문이다.

변화의 긴 영속성을 고려할 때, 가장 도움이 되는 것은 음주에 관해 성 요한 병원(St. Jean Hospital)에서 진행된 Isebaert(de Shazer & Isebaert, 2003)의 연구이다. 핵심 개입 모델을 SFBT로 사용한 이 연구를 통해 외래환자, 통원환자, 입원환자를 통틀어 대략 50%의 환자는 4년간의 금주를, 25% 이상의 환자는 절제된 음주를 했다. 이것은 꽤 효과적인 수치이며, '모든 단기치료는 단기적으로만 유용하다'는 주장을 반박한다.

───────── **13** ─────────

무엇을 '단기'라고 명명하는가

해결중심치료는 여러 상황에서 장기간 활용되어 왔고, 다양한 방식으로 제시되어 왔다. 고용지원 프로그램(Employee Assistance Programmes)에서부터 학교와 병원 현장에서까지 활용되는 SFBT는 고정된 회기(4회기, 6회기, 또는 특별한 경우에는 8회기)를 기반으로 제공된다. 이와 유사하게, 해결중심 집단치료도 시간이 제한된 형태로 시행되고, 몇몇 경우에는 장시간 진행되는 단회상담으로 제공된다. 그러나 전통적으로 SFBT는 시간제한(time-limited)이나 단기간(short-term) 형태의 치료라기보다 단기(brief)치료로 간주되었다. 또한 드세이저가 주창한 '단기(brief)'의 정의는 상담자들에게 가장 빈번하게 인용되어 왔다. "필요한 만큼만 치료 회기를 제공하고 (더 할 필요 없이) 종결하라."(인용문은 1990년에 BRIEF 팀으로 구성된 발표에서 언급된 내용이다.) 따라서 SFBT는 내담자 주도적으로 결정된 간결성(client-determined brevity)에 기초한다. 상담을 종결하기에 충분한 시점을 결정하는 주체가 내담자이기 때문에 사실상 상담의 간결성이 얼마나 간결할지를 결정하는 것은 내담자이다. 흥미롭게도, 내담자에게 추가 회기 진행 여부를 결정할 권리를 주었음에도 불구하고 전형적인 SFBT의 회기는 시간제한이나 단기간의 형태보다도 더 짧았다. 이에 관해 맥도널드는 그의 연구 결과에서 (SFBT에) 평균적으로 3~5회기의 개입이 이루어졌다고 보고했다. BRIEF에서 내담자들은 수년 동안 평균적으로 4회기 미만으로 치료에 참여했고, 최근 이 수치가 줄어들고 있다는 증거가 보고되고 있다.

(종결에 대한) 개방형 제안이 상당한 회기 단축을 불러일으킨다는 뚜렷한 역설을 설명하기 위해 해결중심치료에서의 핵심적인 가정들을 강조하여 살펴보고자 한다.

- 첫 회기의 평가 단계를 거칠 필요 없이 바로 내담자와 작업을 시작할 수 있다.
- 상담 작업은 변화의 과정을 시작하는 것이 아니라 변화가 이미 일어나고 있음을 강조하는 것이다. 대부분의 상담 작업은 첫 회기 상담 이전에 이미 완료되었을 것이다. 단지 내담자가 이를 인식하지 못하는 것이다.
- 내담자들은 문제중심적 패턴뿐 아니라 해결중심적 패턴도 가지고 온다. 그리고 '변화'는 내담자가 이미 하고 있는 것들을 더 많이 하는 것에 기초를 두고 있다.
- 내담자가 하고 있는 것이 무엇이든지 간에 그것이 현재 내담자가 할 수 있는 최선의 것이다. 따라서 상담자가 할 일은 내담자가 제시한 최선의 방법을 가지고 협력하는 것이다. 이러한 생각은 시간이 걸리고, (비용이 많이 드는) 내담자의 저항에

관한 분쟁을 피할 수 있게 한다.

- 개입(interventions)은 치료에 대한 내담자의 가장 큰 바람에서 비롯되기 때문에 내담자의 동기와 사고를 면밀히 살펴야 한다.

- 각 회기는 마치 종결 회기인 것처럼 다룬다.

- 체계적 세계관에 기반한 해결중심접근은 체계의 어느 요소나 요소 간의 관계가 또 다른 요소나 관계에 영향을 미치고, 그것들이 함께 하나의 체계를 구성한다고 간주한다(de Shazer, 1985: 43). 따라서 파급효과(ripple effect)의 특성으로, 오직 작은 변화 하나가 그 체계의 변화를 일으키는 데 필요하다(1985: 17).

- 해결중심치료는 회기 간의 간격이 긴 경향이 있는데, 이는 내담자에게 무언가 다른 것을 할 수 있는 시간을 제공한다. 따라서 네 번의 회기로 구성된 치료가 10주나 그 이상에 걸쳐 진행된다.

- 해결중심접근을 활용하는 상담자들은 대부분의 내담자가 상담자와 대화하는 것보다 더 나은 방법으로 시간을 사용할 수 있다고 믿기 때문에 상담을 그들의 삶에 있어 간단한 개입 정도로 생각할 것이다. 이 개입은 고통 속에 있는 사람들이 다시금 그들의 삶을 찾을 수 있도록 돕는 방법으로서 그들이 가진 자원에 다시 연결될 수 있게 할 것이다.

따라서 SFBT를 활용하는 상담자들은 시간 효율적인(time-efficient) 치료의 가능성을 극대화시킬 수 있는 일련의 가정을 그들의 치료 현장에 가져온다.

14

요약: 해결중심상담 회기의 구조

해결중심상담의 첫 회기는 기대하는 결과를 수립하고, 그것이 어떻게 보일지에 대한 설명을 이끌어 내고, 어떤 토대를 구축할 수 있는지에 대한 설명을 이끌어 내는 패턴을 따르게 된다. 이 세 가지 초점 영역은 다른 모든 주제가 개발되는 다음 세 가지 주요 질문에 반영된다.

- 상담을 통해서 당신이 가장 바라는 바는 무엇입니까?
- 이러한 소망이 이루어지면 인생에서 무엇이 달라질 것 같습니까?
- 이러한 소망이 현실이 되는 데 이미 준비되어 있는 것으로는 어떤 것이 있습니까?

해결중심 단기치료자가 성공적인 단기치료를 원한다면 이 틀을 벗어날 필요가 없다. 여러 상담자는 두 번째와 세 번째 질문에 관해서는 자신이 선호하는 순서를 가질 수 있지만, 원하는 종결점을 알지 못하면 올바른 방향으로 대화를 조정할 수 없기 때문에 모두 첫 번째 질문으로 시작한다. 소망하는 결과가 합의되면 어떤 상담자는 더 나은 미래를 향한 확고한 발판을 제공할 수 있는 기초를 확립하려 할 수 있다. 다른 상담자는 내담자가 자신이 소망하는 미래를 먼저 설명하도록 하고 나서 이 유리한 시점에서 그 역사를 되돌아보게 할 수 있다. 때때로 내담자는 첫 회기에서 이미 상당한 진전을 이루기도 한다. 어떤 한 절망적인 어머니는 자녀가 이미 개선되고 있다는 사실을 보고하기 위해 상담에 데려온 적이 있다. 상담자는 소년에게 있어 어머니가 어떤 의미를 지니는지 묻는 것으로 상담을 시작했다. 30분 후 상담자는 소년과 그의 어머니가 알아차린 40개의 개선 목록을 작성했다. 그것이 마지막 회기가 되었고, 내담자 소년이 한 모든 작업이었다.

다음에는 해결중심 실제의 기본 요소를 설명할 것이다. 우리는 이것을 현재의 아이디어와 BRIEF에서의 실제에 기반을 두고, 우리 자신의 연구에서 사용된 사례를 제시할 것이다. 우리는 해결중심 실제의 주요 요소에 대한 간단한 요약을 제시하려 한다. 이것들은 상담자가 준수해야 할 '규칙'이 아니라 단지 '가이드라인'임을 명심해야 한다.

첫 회기

- 시작. 많은 상담자는 다른 접근법과 마찬가지로 내담자를 알게 됨으로써 그들의 상담을 시작하기를 원할 것이다. 해결중심상

담에서는 문제가 아닌 사람에게 관심을 나타내기 위해 이 단
계를 '문제 없는 대화'라고 한다. 보통 이 단계는 부가적인 단
계이다.

- 대조. SFBT는 내담자중심 접근방식이므로 상담자는 내담자와
  의 만남을 통해 내담자가 원하는 것을 시작 시점에 발견하는
  것이 중요하다. "상담에서 당신이 원하는 최선의 소망이 무엇
  입니까?"라는 질문이 BRIEF가 개발한 질문이다(George et al.,
  1999: 13).

- 소망하는 미래 상황 설명하기. 상담에서 원하는 내담자의 소망을
  설정하였다면, 다음 단계는 내담자가 자신의 최선의 소망이
  달성되었다는 것을 일상적인 관점에서 어떻게 알 수 있는지
  설명하도록 하는 것이다. '미래질문(tomorrow question)'이라는
  이름의 이 질문은 "당신이 하룻밤 동안 소망을 이루었다고 가
  정하면 내일 무엇을 하시겠습니까?"와 같은 것으로 BRIEF에
  서 가장 많이 사용되는 질문이다.

- 이미 성공하고 있는 사례 식별하기. 내담자가 소망하는 미래에 대
  해 자세히 설명하면 상담자는 현재 또는 최근 과거에 상관없
  이 내담자의 삶에서 이미 일어나고 있는 그 미래의 징후를 탐
  색한다. 여기서 징후란 내담자가 소망하는 미래의 성취에 맞
  는, 내담자가 하고 있거나 행한 모든 것을 의미한다. 척도질문
  (scaling question)은 내담자가 진행률을 평가하는 데 자주 사용
  되며, 10은 소망하는 미래를 나타낸다. 내담자의 점수가 0보
  다 높거나 이전에 있었다고 가정하면, 내담자가 이미 하고 있
  는 일을 설명할 수 있을 뿐만 아니라 미래에 작은 발전의 징후
  가 무엇인지 확인할 수 있다.

- 마무리. 상담이 끝나기 직전에 상담자는 내담자가 유용하다고 말한 것을 반영하기 위해 잠시 휴식 시간을 가질 수 있다. 그런 다음 상담자는 회기를 요약하여 내담자가 어려움을 겪고 있음을 인정하고, 내담자가 이미 표현한 소망들과 이미 달성했을 수도 있는 성공들에 대해서 칭찬한다. 여기서 목표는 내담자가 말한 모든 것을 강조하여 고객이 더 발전할 수 있도록 하는 것이다.

추수 회기

두 번째와 그 이후의 회기에서 우리는 내담자가 소망하는 미래를 향한 진전을 추적하고 있으며, 따라서 시작질문(opening question)은 일반적으로 "마지막으로 만난 이후로 무엇이 더 좋아졌습니까?"이다.

이는 상담자가 앞의 4단계에서 시작하는 것과 같은 것이다. 일반적으로 '최선의 소망' 또는 '소망하는 미래'를 다시 탐색할 필요는 없다. 상담자는 종종 내담자의 진전을 확인하고 이를 확대하고 통합하는 방법을 찾기 위해 다시 척도질문을 할 것이다. 내담자가 진전이 없거나 상황이 더 나쁘다고 보고하는 경우, 상담자는 대처질문(coping question)이나 문제에 대한 예외를 찾는 것을 포함하여 많은 대처방식을 사용할 수 있다.

해결중심 인터뷰의 특징

15

치료적 대화에 대한 아이디어

상담은 대화의 한 형태지만 즐기기 위해서라기보다는 목적을 지향하는 대화이다. SFBT에서 내담자는 항상 치료의 목적을 정의한다. 그 후 대화는 그 목적을 향해 간다. 우리가 대화 과정에 대해 완전히 이해할 수는 없지만, 이를 정의하는 데 도움이 되는 간단한 아이디어가 있다.

• 교대로 대화하기
• 각 발언은 직전의 발언을 따르고 그것을 기반으로 하기

교대로 대화하기는 모든 사람이 발언권을 가질 수 있게 해 주기 때문에 우리가 살고 있는 세상을 형성하고 정의하는 데 참여할 수 있게 한다. 예를 들어, 이는 중단으로 규칙이 깨졌을 때 눈에 가장 잘 띈다. 만약 다른 사람들이 우리가 말할 차례에 너무 많이 말하거나 다른 이유로 우리가 목소리를 내지 못한다면, 우리는 소외되고

약화된다. 이것은 우리의 많은 내담자와 권리를 박탈당한 개인과 집단의 경험이다. 각 사람이 목소리를 낼 수 있는 기회의 균등은 아마도 가장 중요한 평등일 것이고, 적어도 상담실에서 상담자가 차례대로 말할 수 있을 만큼 훈련을 받는다면, 이것은 각 내담자에게 제공될 수 있다.

각각의 발언이 직전의 발언에 기반을 둔다는 두 번째 아이디어는 창의성과 치료가 효과적이기 위해서 필요하다. 만약 이 두 가지 아이디어를 따른다면 각각의 대화는 끊임없이 진화하는 세계관을 '공동 창조'하는 데 도움이 될 것이다. 상담자의 임무는 신중한 질문 선택을 통해 의뢰인에게 유리한 이 관점에 영향을 주는 것이다.

16

'다음' 질문을 선택하기

일상생활에서 우리는 보통 우리가 대화를 나누는 방식에 대해 의식적으로 주의를 기울이지 않는 편이다. 만약 우리가 의식적으로 신경을 쓴다면 가식적이고 부자연스럽게 느껴질 것이다. 그러나 전문적인 대화는 일상적인 대화와는 다르며, 우리의 대화는 내담자에게 유용하거나 당면한 문제에 필수적인 것들에 의해 좌우되어야 한다. 내담자의 이야기를 들으면서 우리는 내담자의 이야기가 창의적이고 기능적인 방향으로 쌓여 나가기 위한 다음 질문을 구상해야 한다. 그러나 내담자의 답변이 다면적일 경우에는 다음 답변을 선택하는 것이 쉽지 않다. "상담이 끝났을 때 원하는 최상의 상태는 무엇인가요?"라는 질문에 대한 다음 답변을 살펴보자.

확실히 잘 모르겠어요. 저는 엄마와 마찬가지로 성인기의 대부분을 우울증으로 힘들어하며 보냈거든요. 종종 다 포기하고 침대에 누워 있기만 했던 날들도 있어요. 남편은 이런 제 상태가 지긋지긋하다고 했고, 대부분의 저녁을 술집에서 보냈죠. 저는 그냥 괜찮아지 면 좋겠어요.

이 답변에 포함된 모든 측면을 따라가는 것은 불가능하다. 따라서 선택이 이루어져야 한다. 상담자의 상담 모델이나 이론은 어떻게 선택을 내릴 것인지에 큰 영향을 미칠 것이다. 원인론에 기반한 모델에서는 원인을 찾고자 할 것이며, 과거력을 중시하는 모델에서는 어머니의 우울증을 더 탐색할 것이다. 또한 체계적 접근에서는 결혼관계에 관심을 갖고, 관계와 우울증의 연결고리를 찾고자 할 것이며, 인지치료에서는 '포기하는 것'에 대한 신념을 가장 먼저 탐색하고자 할 것이다. SFBT에서는 내담자가 '상담으로부터 원하는 최상의 상태'의 질문에 대한 답변 부분에 집중할 것이다. 어려움에 대한 내담자의 설명은 이어지는 질문의 어조나 분위기(tone)에 영향을 미치겠지만, 질문의 내용은 확실하게 '괜찮아지고 싶은' 내담자의 소망에 초점을 맞출 것이다. 예를 들면, "괜찮아지고 있다는 것을 보여 주는 첫 번째 신호는 무엇일까요?"와 같은 질문을 할 수 있다.

SFBT 이론에서 가장 자주 물어보는 질문은 "그 밖에 무엇이 있나요(What else)?"이다. 수련생들은 '잘 모를 때'는 "그 밖에 무엇이 있나요?"를 물어보면 된다는 농담을 하곤 한다. 이 질문은 내담자로 하여금 진술을 더할 수 있도록 돕는 가장 간단한 방법이다. 예를 들어, 앞의 예시에서 내담자가 "외출을 더 자주 하게 될 것 같아요."라고 답을 했다면 상담자는 "그 밖에 무엇이 있나요?"라고 이어서 질문할 수 있다. 내담자는 이 질문에 대해 "이야기한 지 한참 된 친구에게 연락할 것 같아요."라고 대답할 수 있을 것이다. 반면에 상담자는 "어디로 외출을 하게 될까요?"라고도 질문할 수 있다. 그리고 이후 대화하는 몇 분 동안 그녀가 어디를 갈 것이고, 누구를 만날 것이며, 어떤 변화가 그녀에게 일어날 것인지 등에 대해 이야기를 나눌 수도 있다. 그런 다음 "괜찮아지고 있다는 것을 보여 주는 또 다른 것은 무엇이 있나요?"라고 물을 수도 있다. 이러한 질문방법의 차이는 [톤(Tohn)과 오슐랙(Oshlag)의 1997년 연구에 따르면] 확장(broadening)과 상세화(detailing)로 설명될 수 있다. 두 가지 방법 모두 해결중심 인터뷰에서 활용된다(41장 참조).

이 책의 전체 내용은 SFBT에서 내담자에게 상담으로부터 원하는 최상의 상태에 대한 질문을 한 후에 "그 밖에 무엇이 있나요?"라는 식으로 이어지는 질문을 선택해 나가는 시스템을 담고 있다고도 할 수 있다.

───────────── 17 ─────────────

인정과 가능성

(상담자가) 내담자가 머무는 지점에 같이 있는 것은 매우 중요하다. 특히 미래지향적인 모델에서라면 더욱 그렇다. 해결중심적이 된다는 것은 (문제를 매우 싫어하는) 문제공포증(problem-phobic)을 가지게 된다는 것을 의미하지 않는다. 내담자가 존재하는 지점을 인정하는 것은 내담자가 가게 될지도 모르는 가능한 지점들을 탐색하는 것만큼이나 중요하다(O'Hanlon & Beadle, 1996). 어느 치료적 접근법에서와 마찬가지로, 상담자는 내담자가 말하기로 한 모든 것에 주의 깊게 관심을 가지고 귀를 기울일 필요가 있다. 그러고 나서 상담자가 어떻게 반응할지는 상담자가 따르는 특정한 접근법이 무엇인지에 따라 크게 다르다. 내담자의 대답을 주의 깊게 듣고 나면, 상담자는 그다음 질문에 대한 발판을 형성할 것이다. 역사적 기원을 탐색하는 모델에서는 문제에 대한 내담자의 설명에 다음과 같이 대답할 것이다. "매우 힘드셨겠네요. 언제부터 그렇게 힘드셨어요?" 강점 기반의 상담자는 이렇게 말할지도 모른다. "매우 어려

우셨겠네요. 그 힘든 마음을 어떻게 다루어 오셨나요?" 이 두 예시에서 내담자는 인정받았다고 느낄 수 있지만, 후자의 질문에는 해결 가능성에 있어 더 분명한 씨앗이 있다. 역설적이게도, 해결중심 모델에서는 고충이 클수록 문제가 많이 발생하고, 다루기 힘든 것처럼 보일수록 그 문제들을 다루어 가는 성취감이 더 커진다. 인내와 결단력 같은 생존 강점을 알아차리는 것은 미래 가능성의 길을 열어 준다. "만약 모든 투쟁이 결실을 맺고 결국에는 고비를 넘긴다면, 무엇이 이런 어려움이 지나갔다는 첫 번째 신호가 될까요?"

다음은 초등학교에서 제적당할 위기에 처한 5세 소년 아벨의 사례이다. 아벨의 어머니는 다발성 경화증으로 심각한 장애를 겪었고, 몸이 좋지 않은 날에는 휠체어가 필요하기 시작했다. 그녀의 예후는 나빴다. 작업은 담임 교사인 브라운(Miss Brown)과만 시작되었고, 아벨의 어머니는 참석을 거부했다. 브라운은 선명히 괴로워했다. 부분적으로는 아벨의 극단적인 행동 때문에 힘들어했고, 아마도 그보다 더 그녀가 생각하는 그녀의 권위에 아벨이 도전했기 때문에 괴로워했다. 더 오랜 상담 끝에 상담자는 브라운의 인내심에 대해 이야기했고, 아벨이 그렇게 많은 관심을 요구했음에도 그녀가 어떻게 아직도 수업을 진행해 나갈 수 있었는지를 물었다. 그녀는 수업을 진행하는 것은 매우 어렵다고 말했고, 학급에서의 운영이 어렵기 때문에 제적을 고려하고 있다고 말했다. 비록 치료에 대한 의뢰가 제적 과정에서 필요한 절차였지만, 상담자는 이를 보다 건설적으로 보기를 선택했고, 상담자는 브라운에게 아벨에게 치료의 효과가 있을 것이라는 희망을 아벨의 어떤 모습에서 보았는지 물었다. 그녀는 아벨이 노래를 부를 때 마치 작은 천사 같았다고 대답했고, 문제행동 뒤에 매우 상냥한 소년이 있음을 볼 수 있었다.

교사의 어려움을 인정하고, 그녀의 능력을 알아주며, 작은 희망의 실마리를 찾은 상담자는 브라운에게 치료법이 긍정적인 효과가 있다는 것을 어떻게 알 수 있을지를 물었다. 그녀는 아벨이 걸어 들어오는 순간부터 알 수 있을 것이라고 말했고, 아벨이 영국의 거의 모든 유치원에서 하는 아침 의식(ritual)을 수행하는 것을 묘사했다. 조용히 매트 위에 앉아 이름이 호명될 때 대답하고, 조용히 줄을 서서 조용히 조례를 한다.

이틀 후 상담자는 아벨과 아벨의 어머니 글로리아를 만났다. 그녀는 브라운보다 훨씬 더 괴로워했고, 아벨의 문제로 인한 질병과 임박한 죽음을 보였으며, 특히 아들이 제적되면 교육의 기회를 잃게 되고 결과적으로 그의 인생을 망치게 될 것이라는 사실에 화가 났다. 그녀는 학교의 조치에 화가 났고, 제적 문제를 놓고 싸우겠다고 맹세했다. 글로리아는 질문을 받았을 때 자신이 항상 싸움꾼이었으며 또 그래야만 했다고 말했다. 심지어 그녀는 아벨에게 '정상적인' 어머니가 되고 싶은 마음에 휠체어와도 싸우고 있었다. "만약 투쟁이 성공한다면, 이 투쟁이 가치가 있었다는 것을 어떻게 알 수 있을까요?" 이 강점과 결단이 일깨워질 수 있도록 초대하는 질문에 대해 글로리아는 "학교에서 행복하게 돌아오게 될 거예요."라고 말했다. 어느 해결중심상담의 대화에서처럼, 아벨의 행복한 행동에 대한 묘사는 그 가능성의 핵심이 된다. 아벨 역시 학교에서 행복해지고 싶었다. 아벨은 브라운을 좋아했고, 그녀가 잘해 주었기 때문에 얌전히 행동하는 것도 좋아했다. 상담자는 아벨에게 어떻게 얌전히 행동해야 하는지를 아느냐고 물었다. 아벨은 고개를 끄덕였고, 격려와 함께 '좋은 행동'을 설명하기만 하는 것이 아니라 하루를 시작할 때 좋은 행동을 계속했다. 아벨은 어머니, 상담자와 함께 매트 위에 가장 오래 그리고 조용하게 앉아 있었고, 줄을 서 있는 동안 최대한 안절부절못하지 않았으며, 아무 말 없이 치료실 주변을 안내할 수 있었다.

홍미롭게도, 아벨의 행동은 브라운을 만난 다음 날 그리고 상담자와 만나기 전에 학교에서 극적으로 바뀌었다. 브라운은 이미 고비를 넘기 직전인 것 같다.

18

칭찬

SFBT의 특징은 처음부터 내담자에게 긍정적인 피드백을 주면서 회기를 종료하는 것이다. 이는 훈련된 사려 깊은 과정이다. 게으르거나 잘난 체하는 말은 내담자에게 해를 끼치지는 않지만 상담자에 대한 신뢰를 확실히 떨어뜨릴 것이다. 따라서 칭찬(compliments)은 특정한 특성을 가질 필요가 있다. 칭찬은 정직하고 증거에 기반을 두어야 한다. 그래야 내담자가 칭찬의 근거를 물었을 때, 상담자는 내담자의 특정한 행동을 짚어 낼 수 있다. 칭찬은 치료를 받기 위한 내담자의 목표와 관련이 있어야 하며, 가급적 내담자가 노력을 통해 달성한 것과 관련되어야 한다. 또한 내담자가 받아들일 수 있고 동의할 수 있는 방식으로 제공되어야 한다. 칭찬은 우리가 '긍정적인 것을 짚어 내야 한다'고 잘못 생각했을 때처럼 내담자가 상담자의 관점을 받아들이도록 설득하는 데 사용될 수 없다. 내담자는 자신감이 부족하다고 말하면서 마치 그렇지 않은 것처럼 행동할 수 있다. 상담자는 "당신이 여기서 보이는 행동을 보면 자신감이 많은 것 같아요."라고 말하지 않을 것이다. 대신 "자신이 없다고 느끼면서도 어떻게 자신 있게 행동할 수 있는 방법을 찾았나요?"라고 말할 수 있다.

마지막으로, 칭찬은 조건 없이 무조건적이어야 하고, 상담자가 보고 싶은 행동을 내담자가 하도록 압력을 가하기 위해 사용되어서는 안 된다. "당신은 이 숙제를 정말 잘했네요. 계속 그렇게 하세요."와 같은 전형적인 조건부 칭찬은 심각하게 받아들여질 것 같지 않다. 왜냐하면 그것이 칭찬을 해 주는 사람의 신념에서 나온 것이기 때문이다.

해결중심 상담자가 점점 더 일을 하게 되면서, 많은 칭찬이 질문으로 쌓이게 될 것이다. "지금 당신이 마주하는 모든 어려운 상황을 고려해 볼 때, 당신은 어떻게 그렇게 좋은 숙제를 제출했나요?"와 같은 칭찬은 긍정적이고 인정할 만하다. 새로운 해결중심 상담자는 각 회기를 칭찬으로 끝내는 의식을 고수하는 것이 좋다. 이것이 회기 동안 상담자의 관심에 영향을 주기 때문이다. 만약 마지막에 칭찬을 해야 한다면, 상담자는 회기 중에 강점과 업적을 찾을 수밖에 없다. 이는 회기가 해결중심 궤도에 머무르는 데 도움이 될 것이다.

19

누구를 만날지 결정하기

13장에서 논의했던 것처럼, SFBT는 체계이론에 기반한 가족상담(family therapy)의 전통 속에서 발전되었다. 이러한 이론적 영향으로 인해 체계 내 한 부분의 변화(가족, 팀, 친구 집단, 혹은 조직에서의 변화)가 체계 내 다른 부분에 변화를 가져올 것이라고 가정한다. 이러한 변화의 파급효과는 드세이저의 초기 연구를 통해 상담에서 다뤄지지 않은 이슈와 관계들 또한 여전히 상담 과정에 의해 긍정적인 영향을 받고 있는 것으로 밝혀졌다(de Shazer, 1985: 147-154). BRIEF의 연구(Shennan & Iveson, 2011)는 상담 회기에 참여하는 사람들과 상담 성과 사이에 분명한 상관관계가 없다는 이 견해를 지지했다. 상담에 누가 참여했는가와 상관없이 같은 비율의 내담자가 개선되었다고(또는 개선이 부족하다고) 보고했다. 심지어 '확인된 환자(identified patient)'[1]의 출석조차 필수적이지 않은 것으로 보인다.

---

1) 역자 주: 가족이라는 조직체가 만들어 낸 환자 혹은 표면에 드러난 환자를 의미한다.

상담에 누가 참여하는지가 상담 성과에 거의 또는 전혀 영향을
미치지 않으며, 상담자 또한 추천에 대한 근거가 되는 지식을 가지
고 있지 않다. 따라서 내담자가 누가 상담 회기에 참여해야 하는지
궁금해할 때, 그 상황에 대해 가장 잘 알고 있는 사람이 내담자이기
때문에 해결중심 상담자는 내담자의 의견을 구할 가능성이 높다.
이에 대해 상담자는 이렇게 말할 것이다.

> 솔직히 말해서, 우리는 추천을 할 정도로 당신에 대해 충분히 알
> 지 못합니다. 우리는 다만 어떤 사람들은 혼자 오는 것을 좋아하고,
> 어떤 사람들은 온 가족과 함께 오는 것을 좋아하며, 어떤 사람들은
> 오고 싶어 하지만 일이나 학교를 하루 쉴 여유가 없다는 것을 알고
> 있습니다. 그래서 우리는 당신의 판단을 믿을 것입니다. 생각해 보
> 시고 당신이 생각하기에 누가 상담에 오는 게 좋을지 정해 보세요.
> 우리는 거기서부터 시작할 것입니다. 중간에 변화를 원하신다면 우
> 리가 도중에 다른 선택을 해 볼 수 있으니 염려 마세요.

내담자는 스스로 결정을 내릴 수 있다는 것과 상담이 생계나 교
육을 받는 것과 같은 삶의 필요와 병행하여 진행될 수 있다는 사실
을 인식한다. 그리고 상담자는 어떤 사람의 부재에 대해 부정적인
이유를 가정하지 않는다. 누가 참여하든 상담에 참여하기에 적합
한 사람들이며, 참여하지 않은 사람들은 자신이 맡은 다른 일들을
해 나가고 있기 때문이다.

상담 초기 단계

PART

03

———— **20** ————

문제에서 자유로운 대화

문제에서 자유로운 대화(problem-free talk)는 다음과 같이 세 가지 목적이 있는 간단한 기법이다.

- 문제에서 자유로운 대화는 새로운 내담자를 만나는 첫 몇 분 동안 '문제' 대신 '사람'을 만날 수 있게 해 준다.
- 문제에서 자유로운 대화는 상담자가 함께 일할 내담자를 '선택'하게 해 준다.
- 문제에서 자유로운 대화는 '자원 수집' 과정을 시작하게 하는데, 이는 내담자와 상담자가 문제를 해결하기 위해 필요한 수단들을 갖추게 한다.

문제에서 자유로운 대화에는 내담자의 호소 문제를 포함하지 않는 삶의 측면에 대해 몇 분간 묻는 과정이 포함된다. "당신에 대해 말해 주세요." "멀리서 왔나요?" "당신은 무슨 일을 하나요?" ("당신은 하루를 어떻게 보내나요?"는 드세이저가 자주 사용하는 질문이었다.)
또는 내담자의 삶에 대한 어떠한 관심의 표현으로든 시작할 수 있
다. 대화가 진행되면서 내담자는 종종 의뢰를 당한 '문제'가 아닌 사
람으로 보이게 된다.

다음의 대화 예시에서는 BRIEF의 전 동료였던 야스민 아즈말이
이제 막 9세가 된 로버트라는 내담자와 대화를 시작한다. 로버트는
학교를 통해 의뢰되었다.

상담자: 요즘 학교에서 무얼 하니?

로버트: (신난 목소리로) 과학이요.

상담자: 그게 네가 좋아하는 거니?

로버트: 네.

상담자: 과학 시간에 네가 무얼 하는지 이야기해 줄래?

로버트: 우리는 전기에 대해 배우고 있어요.

상담자: 그래서 어떤 걸 배웠니?

로버트: 그게 어떻게 감전시킬 수 있는지요.

상담자: 오.

로버트: 전선을 고무로 감싸서 감전시킬 수 없게 하는 것에 대해서도요. 그
리고 우리는 회로도 직접 만들었어요.

상담자: 그것에 대해서 말해 보렴. 그 회로는 전선으로 만든 거니?

로버트: 네, 전선이랑 전구랑 모터로요.

상담자: 재미있어 보이는구나.

로버트: 저는 상자가 있었고, 바퀴랑 조명, 조명 2개랑 모터를 만들었어요.
그리고 상자를 자동차 모양으로 만들었어요.

상담자: 정말?

로버트: 네, 그리고 모터 4개를 넣었어요.

상담자: 모터 4개! 왜 4개니? 더 빨리 가게 하기 위해서였니?

로버트: 힘을 더 주기 위해서요.

상담자: 그렇구나.

로버트: 그리고 전원을 켰는데 불이 들어오고 앞으로 나갔어요.

상담자: 정말! 빨랐니?

로버트: 네. 제가 잡을 수도 없었어요!

상담자: 왜? 너무 빨라서?

로버트: 네. 테이블에서 떨어져서 물통에 들어가서 망가졌어요.

상담자: 오, 이런!

로버트: 그렇지만 괜찮았어요.

상담자: 괜찮았구나. 왜 그랬을까?

로버트: 다시 만드는 법을 알았으니까요.

이러한 대화는 3분 이내로 지속되었다. 로버트는 열정적이고, 자신감 있으며, 관대하고, 사회적 기술을 갖춘 소년이었다. 그는 예의 바르고, 협동적이고, 유머러스하고, 생각을 분명히 말하며, 모든 교사가 수업에 참여하는 걸 반기고, 모든 부모가 자신의 아이들과 노는 것을 좋아할 만한 매우 호감이 가는 아이였다. 이러한 모습을 통해 학교에서 무기정학을 당할 뻔한 로버트 대신 야스민이 함께 일하도록 '선택한' 로버트로 볼 수 있게 되었다. 4회기 넘게 진행된 이후의 작업에서 야스민은 유능하고 협력적인 로버트를 옆에 두고 더 보람 있고 성공적인 학교생활을 위한 그만의 독특한 길을 함께 찾아갔다.

해결중심 레퍼토리와 마찬가지로, 문제에서 자유로운 대화는 우

리 모두가 태어나면서부터 배운 일상적인 대화에서 끌어온 것이
다. 만약 사회적인 상황에서 새로운 사람을 만났을 때 그들의 문제
에 대해 묻기 시작한다면 지구에서의 사회적 생활은 태어났을 때
끝났을 것이다. 우리는 사회적으로 공통점을 찾으면서 그리고 다
른 사람에게서 우리가 좋아할 만한 점이나 가치를 찾으면서 대화
를 시작한다. 해결중심 상담자는 이런 일반적인 기법을 치료적 도
구로 가져왔다.

21

강점 확인하기

BRIEF의 첫 번째 과정은 두 시간에 걸친 저녁 회기로 구성되어 있다. 첫 번째 회기의 주제는 문제에서 자유로운 대화와 자원을 확인하는 것이었다. 일주일 뒤, 두 번째 회기에서의 피드백은 꽤 예외적인 것이었다. 많은 참여자가 자신들의 내담자에게서 호소 문제의 해결과 같은 중요한 변화들을 보고했다. 그들이 이전과 다르게 했던 유일한 차이점은 문제에서 자유로운 대화를 하는 것이었고, 동시에 무엇이 되었든 간에 내담자의 강점을 찾고자 했다.

이러한 변화를 분석함으로써 알 수 있는 것은, 상담자가 시간의 일부를 내담자의 자원이 될 만한 부분에 집중하면서 보냈기 때문에 내담자들이 보다 더 솔직하게 개방할 수 있었다는 것이다. 이는 질적으로 다른 대화를 이끌었고, 결과적으로 예상했던 것보다 더 빠른 변화를 만들어 냈다.

비록 요즘에는 '강점 기반' 접근이 더 보편화되었지만, 많은 전문가는 아직 그들 내담자의 자원을 확인하는 데 소극적이며, 내담자

의 강점을 보는 것이 마치 문제를 분명하게 바라보는 것을 방해한
다고 생각해서 이러한 접근이 지나치게 낙관주의적이라고 주장한
다. 이는 회계사가 회사의 부채에 맹목적이게 될 경우에 대비해 회
사의 자산을 알리지 않는 것과 같다. 이럴 경우 회계사는 해고될 수
있다. 시도하는 모든 치료적 접근은 결국 효과가 있다. 왜냐하면
내담자는 그들의 자원에 대해 다른 방식으로 생각해 보도록 도움
을 받았기 때문이다. 상담은 사람을 변화시키지 않는다. 다만, 내
담자들이 스스로 변화를 만들어 내기 위해 자신의 자원을 찾을 수
있도록 해 준다. 내담자의 자원을 발견하고 관심을 기울이는 것은
해결중심상담에서 필수적인 요소이다.

　라이들의 상담은 2년 넘게 진행되었다. 비록 한 달 주기였지만,
상담은 반복적이었으며 끝이 보이지 않았다. 상담자와 내담자 모
두 낙담해 가고 있었고, 상담자는 라이들의 방문이 두려워지기 시
작했다는 것을 깨달았다. 상담자가 내담자에 대한 희망을 잃어 가
고 있는 이러한 상황에 대한 해결중심상담의 자가 수퍼비전 절차
중 하나는 '자원 찾기'이다. 다음 회기 15분 전에 상담자는 자리에
앉아서 홀로코스트에서 생존한 것 등 라이들이 살아오면서 이룬,
특히 라이들 자신의 지혜로 이루어 낸 많은 성취를 써 내려갔다. 상
담자는 내담자의 많은 자원과 결단, 인내, 유머 감각, 회복탄력성,
관용, 동정심, 정직, 힘든 일을 해내는 능력을 기록했다. 15분 후,
그가 써 내려간 그 라이들이 상담실로 들어왔고, 이 회기는 종결 직
전 회기가 되었다. 만약 우리가 내담자의 자원을 확인하고 말해 주
는 데 시간을 투자하지 않으면 우리는 그들을 보지 못할 것이며, 이
는 내담자에게 매우 나쁜 소식일 수 있다. 다행히도 라이들의 경우
에는 상담자가 적절한 시기에 이를 만회하였고, 머지않아 내담자

는 전쟁 이후로 그녀의 인생을 괴롭히던 우울증이 나았다고 스스
로 분명하게 말할 수 있게 되었다.

22

건설적인 관점으로 듣기:
내담자가 할 수 없는 것이 아니라
할 수 있는 것에 초점 맞추기

건설적인 관점으로 듣기 위해서는 가장 치료적인 경청(Lipchik, 1986), 또는 최소한 심리학 이론에 기반한 심리치료들로부터의 전환이 필요하다. 심리학 이론들은 인간 행동에 대한 설명을 제공한다. 즉, 인간이 어떻게 행동하는지 알려 줌으로써 무슨 일이 일어나고 있는지 이해할 수 있게 해 준다. 하지만 우리는 가끔 이러한 이론들이 대개 현실 세계에서 가져온 은유일 뿐이라는 점을 잊곤 한다. 심리학 이론에서 사용하는 은유는 프로이트 정신분석학의 롤스로이스 엔진에서 파블로프 행동주의의 벨트와 멜빵까지 다양하고, 오늘날까지 그 개수도 400개가 넘는다. 그래서 그중 어떠한 것도 객관적인 진실을 보여 주지 못한다고 말해도 무방하다. 이러한 은유들은 인간 행동을 바라보는 방식일 뿐이다. 심리학 이론들은 일반적으로 상담자로 하여금 내담자의 문제를 평가할 수 있는 사실들을 탐색하도록 요구하고, 그다음에 적절한 치료법을 결정할 것을 요구한다. 이를 위해 상담자들은 내담자의 문제에 관한 정보를 경청해야 하며, 경청을 한 뒤에는 다음과 같은 질문을 하게 될 것이다. "그것이 언제 시작되었나요?" "부모님의 관계는 어땠나요?" "항상 이런 종류의 사람에게 끌렸나요?" 물론 서로 다른 심리학 이론들은 다른 종류의 질문을 유도하겠지만, 이론과 상관없이 그 질문들은 대체로 무엇이 잘못되었는지 발견하고자 하는 '문제의 진정한 원인을 알아내기 위한' 탐색적 질문이다. 이러한 질문들은 건설적인 질문, 다시 말해 새로운 가능성을 위한 구성 요소를 탐색하는 질문들이 아니다.

건설적인 관점으로 듣는 것이 내담자의 문제를 인정하지 않는 것을 의미하지는 않는다. SFBT는 상담자가 내담자가 있기를 바라는 지점에서 시작하는 것이 아니라 내담자가 있는 곳으로부터 시작하려고 한다는 점에서 다른 심리치료와 다르지 않다. 그러나 건설적인 경청이 내담자가 자신의 모든 이야기를 다시 말해야 한다거나 혹은 상담자가 내담자의 문제 이야기와 관련된 정보를 탐색해야 한다는 의미는 아니다. 대신 내담자의 문제는 내담자의 성장(성취)을 재정립하는 데 활용된다. 앞서 언급했듯이, 문제가 더 심각할수록 그 문제에 대처하게 되면서 내담자가 더 크게 성장(성취)하게 된다. 다음과 같은 질문들은 내담자의 문제를 (간접적으로) 다루면서 동시에 내담자의 강점과 자원에 관한 호기심을 직접적으로 보여 주고 있다. "지난 며칠간 당신이 얼마나 우울했는지 그리고 대중교통을 이용하는 것이 당신에게 얼마나 힘들었는지 생각했을 때 어떻게 이 약속을 지킬 수 있었나요?"

글라디스는 최근에 정신과 병동에서 퇴원했고, 수도관이 파열된 집으로 돌아가는 것에 대해 겪었던 어려움을 이야기하고 있었다. 수도관 파열은 여러 명의 인부가 하루 종일 수고해야 하는 일이었다. 글라디스는 약물 과다복용 후 입원했는데, 그녀는 자신이 병원에 다시 입원해야 할지도 모르겠다면서 이야기를 시작했다. 그녀의 이야기는 다음과 같은 이야기로 끝이 났다. 그녀는 수도관 공사가 끝난 새벽 2시에 너무 화가 나서 인부들에게 감사하다고 말하는 것을 잊었고, 그래서 인부들이 그녀를 불렀을 때 뛰쳐나가 말했다. "정말 감사합니다, 여러분. 이제 수도관은 더 이상 여러분처럼 시끄럽진 않겠군요!" 그러고 나서 글라디스는 미소 지으며 말했다. "이웃 사람들이 뭐라고 생각했을지에 대해서는 하늘만이 아실 거예요!"

상담자는 그녀에게 그렇게 고통스럽고, 심지어 건강도 좋지 않은 시기에 어떻게 유머 감각을 유지할 수 있었는지 물었다. 글라디스는 대답했다. "그래도 웃어야 하잖아요, 안 그래요?" 상담자는 모든 사람이 그렇게 힘든 시기에 유머 감각을 사용할 수 있는 것은 아니라고 이야기했다. 이후의 대화에서 글라디스는 그 인부들이 얼마나 친절했는지, 인부들과 어떤 식으로 수다를 떨며 웃었는지 그리고 그녀가 마흔 살만 더 젊었다면 그 인부들이 자신을 어떻게 유혹했을 것 같은지에 대해서 이야기했다. 해당 상담 회기의 마지막에 글라디스는 심각한 위기였을 수도 있는 상황을 견디어 낸 자신의 방식에 관해 정당하게 자랑스러워하고 있었다. 또한 그녀는 다음 날 아침에 일어나 자신이 이전보다 삶에 대해 더 긍정적인 감정을 느끼고 있다는 것도 깨달았다. 상담실을 떠나며 그녀는 말했다. "그 병원이 내가 생각했던 것보다 치료를 더 잘했나 봐요."

23

건설적인 이력

SFBT에서 상담자가 다음 질문으로 가기 위해 사용하는 건설적인 듣기(constructive listening)는 '이야기 이면의 다른 이야기'로 우리를 인도한다. 고난의 이야기마다 투쟁의 이야기가 있고, 좌절할 때마다 인내의 이야기가 있으며, 불행할 때마다 생존의 이야기가 있다. 상담자는 내담자가 말하는 이야기를 주의 깊게 듣고, 치료적 호기심을 내담자가 아직 말하지 않은 이야기로 향하도록 한다.

제라드는 만성 우울증으로 의뢰되었다. 그는 대쪽같이 꼿꼿한 70세 노인으로, 젊은 시절 복무 중에 학대를 경험한 이후부터 우울했다. 이는 45년 이야기의 서막으로, 한 시간 중 가장 많은 시간을 할애하여 이야기한 부분이다. 이야기 중 상담자는 오직 8개의 질문을 했고, 각 질문은 사건에 대한 건설적인 시각을 만들기 위한 것이었다. 다음의 질문들은 '건설적인 관점으로 듣기'의 예시이다.

• 오랫동안 우울증에 시달리면서도 어떻게 견딜 수 있었나요?

- 우울증에 걸린 와중에 어떻게 이혼에 대처할 수 있었나요?
- 고용주는 당신의 어떠한 면모를 보고 그렇게 책임 있는 일을 맡겼을까요?
- 당신은 어떻게 그렇게 끔찍한 상황 속에서도 알코올 중독을 극복했나요?
- 당신은 어떻게 약물 중독을 극복했나요?
- 그녀에게 데이트 신청을 하는 것은 물론 그녀에게 말을 건넬 자신감은 어디서 나왔나요?
- 그녀는 슬픈 얼굴 뒤의 당신이 결혼할 만한 남자라는 것을 어떻게 알았을까요?

이 시점이 되자 제라드는 현저하게 더 긍정적이 되었고, 처음으로 그의 삶 속 행운에 대해 이야기하기 시작했다. 그는 지역 공원에서 아이들을 위한 기차를 운전하며 무언가 보답하려 한다고 말했다. 상담자의 마지막 질문은 다음과 같다.

- 제라드, 얘기해 보세요. 45년간 우울증으로 고통받고, 괴로운 이혼을 경험하고, 기관사 견습생에서 잘리고, 알코올 중독과 약물 중독에 빠진 이후에도 어떻게 당신은 사랑에 빠질 뿐 아니라 기관사가 되기 위한 어릴 적 꿈을 이루었나요?

제라드는 "범상치 않은 이야기라고 말씀드렸잖아요."라고 답했다. 상담자는 동의할 수밖에 없었다. 3주 후에 의뢰를 문의한 지역 정신과 간호사로부터 전화가 와서 제라드가 이제 약물치료를 끊고 금단증상도 보이지 않는다고 소식을 전해 왔다.

---- **24** ----

상담 전 변화

상담 전 변화(pre-meeting change)는 단기치료의 가장 큰 비밀 중 하나이다. 이것은 1987년 해결중심 분야에서 확인되었지만 (Weiner-Davis et al., 1987), 프로이트 역시 이 현상을 인식하고 있었다. 프로이트의 이론에서는 그러한 초기 변화는 문제를 직면하지 못하는 병리적인 실패로서, 그는 이것을 '건강으로 나아가는 길(flight into health)'이라고 명명했다(Freud, 1912). 해결중심의 관점에서는 그것을 우리가 의사에게 가도록 했던 증상으로부터 나아졌을 때 우리 모두가 경험해 봤던 것과 같은 형태의 자발적 치료로 본다.

문제해결을 위한 역할을 하는 사람은 누구나 이 현상을 알 것이다. 문제가 발생하고, 해결해야 하는 시간이 정해져 있으며, 그 둘 사이에 어떻게든지 해결책이 발견된다. 분명한 답은 내담자가 건강해진 것이 아니라 오히려 스스로 해결의 가능성에 전념하면서 무의식적으로 그 문제에 대한 새롭고 다른 생각들에 마음을 열어서 해결책을 찾을 가능성이 더 높아진다는 것이다. 와이너 데이비스(Weiner-Davis)의 연구에서는 70%의 내담자가 어느 정도 긍정적인 상담 전 변화를 경험했으며, 이러한 변화의 확인은 좋은 예후와 관련이 있음을 발견했다. 이런 자연적인 과정을 활용하기 위해 많은 해결중심 상담자는 새로운 내담자와 첫 약속을 잡을 때 "지금부터 다음에 올 때까지 어떤 변화라도 있으면 알려 주세요."라고 당부한다.

조지는 우울증과 불안 때문에 그의 일반의(GP)로부터 의뢰되었다. 그는 번창하는 사업의 두 파트너 중 한 명이었다. 초기의 두 사람 사이의 우정은 악화되었고, 조지는 자신이 괴롭힘을 당하고 있다고 느꼈다. 그는 파트너에게 맞서지 못한 스스로를 비난하고, 자신이 약하고 가치 없다고 생각했으며, 회사를 나가는 것에 대해 고심하고 있었다. 그의 결혼은 무너지기 직전이었고, 그는 미래를 볼 수 없었다. 그는 치료를 통해 자기존중과 자신감을 다시 찾고 그의 파트너에게 맞설 수 있게 되길 원했다. 치료 초반에 조지는 자신감과 자기존중이 직장생활에 만들어 낼 차이를 설명했고, 그것이 어떻게 파트너에게 대항할 수 있는 힘을 줄 수 있을지에 대해 설명했다. 좀 더 자세한 설명을 요구했을 때 조지는 말했다. "어제처럼요. 하지만 나를 끌어내리는 모든 한심한 두려움과 걱정 없이요." 그리고 그는 자신이 얼마나 두려웠는지 설명하면서, 이것이 자신의 약점에 대한 증거라고 지적했다. 치료자는 조지에게 어제 무슨 일이 일어났는지 정확히 묘사해 줄 것을 부탁했다. 그의 파트너는 다량의 파일을 중앙사무실에 가져왔고, 모든 직원 앞에서 조지의 엉성한 일처리에 대해 질책했으며, 파일을 그의 발 앞에 떨어뜨리고는 잘 좀 하라고 말했다. 그것은 노골적인 괴롭힘이었으며, 무언가가 조지의 머리를 스치고 지나갔다. 그는 파일을 줍는 대신에 유유히 그의 사무실로 돌아와 얼음장 같은 목소리로 파트너에게 말했다. "파일을 다시 보고 싶으면 네가 직접 내 사무실로 가져와." 조지는 파일을 바닥에 남겨 둔 채 자신의 사무실로 돌아왔다. 몇 분 후, 그의 파트너는 말없이 파일을 가져왔다.

그때 이후로 조지는 자기비판의 괴로움에 빠졌다. 공개적인 곳에서 그의 파트너에게 도전한 것에 대해 자신을 질책하고, 비판적인 눈으로 매 순간을 바라보고, 그가 다르게 행동했을 수도 있는 모든 것을 생각하느라 그가 파트너에게 맞섰다는 것을 전혀 알아차리지 못했다. 그는 지금 상황이 더 나빠질까 봐 걱정했지만, 그의 파트너가 그날 아침 어땠는지 물었을 때 갑자기 그가 매우 친절했고 언제 한 번 예전처럼 한잔하러 가기로 제안했던 것을 깨달았다.

모든 상담 전 변화가 조지의 사례처럼 극적이지는 않으며, 대부분의 경우 상담자가 주시하지 않으면 알아차리지 못하고 지나치게 된다. 일단 변화를 알아차리게 되면, 내담자는 즉각적으로 그들 자신의 문제를 해결하는 사람으로 인식될 수 있다. 이것으로 상담자는 SFBT의 특징인 '물러나 있기'를 더욱 많이 할 수 있다.

계약하기

PART

04

25

상담에서 내담자의 최선의 소망 발견하기

해결중심 상담자는 첫 회기에서 5분 안에 내담자에게 이렇게 질문할 것이다. "상담에서 당신이 가장 바라는 것이 무엇인가요?" (George et al., 1999: 13) 이 간단한 질문은 해결중심상담에서 강조하는 중요한 특징들을 분명하게 보여 준다.

가장 먼저, 이런 질문은 내담자가 상담에 오게 한 문제를 자세하게 설명하기보다 결과에 대해 고려하도록 이끈다. 만일 상담자가 "무슨 이유로 상담에 오셨나요?"라고 물어본다면, 내담자는 문제를 설명하는 방식으로 대답할 가능성이 높다. 이는 내담자가 실패한 과거나 문제가 있는 현재를 돌아보도록 하면서 문제중심 대화를 하도록 유도한다. 반면에 내담자에게 최선의 소망을 물어보는 것은 그가 도달하고자 하는 미래의 상태를 그려 보도록 한다. 실제로 해결중심접근을 지양하는 방식(away from approach)이라기보다는 지향하는 방식(towards approach)으로 간주된다. 해결중심 상담자는 스스로를 택시 기사에 비유하곤 한다. 예를 들어, 손님이 택시 뒷좌

석에 탑승해서 기사가 "어디로 갈까요?"라고 물었을 때 "공항으로
부터 멀리 가 주세요."라고 말한다면, 이는 시간과 비용을 낭비하
는 이동일 것이다. 택시 기사는 "시내로 부탁해요."라는 말을 듣고
싶고, 뒤이어 '바비칸 코너를 돌면 나오는 뉴버리 거리'와 같이 시
내의 정확한 장소를 듣기를 바란다. 따라서 최선의 소망을 질문하
는 것은 내담자에게 성공적인 치료의 여정을 위한 기준을 구체화
하도록 부드럽게 요청하는 것이다. "당신이 상담에 참여한 것이 도
움이 되었다고 말하기 위해서는 무엇이 필요합니까?"

　더 나아가 이러한 질문은 내담자의 관점에 초점을 맞추는 효과
가 있다. SFBT에서의 계약은 무엇이 필요할지에 대한 상담자의 인
식이나 평가 과정에 기초하기보다는 최선의 소망 질문(best hopes
question)에 대한 내담자의 대답에 기초한다. 전통적으로 상담자들
은 바람(want)과 필요(need)라는 개념을 구분해 왔다. 내담자는 자
신이 원하는 것을 말하지만, 상담자는 사례개념화로 이어지는 평가
과정에 기초하여 내담자에게 필요한 것을 판단한다. 이러한 개념적
구분은 지식의 위계를 구성하는 경향이 있는데, 내담자의 바람은
다소 피상적인 것으로 보는 반면 상담자의 사례개념화는 전문 지
식과 '객관성'(가능하다면)에 기초하며 더 큰 타당성을 가지고 있다
고 가정한다. 필연적으로, 이러한 사고방식은 내담자의 지식을 사
소하게 만들곤 한다. 이와는 달리 해결중심 상담자들은 바람과 필
요를 구분하지 않으며 더 잘 알려고 하지 않는다. 앞으로 살펴볼 몇
몇 경우를 제외하고 내담자의 바람은 상담에 대한 단 하나의 타당
한 토대이며, '최선의 소망'에 대한 답과 관련되지 않는 상담자의
질문은 부담이거나, 무례한 것이거나, 혹은 둘 다로 간주한다.

　'최선의 소망' 질문은 내담자에게 도전의식을 불러일으킨다. 다

수의 내담자는 괴롭게 하는 문제에 대해서는 나눌 준비를 하고 오지만 바라는 결과에 관해서는 잘 생각하지 않는다고 솔직하게 말한다. 어떤 이들은 상담을 문제에 관해 이야기하는 것으로 간주한다. 그리고 상담을 받은 경험이 있는 이들은 그들이 원하는 것에 대해서는 질문을 받은 적이 없다고 말한다. 처음부터 내담자의 성공기준에 올바로 초점을 맞추는 것은 상담에 가능성과 목적성을 부여하며 정확한 방향성을 제공한다. 분명한 결론이 없다면 상담의 간결함은 없을 것이다. 왜냐하면 내담자와 상담자가 그들이 목표에 도달했다는 사실을 알아차리지 못할 수도 있기 때문이다.

26

'계약': 공동의 프로젝트

상담자는 '최선의 소망'을 묻고, 내담자가 대답하는 것이 무엇이든 그것이 상담의 계약에 해당한다. 정말 그렇게 간단할 수 있을까? 대체적으로 이것은 간단하지만 가끔은 그렇지 않다. 스웨덴 말뫼의 해결중심 상담자 해리 콜먼(Harry Korman, 2004)은 '계약'의 협상 과정에서 상담자가 기억해야 할 세 가지 기준을 제시했다.

- 내담자가 성취하기 원하는 것
- 상담자의 정당한 소관과 일치하는 것
- 상담자와 내담자가 함께 잘 작업함으로써 성취하길 바랄 수 있는 것

따라서 출발점은 굉장히 간단하다.

상담자: 그래서 당신이 상담에서 가장 바라는 것이 무엇인가요?

내담자: 사실 확실하지 않아요. 저는 최근에 기분이 굉장히 안 좋아요.

상담자: 음, 그래서 상담에서 가장 기대하는 것이 무엇인가요?

내담자: 그냥 기분이 좋아지는 것. 스스로 기분이 좋다고 느끼는 거요.

상담자: 그래요. 그럼 기분이 좀 나아진다면 어떤 차이가 생기길 바라나요?

내담자: 음, 좀 더 자신감을 가지고, 좀 더 스스로를 사랑하고, 또 삶에서 도 망치기보다는 삶을 다시 살아가려 할 거 같아요.

상담자: 그렇다면 당신이 우리의 대화가 진행되는 어느 순간에 더 자신감 있 고, 스스로를 조금 더 좋아하고, 삶을 다시 살아가려고 하는 자신을 발견한다면 당신에게 이 대화가 도움이 되었다고 말할 수 있을 것 같나요?

내담자: 네, 물론이요.

여기서의 과정은 명료하다. 내담자는 상담자의 질문에 대해 세 가지 변화를 이야기하는데, 이는 대부분 상담자의 정당한 소관과 일치하고, 또 대부분의 상황에서 완벽하게 성취할 수 있다고 판단 될 것들이다. 뒤에서 계약 질문들(contract-seeking questions)에 대 한 어려운 답변에 마주했을 때 상담자가 어떤 선택을 할 수 있는지 살펴볼 것이다.

---27---

결과와 과정의 차이

해결중심 접근방식은 내담자중심적이며 결과중심적이지만, 우리가 보았듯이 이것은 해결중심 상담자가 질문("상담을 통해 어떤 변화가 일어나기를 원하시나요?")에 대한 내담자의 첫 번째 답변을 수락함을 의미하지는 않는다. 상담 계약은 내담자의 적절한 소관(legitimate remit)과 일치해야 할 뿐만 아니라 그 결과가 실행 가능한 것이어야 하며, 또한 해결중심 상담자는 절차가 아닌 결과를 나타내는 응답을 찾아야 한다.

최선의 소망을 물었을 때 내담자가 다음과 같이 응답하는 순간을 상상해 보자. "우리 대화에서 가장 좋은 소망은 그냥 걱정되는 것들을 다 털어놓는 거예요." "이 모든 것에 대한 나의 최선의 소망은 그냥 이해를 하는 거예요. 이 모든 일이 일어난 이유를 이해하는 거예요." 두 답변 모두 공동 상담 계약 기준에 부합하지만 '실생활'에서의 차이를 나타내지는 않으며, 실제로 두 대답 모두 일상생활보다는 치료 과정과 관련이 있다. 해결중심 상담자는 내담자가 자신의 삶이 어떻게 발전했는지에 대해 그저 단순히 호기심이 있거나 그것을 그저 떠넘기기를 원하는 것이 아니라, 좋은 이유로 이러한 소망을 품고 있으며 그 이유는 실제 생활과 관련이 있다고 가정한다. 내담자는 '이해하다' 또는 '다 털어놓다'와 같은 것들이 실생활에서의 변화(difference)를 가져올 거라고 생각할 것이며, 이러한 생각은 내담자가 가고 싶은 방향으로 안내를 해 줄 것이다. 결과적으로 해결중심 상담자가 흥미를 가져야 하는 것은 그것을 원하는 목적이지 그 목적지를 가기 위한 가정된 경로가 아니다.

경로와 목적지, 절차 및 결과의 분리로 이어지는 주요 질문은 단순히 "그러한 변화가 어떤 결과를 가져올까요?"라고 질문하는 것이다. 이에 대한 대화 예시는 다음과 같다.

상담자: 모든 것을 털어놓고 나면 어떤 변화가 있기를 바라나요?

내담자: 마음이 가벼워지겠죠.

상담자: 마음이 가벼워지고 기분이 좋아진다면 그로 인해 무엇을 기대하고 있나요?

내담자: 더 많은 에너지를 가지고 더 긍정적으로 되는 거요.

상담자: 그 에너지와 긍정성을 느끼고 있다면, 당신이 현재 하고 있지 않은 어떤 것을 하고 있을 거라고 알게 될까요?

내담자가 이 질문에 대답할 때 내담자의 결과는 '실생활'에서의 변화에 확고하게 뿌리를 내릴 것이다.

흥미롭게도, 이 동일한 경로-목적지 구별 또한 내담자의 반응이 너무 구체적이어서 상담 과정에서 내담자가 성공할 가능성이 제한되고 앞으로 나아갈 길은 조작을 위한 공간이 거의 없을 경우 해결중심 상담자가 또 다른 내담자 반응 세트를 풀기 위한 기초이다.

> 상담자: 그래서 우리가 함께 이야기하며 생각한 당신의 최선의 소망은 무엇일까요?
>
> 내담자: 글쎄요. 난 그냥 직업이 있어야 해요. 일한 지가 너무 오래되어서 내 생활에 실제로 영향을 미치기 시작했어요.
>
> 상담자: 좋아요. 그러면 그것에 대해 몇 가지 질문을 해도 될까요?
>
> 내담자: 네.
>
> 상담자: 지금 직업이 있다면 당신의 삶에 어떤 변화가 있을지 상상할 수 있을까요?
>
> 내담자: 글쎄요. 나 자신에 대해서 좋게 느낄 거예요. 내가 사회에서 유용한 일원이라고 느껴질 거예요.
>
> 상담자: 그러면 당신이 자신이 더 나아졌다고 느끼고 사회의 유용한 일원이라고 느끼고 있다면 그러한 것들로 인해 어떤 변화가 있으면 좋겠다고 바라고 있습니까?
>
> 내담자: 글쎄요. 아마 자신감이 어느 정도 돌아올 거고 밖에 나가서 사람들을 만나고 다닐 것 같네요.

결과가 자신감을 되찾고 밖에 나가서 사람들을 만나는 것으로 정의되면 직장을 구하거나 혹은 직장 없이도 이 결과를 달성할 수 있는 여러 방법이 존재한다. 내담자의 성공 가능성은 도달하고자 하는 목적지와 그에 도달하는 경로를 분리함으로써 향상될 수 있다.

이에 대한 마지막 요점을 제시하고자 한다. 이 책을 통해 우리는 "당신이 원하는 바가 무엇인가요?"라는 질문 대신 "상담을 통해 어떤 변화가 일어나기를 원하시나요?"라는 질문을 사용할 것이다. 이 작은 변화는 우리가 논의해 왔던 변화를 의미한다. "당신이 원하는 바가 무엇인가요?"라는 질문은 내담자가 이 회기에서 자신이 뭘 해야 하는지에 대해 생각하게 만들 것이며, 이는 결과 그 자체보다 결과에 다가가기 위한 절차에 집중하게 할 것이다. 결과 그 자체에 다가가기 위해서는 (그 결과가 보장되지는 않지만) "상담을 통해 어떤 변화가 일어나기를 원하시나요?"라는 질문을 사용하는 것이 더 가능성이 높다.

28

'예외질문'

대부분의 사례에서 내담자들은 문제가 힘들기 때문에 상담에 찾아온다. 그들은 우울하거나, 파트너와 싸우거나, 아이들에게 소리치거나, 술을 너무 많이 마시거나, 무분별하게 약물을 사용하거나, 불안해하거나, 스스로를 비난한다. 그렇기 때문에 상담자가 "당신이 가장 바라는 것은 무엇인가요?"라고 물으면, 자연스럽게 내담자의 대답은 "저는 그만 우울했으면 좋겠어요." "더 이상 파트너와 싸우지 않으면 좋겠어요." "수많은 부정적인 생각을 안 하고 싶어요."와 같이 그들의 문제와 긴밀하게 연결된다. 만약 해결중심 상담자가 이러한 내담자의 제안을 상담의 계약으로 받아들인다면 상담 회기가 '문제중심적'으로 진행될 경향이 높다. 왜냐하면 '우울한 상태'에 대해 생각하지 않은 채로 '우울하지 않은 상태'에 대해 이야기하는 것은 불가능하기 때문이다. 이처럼 앞서 제시된 방향으로 상담이 진행된다면 대화는 우울, 약물사용, 불안, 알코올 사용 등에 집중될 가능성이 높다. 이처럼 부정적인 관점으로 작성된 계약은 내담자로 하여금 그들이 떨쳐 버리고 싶어 하는 문제에 집중하게 할 위험이 있으며, 역설적이게도 그들이 자신을 불안, 우울, 나쁜 파트너, 실패한 파트너 등에 집중시켜 인식하게 할 우려가 있다. 이와 같이 계속적으로 문제에 집중하는 것은 변화 과정을 더디게 만들 것이다.

부정적인 관점의 계약이 긍정적인 관점으로 넘어오게 하기 위한 다리 역할에서의 키워드는 '대신(instead)'을 사용하는 예외질문이다.

> 상담자: 우울함을 느끼는 대신 어떤 것을 느끼고 싶으세요?
>
> 내담자: 제 삶이 계속되어 가고 있다는 것을 느끼고 싶어요. 그리고 제가 고립되지 않았고, 숨지 않는다는 것을 느끼고 싶어요.
>
> 상담자: 만약 당신의 삶이 계속된다면 고립되거나 숨는 것 대신에 무엇을 하게 될까요?
>
> 내담자: 더 많이 외출하고, 사람들과 만나고, 초대를 받아들일 것 같아요.

2~3개의 질문을 사용하여 내담자는 '우울하지 않은 상태'를 넘어서서 그가 살고 싶은 삶을 묘사하기 시작했다. 이제 상담은 '삶이 계속되는 것'에 초점을 맞출 수 있고, '우울감의 효과를 줄이기'에서 벗어나 내담자가 원하는 삶이 그에게 의미하는 바 혹은 내담자가 어떻게 그 삶을 살아갈 수 있을지에 집중할 수 있다. 앞선 두 가지 대화방식은 서로 반대 상황을 의미한다는 점에서 긴밀하게 연결되어 있기는 하지만, 내담자에게 굉장히 다른 영향을 미치게 된다. '삶이 계속되는 것'에 대한 대화는 내담자에게 에너지를 주고 신나게 하는 반면, '우울감 줄이기'에 대한 대화는 내담자로 하여금 '왜 나는 우울한 거지?' '내 삶이 뭐가 잘못되었길래 우울해진 거지?'와

같은 생각을 계속하게 함으로써 에너지나 신나는 마음을 감소시킬 것이다. 문제에 초점을 두는 것에서 해결에 초점을 두는 것으로의 변화는 해결중심이 되기 위해 필수적이며, 문제중심접근과 해결중심접근을 구분 짓는 명확한 차이점을 보여 준다.

29

내담자가 바라는 것이
상담자 소관 밖의 일일 때

하지만 내담자가 상담자의 소망질문에 대해서 상담자의 책임 영역을 넘어서는 응답을 한다면 어떻게 해야 할까? 예를 들어, 내담자는 "저기요, 솔직히 말해서 제 인생을 바꿀 수 있는 유일한 방법은 새로 집을 얻는 거예요."라고 응답했지만 상담자인 당신의 역할은 집을 마련해 주는 것과는 무관할 수 있다. 또 내담자는 "내가 정말 원하는 건 이 학교에 다시는 오지 않는 거예요."와 같이 상담자의 책임에 반하는 응답을 할 수도 있다. 두 경우 모두에서 상담자가 먼저 해야 할 일은 내담자의 반응을 수용하는 것이다. "이해가 되네요." 또는 두 번째 사례에서 "그 말은 당신에게 학교가 그다지 즐겁지 않다는 말처럼 들리네요." 그다음 단계는 상담자의 역할을 분명히 하는 것이다. "제가 주택관리국(housing department)에 어떠한 영향도 미칠 수 없다는 건 아실 거라 생각되네요." "제가 당신이 교육을 받게끔 해야 한다는 것을 잘 알고 계시죠?" 그리고 세 번째 단계는 상담자가 도와줄 수 있는 소망을 찾기 위해 내담자와 협상하는 것이다.

> 상담자: 제가 주택관리국에 어떠한 영향도 미칠 수 없긴 하지만, 이런 질문을 해도 괜찮을까요? 만약 당신과 당신의 가족이 새로운 집으로 이사를 가게 된다면 무엇이 달라질 것 같나요?
>
> 내담자: 간단해요. 우리가 항상 서로를 이기려 들지 않겠죠. 우린 그렇게 많이 싸우지 않게 될 거예요. 전 그렇게 스트레스를 받지 않게 될 거고요. 더 인내심을 갖고 아이들을 대할 거예요. 전 삶에 대한 통제감을 느끼고, 희망이 보이기 시작할 거예요.
>
> 상담자: 그렇군요. 가정해 봅시다. 당신은 아직 이사를 가지 않았고, 앞으로 언제 이사를 갈 수 있을지에 대해서도 관련 기관으로부터 들은 바가 없습니다. 그럼에도 불구하고 희망을 갖고 삶에 대한 통제감을 느끼게 된다면, 그것이 당신에게 도움이 될 것 같으세요?
>
> 내담자: 음, 아마도 그럴 것 같네요. 제가 정말 원하는 것은 새로 집을 얻는 것이긴 하지만요.
>
> 상담자: 물론이죠. 그러면 만약 우리가 희망과 통제감을 얻는 것을 향해 나아간다면 그 역시 가치가 있는 일일까요?
>
> 내담자: 네.

이 대화에서 상담자는 내담자가 이야기한 소망을 진지하게 받아들였고, 자신의 소관을 분명히 하고 있다. 그리고 내담자가 처음에 한 이야기에 가능한 한 가장 가까운 '소망'으로 상담을 진행했다.

—————————————— **30** ——————————————

내담자가 다른 기관에서 의뢰된 경우

'비자발적으로 재의뢰됨(being sent)'에 대한 아이디어는 비자발적인 내담자를 떠올리게 한다. 비자발적인 내담자는 상담에 오고자 하는 마음이 없지만 어쩌다가 '자신의 의지와는 반대로' 상담실에 오게 되는 사람을 말한다. 그런데 이에 대해 좀 더 생각해 보면 의구심이 생기기 시작한다. 상담자를 만나는 것이 내담자 스스로의 생각은 아니었지만, 결국 그는 어떻게든 참석하기로 동의를 했거나 적어도 상담실 안으로 걸어오게 되었다. 내담자는 어떤 근거로 이런 결정을 하게 되었을까? 해결중심 상담자는 상담을 하기로 동의한 모든 내담자는 그렇게 동의할 만한 이유가 있었을 것이라고 가정한다. 그리고 그 이유가 무엇이었는지를 발견하는 것이 상담자의 임무이다. 또한 적어도 상담 초반에는 내담자가 '상담을 받기로 동의한 이유'와 의뢰인이 가장 바라는 것이 때때로 일치하지 않는 것으로 보인다.

상담자: 우리의 상담에서 당신이 가장 바라는 바는 무엇인가요?

내담자: 잘 모르겠어요. 의사가 저에게 가라고 했습니다.

상담자: 그렇다면 어떻게 오기로 결심을 했나요?

내담자: 음, 의사가 이 상담이 저에게 도움이 될 거라고 가르쳐 줬습니다.

상담자: 좋습니다. 그러면 의사의 말대로 정말 이 상담이 당신에게 도움이
되었다면, 당신은 그것을 어떻게 알 수 있을까요?

내담자: 음, 제가 저의 고통을 더 잘 조절할 수 있게 된다면요.

상담자: 좋아요. 당신이 당신의 고통을 잘 다룰 수 있는 방법을 찾는다면 그
것은 당신에게 좋겠군요. 단지 의사가 원하는 것이 아니라.

내담자: 물론이죠.

이 대화 예시에서 내담자는 상담자의 단 몇 가지 질문만으로 자
신이 원하는 것을 설명하기 시작했으며, 이를 위해 상담자가 해야
했던 것은 '상담을 받는 것이 다른 사람의 아이디어였을지라도 상
담에 오기로 선택한 것은 내담자 자신'이라는 생각을 유지하는 것
뿐이었다.

과정은 비슷하지만 약간 더 심화된 대화 예시를 보자.

상담자: 상담에서 당신이 가장 바라는 바는 무엇인가요?

내담자: 사실 특별한 것은 없어요. 제 사회복지사가 여기에 가라고 했습니다.

상담자: 그럼에도 오셨네요. 어떻게 그렇게 결정하게 되셨나요?

내담자: 음, 제가 당신을 만나러 오지 않으면 제 아이들을 만날 기회를 다시
는 주지 않겠다고 했습니다.

상담자: 그렇군요. 그러면 그게 당신이 원하는 것이군요. 아이들을 되찾는 것?

내담자: 물론이죠!

상담자: 그러면 아이들을 되찾기 위해서 그냥 상담실에 오는 것만으로도 충분한가요? 아니면 당신이 변화되는 것을 그들이 보길 원하나요?

내담자: 상담실에 오는 것만으로는 충분하지 않아요. 아이들이 원하는 변화가 전부 다 목록으로 있어요. 아이들은 제가 술을 끊기를 원하고, 어린 시절 제가 받았던 학대 경험에 대해 이야기하고, 분노를 더 잘 조절하고, 아이들에게 더 일관된 모습을 보이고, 더 신뢰할 만한 사람이 되고, 자존감을 높이길 원해요.

상담자: 그래요. 그러면 만약 당신이 이 부분에서 변화를 보이지 못하면 아이들을 다시 데려올 수 없나요?

내담자: 네, 제가 생각하기에는 지금 아이들을 돌려받아도 괜찮을 것 같긴 하지만요.

상담자: 흠. 어렵네요. 하나만 물어봐도 될까요? 당신은 그들을 믿나요? 그들이 진심으로 말하는 것일까요, 아니면 그냥 말하는 것일까요?

내담자: 제 변호사가 그들이 진심이라고 했고, 제가 법정에서 기회를 잡으려면 여기에 와야 한다고 했습니다.

상담자: 그러면 당신이 설득되지는 않았어도 변화를 보여야겠군요. 사회복지사에게 당신이 변했다는 것을 보여 줄 수 있는 가장 작은 증거로는 무엇이 있을까요? 당신이 원하는 것, 즉 아이들을 되찾을 수 있는 기회를 얻기 위해서 말이에요.

내담자: 음. 아마 음주일 것 같습니다. 제가 위탁가정에 방문하겠다고 했을 때 약속한 대로 제시간에 도착하는 것입니다. 술 냄새를 풍기지 않고서요.

이제 상담자는 사회복지사가 요구하는 변화를 토대로 "그러면 당신은 상담을 받을 준비가 되었나요? 스스로는 상담이 필요하다

고 생각하지 않지만, 그래도 아이들을 되찾기 위해서라면 말이에
요."와 같이 질문할 수 있다. 이때 내담자는 앞의 논의 덕분에 "네."
라고 대답할 가능성이 높으며, 그러면 이후 상담도 진행될 수 있을
것이다. 상담자가 항상 기억해야 하는 것은 내담자에게 중요한 것
은 위탁가정으로부터 자녀들을 되찾는 것이고, 행동의 변화만이
그 목적을 위한 유일한 수단이라는 것이다.

---- 31 ----

아동·청소년 내담자와 계약 맺기

아동·청소년과 일하는 상담자는 자주 의뢰된 내담자를 마주한다. 상담자와 만나고 싶다는 생각을 스스로 하는 아동은 거의 없다. 사실 거의 모든 아동이 주변의 어른들, 예를 들어 부모, 교사, 사회복지사 또는 소년범죄대응경찰관(youth offending officer) 중 한 명에 의해 보내진다.

해결중심 상담자가 이를 인식할 수 있는 적절한 방법은 다음과 같이 회기를 시작하는 것이다.

상담자: 그럼 오늘 저를 만나러 온 게 누구 생각이었지요?

내담자: 엄마가 원했어요.

상담자: 그래요, 그럼 우리 대화를 통해 이룰 수 있는 어머니의 가장 큰 바람은 무엇인가요? 당신이 여기 온 게 쓸모 있다는 걸 그녀가 어떻게 알까요?

내담자: 엄마는 제 태도를 바꾸라고 계속 말해요. 선생님들도 그렇고요.

상담자: 그래요. 그럼 그게 어머니와 선생님이 원하는 건가요, 아니면 당신에게도 좋은 건가요?

내담자: 글쎄요, 저한테도 좋을 거 같아요.

상담자: 좋아요, 그럼 당신의 태도와 관련해서 뭔가가 바뀌면 당신한테도 유용할 거 같아요?

내담자: 네.

상담자: 그럼 당신에게 이것을 유용하게 만들 다른 무엇이 있을까요?

내담자: 그렇진 않아요.

우리는 이 대화 예시에서 아동 · 청소년 내담자가 아주 단순하게 어른들의 '최선의 소망'을 받아들이는 것을 볼 수 있다. 반면에 만약 내담자가 이를 받아들이지 않고 "저에게는 아무 문제가 없어요."라고 말했다면, 해결중심 상담자는 "좋아요, 당신은 여기에 왔고, 다른 사람들이 계속 이야기하는 태도 문제는 별로 신경 쓰이지 않는데, 이제 어떻게 하면 이 시간이 아깝지 않게 할 수 있을까요?"라고 물을 수 있다. 그때 그 청소년이 '어른들이 나를 괴롭힌다'는 것과 유사하게 말한다면, 상담자는 다시 준비를 하게 되고 상담은 방향을 갖게 된다.

─────── 32 ───────

내담자가 '모른다'고 말할 때

　스티브 드세이저는 해결중심 상담자가 가장 자주 묻는 질문인 "그 밖에 무엇이 있나요?"처럼 '모른다'가 내담자의 가장 빈번한 대답이라고 말했다. 따라서 해결중심 상담자는 이러한 대답에 대해 다방면으로 생각하고 그에 대해 취할 수 있는 다양한 개입을 갖고 있는 것이 중요하다.

　상담자의 입장에서 가장 간단한 반응은 그저 기다리는 것이다. 많은 내담자(특히 젊은 사람들이!)가 습관적인 반응으로 질문을 받을 때마다 '모른다'고 대답하는 것 같다. 만약 상담자가 충분히 오래 기다려 준다면, 내담자는 대답하기 시작할 것이다. 예를 들어, "음, 나는 그게 막내인 제임스와 나의 관계가 될 것이라고 생각해요. 걔는 내가 부탁하는 것을 절대 하지 않고 그럼 나는 화가 나요. 네, 우리 사이가 더 나아진다면 그럴 거예요." 만약 짧은 침묵 후에도 내담자가 대답하지 않는다면 상담자는 질문으로 돌아가서 질문을 약간 변경함으로써 내담자의 '모른다'는 반응을 받아들일 수 있다. "그래서 어떻게 생각하세요? 여기에 온 것이 당신에게 유용했음을 무엇을 보고 말할 수 있을 것이라 생각하세요?" '~라고 생각하다(think)'와 '~할 것이다(might)'라는 단어는 원래의 질문("그래서 당신이 상담에서 가장 바라는 것은 무엇입니까?")을 더 잠정적인 것으로 만든다. 잠정적인 것은 내담자가 확실히 몰라도 되게 하고[(확실히) 알 필요가 없도록 하고], 따라서 내담자가 더 쉽게 대답할 수 있게 한다. 만약 내담자가 다시 "모르겠어요."라고 답한다면, 상담자는 "한번 생각해 보세요. 우리의 상담이 결과적으로 당신에게 도움이 되었음을 어떻게 알 수 있을지 상상이 되세요?"라고 말함으로써 질문을 더 잠정적인 것으로 만들 수 있다. 만약 내담자가 여전히 "모르겠어요."라고 답한다면, 상담자가 취할 수 있는 다양한 방법이 남아 있다.

물러나지 않기

만약 상담자가 물러나지 않기(persist)를 선택한다면, 왜 물어보는지에 대한 설명을 하는 것이 대답하기 어려운 것을 '타당화'하는 것만큼 유용할 수 있다. "이게 쉬운 질문이 아니라는 걸 알아요. 사람들은 종종 무엇이 자신을 괴롭히는지에 대해서는 많은 생각을 하지만, 상담이 유용했는지, 어떻게 알 수 있는지에 대해서는 그렇게 많이 생각해 보지 않죠. 하지만 당신이 여기에 와서 무엇을 원하는지 아는 것은 저에게 정말 중요해요. 그래야 제가 당신이 원하는 바로 그것을 얻도록 도울 수 있는 기회를 갖게 되거든요. 그러니 어떻게 생각하세요……?"

대안적인 관점

많은 해결중심 상담자는 내담자가 종종 자신의 관점보다 다른 사람의 관점에서 대답하는 것을 더 쉽게 여겼던 경험을 갖고 있다. 그래서 상담자는 다음과 같이 물을 수 있다. "그럼 누가 당신을 가장 잘 알아요?" "친구 제인이요." "좋아요. 그럼 당신이 제인에게 여기에 오는 것을 말하지 않았을 때 그녀는 이 상담이 당신에게 도움이 되고 있음을 어떻게 알 수 있을까요?"

의뢰인의 관점

자신의 '최선의 소망'을 구체적으로 말하기 어려워하는 내담자들의 대안적인 출발점은 의뢰인의 '최선의 소망'을 탐색하는 것이다. "그럼 당신이 오늘 여기에 오는 것은 누구의 생각이었나요?" "제 학년 담당 선생님이요." "좋습니다. 그럼 그가 이 상담에서 가장 바라는 것은 무엇일까요?" 만약 내담자가 여전히 대답하기 어려워한다면 의뢰인을 포함하여 만남을 갖고 내담자와 협의하기 위한 근거로 의뢰인에게 자신의 소망을 얘기해 보도록 하는 것이 유용할 수 있다.

SFBT 상담자는 만나는 것에 동의한 모든 내담자가 그렇게 하는 데에는 충분한 이유가 있을 것이라고 가정한다(11장의 예시 참조). 상담자의 핵심 과제는 내담자의 접근에 충분히 유연한 태도를 취함으로써 내담자가 충분한 이유를 말할 수 있도록 하는 것이다 (George et al., 1999: 22-23).

33

내담자의 소망이 비현실적으로 보일 때

내담자와 상담자의 대화에서 나온 내담자의 첫 대답의 내용이 현실적으로 일어날 것 같지 않으면 어떻게 해야 할까? 이에 대한 한 가지 예시는 아이가 상담자의 '최선의 소망' 질문에 자신의 삶이 변화될 수 있는 유일한 방법은 '엄마와 아빠가 다시 같이 사는 것'이라고 답한 경우이다. 상담자는 아이의 부모가 새로운 관계에 만족하고 있음을 알고 있으며, 이를 다루는 것이 상담자의 생각에 중요한 초점이라 할지라도 부모가 재결합하는 일은 일어나지 않을 것임을 알고 있을 것이다.

상담자: 그래, 당연히 그 일이 변화를 가져오겠지. 나는 다만 우리가 이야기하는 것을 통해서 그 일이 어떻게 일어날 수 있을지 확신이 안 서는구나.

내담자: 네, 그러지 않겠죠.

상담자: 그럼 상담에서 너의 다음 최선의 소망은 무엇이니?

내담자: 저에게 친구가 좀 있었으면 좋겠어요. 다른 사람들은 모두 친구들이

있어요.

상담자: 그래. 그것에 대해 좀 물어봐도 되겠니? …… [침묵] …… 만약 네게 친구가 있다면 너의 삶이 어떻게 달라질까?

내담자: 더 행복할 거예요. 우리 반의 다른 아이들처럼 더 느끼겠죠. 그냥 평범하게.

상담자: 그러니까 우리의 얘기를 통해 네가 더 행복해지고, 아마 더 많은 친구를 사귀어서 네가 반의 다른 아이들처럼 느낀다면, 너에게 상담이 도움이 된다는 걸까?

이 대화 예시에서 상담자는 부모님이 재결합하기를 바라는 아이의 소망을 수용하고, 그들의 작업으로 그 일이 일어나지 않을 것 같다는 것을 인정하면서, 아이가 다음 최선의 소망을 규명하도록 초대했다. 흥미롭게도, 아이는 행복해질 수 있는 다른 방법을 찾아냈다. 만약 아이가 그렇게 하지 못했다면, 상담자는 비현실적이라 할지라도 아이의 최선의 소망으로 돌아가서 부모님이 재결합한다면 아이에게 어떤 일이 일어날지 물어봐야 한다. 대화는 아마 같은 종착지에 도달할 것이다. 다시 말해, 아이는 자신이 더 행복해지고 친구를 만들 것이라고 말할 것이고, 아이의 최종 목적이 달성되지 않더라도 상담에서는 이러한 일들을 달성하는 방법을 찾을 것이다.

이 예시는 상담자가 결과의 발생 가능성에 대하여 질문을 던지도록 하는 많은 상황 예시 중 하나이다. 몇몇 상담자는 내담자로 하여금 결과가 일어날 가능성을 척도(10='반드시 일어날 것이다', 0='전혀 가능성이 없다')로 평정해 보도록 할 것이다.

'당신이 바랄 수 있는 최선'

'최선의 소망' 질문에 상사가 자신에게 무례하게 구는 걸 멈추길 원한다고 대답한 내담자와 함께 앉아 있는 걸 상상해 보자. 앞에서 아이에게 했던 것과 같은 질문이 발생하지만, 우리는 관계에서의 영향이 복잡하고 관계 시스템 어느 한쪽에서의 변화가 다른 쪽의 변화를 가져올 수 있다는 것을 알고 있다. 상담자가 취하는 경로는 "그것이 일어날 가능성이 얼마나 있나요?"라는 질문에 대한 내담자의 답에 달려 있을 것이다. 만약 내담자가 "그녀가 바뀔 수 있을 것 같다고 생각해요. 그녀가 하루 종일 정말 친절한 날이 있거든요."라고 대답한다면 해결중심 상담자는 내담자가 이끄는 대로 따라가면서 상사를 바꾸는 작업을 할 것이다. 하지만 만약 내담자가 "전혀요. 그녀는 항상 그런 식이에요. 그녀는 모두에게 그런 식이고 마치 공격적인 사람인 것처럼 행동해야 한다고 느끼는 것 같아요."라고 말한다면 다른 경로가 필요하다. 이 경우에 상담자는 "그래요, 그녀는 앞으로 변할 것 같지 않아 보이는군요. 그럼 여기에 오는 것을 통해 바랄 수 있는 최선은 무엇일까요?"라고 말함으로써 내담자에게 반응할 것이다. '당신이 바랄 수 있는 최선' '당신의 그다음 최선의 소망'이라는 틀은 내담자가 정말로 바라는 것이 일어나지 않을 상황에서 유용한 반응이다. 종종 내담자들은 "글쎄요, 제가 바랄 수 있는 최선은 그냥 고개를 숙이고 견뎌 내는 것이지 않을까요? 그래서 제가 다른 직업에 지원할 때 좋은 참고가 될 수 있도록 말이에요."라고 반응하기도 한다. 그러면 상담자는 즉각적으로 다음과 같이 말할 것이다. "그래서 만약 당신이 진정으로 괜찮고 당신이 원하는 참고 사항을 얻을 것 같은 방식으로 머리를 숙이고 있다면, 그것이 당신의 일상적인 직업 경험에 어떤 차이를 가져오나요?"

삶의 상황에 대처하기

우리 대부분이 마주하고 있는 삶의 어려움은 일반적으로 잠재적으로 해결 가능한 '문제'와 해결되지 않는 어려움인 '삶의 상황'으로 나뉠 수 있다. 그 구분은 간단하고 명백하다. 사별, 만성 질환, 상실은 고통스러움에도 불구하고 문제가 아닌데, 그 이유는 정의상 이것들이 해결될 수 없기 때문이다. 삶의 상황에는 그것을 대처하고, 관리하고, 그것과 함께 살아가는 문제가 있고, 이것을 기억하는 것이 상담자와 내담자에게 나아갈 길을 제시한다. 따라서 내담자가 자신의 만성 관절염을 문제로 지목한다면 상담자는 "글쎄요, 아무리 얘기해도 그것을 없앨 수는 없을 것 같은데요."라고 반응해야 할 것이다. 그리고 만약 내담자가 그에 동의한다면 치료자는 "그렇다면 관절염을 가능한 최선의 방법으로 관리하고 있다는 것을 어떻게 알 수 있을까요?"라고 물어볼 수 있다.

34

만약 위기 상황이 닥친다면?

해결중심접근은 옳고 그름이나 내담자가 삶을 어떻게 살아야 하는지에 대한 고려가 없다는 점에서 비규범적인 접근방식이다. 상담에서 내담자에 의해 소망하는 결과가 결정되는데, 해결중심접근은 단지 내담자가 소망하는 결과를 달성하는 것과 관련해 내담자와 함께 대화를 나누는 방식에 대한 기술(묘사)일 뿐이다. 해결중심접근은 내담자의 삶을 평가하지 않고, 본질적으로 '가치에서 자유로우며', 상담자가 내담자에게 묻는 질문에 대한 정당성은 상담 과정이 내담자가 소망하는 결과와 관련될 수 있는지의 여부에 따라 결정된다. 만약 관련이 없다면 그 질문은 무례하고 방해되는 것으로 여겨져야 한다. 하지만 오히려 무례하고 방해되기보다는 상담자가 내담자에게 자신의 옳음을 주장하는 것으로 전달될 위험이 있다.

이는 해결중심접근이 위기와 짧은 대답에 어떻게 대응하는지에 대한 의문이 들게 만든다. 간단한 대답은 해결중심접근은 위기에 대응하지 않는다는 것이다! 그러나 이것은 상담자가 해결중심접근을 사용함으로써 위기에 대응하는 방법을 찾지 못한다는 것을 의미하지 않는다. 대신 상담자는 위기에 대응하기 위해 위기 상황 밖으로 나와 위험으로부터 안전하게 옳고 그름을 구별할 수 있는 외부 가치들을 그려 낼 것이다.

해결중심 상담자가 과거에 파트너에게 심한 구타를 당했고, 그녀가 당한 폭행의 결과로 그녀의 생명이 위험에 처했다고 말하는 내담자를 상담한다고 상상해 보라. 더 나아가 내담자에게 '상담에서 가장 바라는 것'을 물었을 때, 내담자가 자신이 더 적극적으로 자기주장을 하기를 원하며, 폭력을 당하는 것에 신물이 난다고 답하는 장면을 상상해 보라. 해결중심적 관점에서 이 대답은 아무런 문제가 되지 않는다. 대답은 내담자가 원하는 것, 즉 상담자의 임무인 사람들이 자기주장을 하도록 돕는 것을 나타내며, 상담에 대한 현실적인 가능성을 나타낸다. 그러나 어떠한 상담자든 뭔가 잘못되었다는 생각을 하기 시작할 것이다. 만약 내담자가 자기주장을 더 한다면, 내담자의 파트너는 '원래 폭력을 당하던 상황을 유지'하기 위해 더 많은 폭력으로 대응할 것인가? 상담자는 안전성에 대한 문제를 상담 안으로 가져오기 위해 위기 상황 밖으로 나간다.

상담자: 좋아요. 이제 당신은 상담이 유용했다는 걸 알게 될 거예요. 왜냐면 당신은 당신 인생, 특히 결혼생활에서 좀 더 자기주장을 하게 될 테니까요.

내담자: 네.

상담자: 그래요. 질문을 하나 해도 될까요? 당신의 안전이 당신한테도 중요하게 생각되나요?

내담자: 당연하죠.

상담자: 그렇다면 당신이 자기주장을 하는 게 당신에게 좋고, 당신의 관계에
좋고, 당신의 안전에 도움이 되는 방식으로 늘어나고 있다고 상상해
봅시다. 당신은 그것을 어떻게 알 수 있을까요?

여기서 내담자가 소망하는 미래의 그림에 안전성을 넣은 것을
받아들이지만, 상담자가 전적으로 정당한 방법으로 안전성에 대한
질문을 '강제'했다는 것을 인식하는 것이 중요하다. 만약 내담자가
안전이 내담자 자신에게도 중요하게 생각되냐는 상담자의 질문에
"아니요."라고 대답한다면, 상담자는 윤리적이고 도덕적인 딜레마
를 겪게 된다. 내담자는 상담을 계속할 것인가 말 것인가? 해결중
심접근은 이 질문에 대답할 수 없지만 윤리적인 상담자는 대답해
야만 한다.

35

상담자가 자원 제공 여부를 평가할 때

　많은 상담 실무자는 복잡하고 다양한 역할을 수행하는데, '심리치료자'는 이러한 역할들 중 하나일 뿐이다. 건강 전문가는 '건강한 생활 조언'을 제공해야 할 수도 있다. 약물 중독 전문 상담자는 내담자에게 약물사용의 위험성에 관한 정보를 알려 주어야 할 수도 있다. 사회복지사는 상당수의 내담자가 생활 속 안전과 위험에 대해 정기적으로 관리하기를 기대한다. 그리고 많은 상담자는 내담자에게 필요한 다양한 차원의 자원을 어떻게 제공할 것인지에 관한 의사결정 과정에서 적극적인 역할을 수행한다. 물론 사회복지사가 한 청소년을 지역 당국의 보호시설 내로 수용할지 여부에 관해 해당 부처를 대신하여 항상 독립적으로 결정할 수 있는 것은 아니다. 하지만 절박한 부모들은 사회복지사가 자녀를 수용하는 데 동의한다면 그들이 바라는 바와 같이 스트레스와 불안으로부터 잠시 해방될 수 있을 것이라고 충분히 믿고 있을 수 있다. 그렇기 때문에 해결중심상담을 하는 사회복지사가 그 부모들에게 당신들의

'최선의 소망(가장 큰 소망)'이 무엇인지 묻는다면, 그들은 어떤 방식으로든 수용되길 원하는 곳으로 가기를 바란다고 대답할 것이다. 이러한 상황에서 사회복지사가 해야 할 일은 특수한 요구를 지닌 학생을 위해 추가적인 수업 지원을 요청하는 학교를 대하는 교육심리학자, 또는 자녀의 '과잉 활동'에 대한 치료약 처방을 원하는 부모를 대하는 정신과 의사의 일과 비슷하다.

개별 사례에서 상담자의 업무는 평가하는 것인데, 이는 '종결이 충분히 가능한'이라는 결론을 충분히 내릴 수 있는지를 결정하는 것도 포함한다. 즉, 상담자는 다음과 같은 질문에 대해 답변을 내릴 수 있어야 한다. '그 가족은 자녀를 보호시설에 수용하지 않고도 자녀에 대한 어려움을 해결할 수 있는가?' '그 교사는 값비싼 추가 교육적 지원을 받지 않고도 개선방법을 발견할 수 있는가?' '아동이 진단명을 받고 치료약 복용과 함께 나타나는 신체적 부작용을 경험하지 않고서도 그 아동의 행동 문제를 다룰 수 있는 해결책이 있는가?' 대안 가능성을 평가하기 위한 첫 번째 단계는 내담자가 미리 정해 버린 해결책을 넘어서서 대화할 수 있는 방법을 찾는 것이다. 단순히 "그 해결책이 무슨 변화를 만들어 내길 바라나요?"라고 묻는 것만으로도 대안의 가능성을 여는 반응들을 이끌어 낼 수 있다.

> 내담자: 음, 선생님께서 그 아이를 보호소로 다시 넣어 주신다면, 저는 매일 밤 그 아이가 언제 집에 돌아올지 그리고 그 아이가 무슨 나쁜 짓을 하고 있을지 걱정하지 않아도 될 거예요. 또 저는 그 아이가 학교에 출석하는지 신경 쓰지 않아도 될 거예요. 그리고 우리 모두 집에서 악을 쓰고 비명을 질러 대지 않을 거예요. 집은 더 조용해질 거고, 우리 모두는 더 행복해질 거예요.

상담자: 그렇군요. 최근에 다시 정말 많이 힘들어지셨던 것 같네요. 그리고 힘드셨겠다는 말만으로는 다 표현이 안 될 것 같고요. 제가 이해한 바에 따르면 어머니께서는 아들이 적절한 시간에 집에 들어오고 학교에 가는 것 그리고 집이 좀 더 조용하고 행복해지는 것을 바라고 계신 것 같아요.

내담자: 맞아요. 걔가 어떤 앤지 선생님은 이해하고 계시는 것 같네요. 그 아이는 저를 무시해요. 그리고 그 아이가 스튜어트 기숙사(Stewart's Lodge)에 있을 때는 적어도 나머지 모두에게는 상황이 더 좋았던 것 같아요.

상담자: 좋습니다. 그러면 어머니께서는 아들이 당신을 무시하지 않고 존중하는 것도 바라시는군요.

내담자: 네, 물론이죠.

상담자: 좋아요. 그럼 지금까지 제가 어머니께서 바라시는 변화를 정확히 이해했는지 확인해 봅시다. 마이클이 밤에 집에 들어오는 것, 마이클이 학교에 가는 것, 가정의 조용함과 행복 그리고 마이클이 어머니를 존중하는 것 맞나요?

내담자: 맞아요. 하지만 그 아이는 그렇게 변하지 않을 거예요. 저는 이제 할 만큼 했어요. 아들을 보호소에 수용하지 않는 것은 그 아이에게도 좋지 않고, 재닌과 윌리엄에게도 좋지 않아요. 저는 항상 악을 쓰고 소리를 질러요.

상담자: 그런 마음이 드실 만하죠. 저도 상황이 이렇게 된 것이 참 안타깝습니다. 하지만 어머니께서도 제가 마이클을 만나지 않고서 그리고 아마도 마이클과 어머니를 함께 만나지 않고서는 그렇게 결정을 내릴 수 없다는 것을 알고 계실 거라고 생각해요. 그러면 우리가 어머니께서 바라시는 대로 아들이 변하고 가정에서 상황이 달라지는 방법을

찾아낸다면, 아들이 보호소에 가지 않더라도 견딜 수 있으시겠어요?

내담자: 네, 그렇지만 그런 일은 일어나지 않을 거예요…….

상담자: 하지만 그런 일이 실제로 일어난다면, 그 상황은 견딜 수 있으시겠어요?

내담자: 견딜 수 있을 것 같아요.

어느 누구도 마이클과 그의 어머니 그리고 그의 가족에 대한 이 작업이 순조롭게 진행될 것이라고 가정할 수 없다. 그리고 마이클은 결국 보호소에 수감될 수도 있다. 하지만 일단 내담자의 바람이 단순한 편의 제공이 아닌 변화를 위한 소망의 관점에서 정의되면, 변화를 위해 취할 수 있는 다양한 방법이 있고, 보호소 수용은 단지 여러 방법 중 하나의 방법일 뿐이라는 점이 분명해진다.

───────────── 36 ─────────────

우리가 공동 계획을 세울 수 없다면

만약 공동 계획(joint project)이 없다면, 그 작업은 해결중심이 아니다. 작업은 효과적이고, 힘을 북돋우며, 장점 기반일 수 있으나 해결중심은 아니다. 모든 작업은 방향이 필요한데, 그 방향이 내담자에 의해 구체화된 것이 아니라면 자연스럽게 상담자에 의한 것이기 때문이다. 해결중심접근은 규범이 정해져 있지 않으므로 상담자는 어느 것이 옳은 방향인지 알 수 없게 된다. 내담자의 '최선의 소망'을 모른다면 상담자는 어떤 질문을 할지, 어떤 것을 강조할지, 어떤 것을 내버려 둘지 어떻게 알 수 있을까? 이러한 경우에 상담자는 해결중심 질문과 기법들을 전부 사용할 수 있고, 그렇게 하는 것이 유용하겠지만, 정의된 공동 계획이 없다면 기법들을 아무리 사용해도 그 작업을 해결중심으로 만들지 않는다.

작업이 공공연하고 정당하게 상담자에 의해 유도된 경우, 적어도 초반은 공동 계획이 없는 명백한 경우로 볼 수 있다. 적어도 대부분의 공식적인 초기 상담 작업은 이러한 형태를 띤다. 상담자의 중재는 대개 내담자와 공유되지 않을 우려가 있고, 이는 내담자가 그러한 우려에 동의하지 않더라도 내담자의 삶에 개입하는 것을 합리화한다. 그럴 경우, 내담자가 변화하지 않을 때 겪을 수 있는 위험들을 나열하면서 상담자는 내담자로 하여금 중재 목표를 승인하도록 유도한다. 예를 들면, "저는 과거에 당신이 병원에 돌아가고 싶어 하지 않았다는 것을 알고 있습니다. 여전히 그런가요?"라고 묻는 것이다. 만약 내담자가 긍정적으로 응답했다면 상담자는 "그럼 병원에 가지 않는 확률을 높이기 위해 제가 당신의 어떤 점을 다르게 봐야 하는지 알고 있나요?"라고 물을 수 있다. 구체화를 위한 상담자의 최소한의 요구 조건에 맞게 "당신은 집에 머무르기 위해 저와 그러한 변화를 만들 수 있어 행복한가요?"와 같이 질문할 수 있다. 내담자가 또다시 "네."라고 대답한다면, 이는 '집에 머무르기 계획'을 내담자와 함께 세우는 것이고, 그리하여 상담은 해결 중심이 될 수 있다. 하지만 그렇지 않은 경우 상담자는 자기 자신의 목표를 위해 작업하는 것이다.

상담 과정에서 내담자와 함께 작은 계획을 수립할 수 있는 기회는 많을 것이며, 그러기 위한 중요한 방법 중 하나는 내담자의 불만에 귀를 기울이는 것이다. 모든 불만은 가능성이다. "듣자 하니 그게 정말 당신을 괴롭히고, 거기에서 헤어 나오기 힘든 것 같군요. 그것이 변화하기를 원하나요?" 만약 내담자가 이 계획을 받아들인다면, 상담자의 목표가 대부분 중재로 결정된, 작업의 큰 부분 중 '더 나아가기(getting out more)'의 작은 해결중심 계획을 세우게 된다. 이러한 경우, 작업은 내담자 방향과 중재자 방향의 '두 가지 방식이 동시에 진행된다(twin-tracked)'. 작업 초기에는 내담자에게 언제나 이중방식으로의 초대를 제공할 수 있다. "나는 다니엘에 대한 우리의 걱정에 당신이 동의하지 않는다는 것을 알고 있어요. 하지만 당신도 알다시피 나는 정기적으로 방문할 것이고, 그러한 우려를 제기하는 것이 나의 일이기에 우리가 만날 때마다 그렇게 할 거예요. 그것이 나의 책무입니다. 내가 그렇게 하는 동안 적어도 당신의 관점에서 이것을 조금은 가치 있게 하기 위해 우리의 대화에서 무엇을 얻을 수 있습니까?" 만약 내담자가 응답한다면, 이 작업은 일방적인 중재방식보다 미래의 협력을 위해 더 많은 가능성을 가진 상호 간의 공동방식(twin-tracked)이 된다.

내담자가 소망하는 미래

37

소망하는 미래: '미래질문'

일단 상담자가 "이 상담에서 가장 원하는 게 뭔가요?"라는 질문에 대한 답을 얻고 내담자의 목적을 알게 되면, 가장 일반적인 다음 단계는 소망이 현실화되었을 때 내담자의 삶이 어떨지 묘사하도록 독려하는 것이다. SFBT의 초기 발전 단계에서 미래 대화는 상담자와 내담자의 만남이 언제 종료되어야 하는지에 대한 구체적인 목표에 초점이 맞추어져 있었다(de Shazer, 1988). 그러나 머지않아 미래중심 대화(future focused conversation)의 가치는 명백해졌다. 내담자가 미래의 소망에 대해 명료하게 묘사할수록 긍정적인 결과가 더 빠르고 높은 확률로 나타나는 것으로 확인되었다. 이는 마치 말로 설명하는 것이 내담자에게 가상의 경험으로 작용하여 상황이 정말 다르게 될 수 있다는 가능성을 만들어 내는 것 같았다. 또한 미래에 대해 말하는 것은 단지 상담에 오게 만든 내담자의 문제뿐만 아니라 내담자의 삶 모든 측면에 대해 다루기 시작했다. 삶에 대한 광범위한 묘사는 세부적이고 제한적인 '목표'라는 개념으로는 적절하게 설명될 수 없었고, 따라서 '소망하는 미래(preferred future)'라는 개념이 생겨났다(Iveson, 1994).

 엄밀히 말해서, 소망하는 미래에 대한 내담자의 묘사를 '해결책'으로 보는 것은 잘못이다. 더 정확하게, 이것은 현재 문제되는 바가 삶에 유의미한 영향을 미치지 않는 대안적인 삶의 방식이다. 내담자의 문제에 대한 해결책은 성공적인 상담의 결과로서 발생한다. 예를 들어, 어머니는 십 대 딸이 늦게까지 밖에 나가 있는 것에 대하여 불평할 수 있으며, '최선의 소망' 질문에 대한 그녀의 첫 번째 답변은 딸이 제시간에 집에 들어오는 것일 수 있다. 상담자는 이것에 중점적으로 초점을 두지 않을 것이다. 대신 그는 "그렇다면 무엇이 달라질까요?"라고 물으며 "우리 관계가 더 좋아질 거예요."와 같이 내담자가 더 나은 '삶의 질'의 결과에 대해 이야기할 수 있을 때까지 그에 대해 탐색할 것이다. 그렇다면 상담은 이 '더 나은 관계'가 가족의 일상생활에서 어떤 모습일지에 대한 이야기를 이끌어 내는 방향으로 진행될 것이다. 이러한 설명이 실제로 일어난다면 모녀간의 관계는 좋아질 것이고, 그 결과 그들은 규칙에 대해서도 함께 상의해 볼 수 있게 될 것이다. 이렇게 문제는 상담자의 직접적인 개입 없이도 해결된다.

 SFBT의 전형적인 미래중심 질문(future focused question)은 '기적 질문'이다.

 당신이 잠을 자고 있는 동안 기적이 일어나 이 문제가 해결되었다고 가정해 봅시다. 그렇다면 당신은 기적이 일어났다는 것을 어떻게 알 수 있나요? 무엇이 달라졌을 것 같나요? 당신이 그에 대해 이야기하지 않더라도 당신의 남편은 기적이 일어났다는 것을 어떻게 알아차릴 수 있을까요?

(de Shazer, 1998: 5)

'최선의 소망' 질문이 생기기 전에 '기적'은 '문제가 없는 삶'을 묘사하는 것이었다. 후에는 '최선의 소망이 달성되었을 때의 삶'에 대해 묻는 것이 보다 더 논리적이게 되었다(George et al., 1999: 28). '기적' 은유의 목적은 내담자들이 그들의 무망감을 극복하는 데 있다. 기적은 무엇이든 할 수 있기 때문이다. 일단 소망의 개념이 첫 번째 질문에 소개되고 나면 '기적'은 필수적이지 않게 되고, 앞선 모녀의 사례에서 나타난 것처럼 우리는 "내일 아침에 깨어났을 때 당신과 당신의 딸이 정확히 원하는 관계를 맺고 있다는 것을 알 수 있는 첫 번째 신호는 무엇일까요?"라는 질문을 '최선의 소망' 질문 뒤에 이어서 할 가능성이 높다. 우리가 '미래질문'이라고 불렀던 이러한 덜 극적인 질문의 부작용은 상담자의 말이 덜 인상 깊기 때문에 내담자의 말이 우위에 설 수 있다는 것이다. '기적'질문의 또 다른 특징은 상담자에게 힘이 있는 것이 아니라는 점이다. 이것은 상담자가 가지고 있다고 믿어지는 '마법 지팡이'와 같은 힘보다 장점을 가진다. "내일 일어나서 당신의 소망이 이루어졌다고 상상해 봅시다. 이를 어떻게 알 수 있을까요?"라는 질문은 상담자와 상담자의 초자연적인 능력은 중심에서 벗어나게 하고, 오직 내담자만을 중심에 남게 한다.

38

먼 미래

때때로 내담자는 내일이 아니라 내년이 되더라도 일어날 수 없을 미래를 소망하곤 한다. 고아원에 사는 한 소년은 기적질문에 "아름다운 여자 친구와 포르쉐 외제차를 가지고 있는 백만장자로 깨어나고 싶어요."라고 답했다. 이에 대해 상담자는 "기적이라는 건 그렇게 대단한 게 아니라 포르쉐와 아름다운 여자 친구가 있는 백만장자가 되는 방향을 향해서 나아갈 수 있도록 삶을 설정하는 것 뿐이야."라고 말했다. 그 소년은 비웃으며 상담자에게 욕지거리를 퍼붓고는 자신의 방으로 돌아갔다. 그런데 다음 날이 되자 그는 몇 주 만에 처음으로 오전에 일어나서 지역 신문을 구매하고 일자리를 찾기 시작했다.

경험으로 비추어 보건대(이것이 고정불변한 법칙은 아닐지라도), 만약 내담자의 소망이 현재의 삶에서 실현될 수 있는 것이라면 이러한 소망이 실현되는 것은 현실적인 가능성을 갖게 된다. 자신감을 갖는 것, 개선된 관계, 행복, 아내와 좋은 관계를 유지하는 것,

학교에서 열심히 공부하거나 좋은 부모가 되는 것은 모두 내일 당장 시작할 수 있는 미래에 관한 예시이다. 백만장자가 되는 것은 마치 배우자나 새로운 직업을 구하고, 먼 훗날에 있을 시험에 합격하거나 어린이집에서 갑자기 돌아온 아이를 돌봐야 하는 것과 같이 현실과 멀리 떨어진 일일 수 있다. 이러한 경우에는 소망해 왔던 결과의 방향을 향해서 관심을 기울이는 것이 보다 현실적인 '미래질문'을 가능하게 한다.

39

잘 진술된 소망하는 미래의 특징:
내담자의 관점

잘 진술된 소망하는 미래는 다음과 같이 다섯 가지의 필수적 특징을 보인다. 첫 번째, 내담자의 관점에서는 다음과 같은 특징을 보인다.

① 긍정성: 그들이 원하는 무언가, 즉 문제가 아닌 그들이 바라는 것
② 실제적이고 관찰 가능한 행동: 행동으로 표현된 감정들
③ 구체성: 시간, 장소, 행동 그리고 맥락

두 번째, 다른 사람들의 관점과 행동에서는 다음과 같은 특징을 보인다.

④ 다양한 관점: 다른 사람의 관점에서 바라보는 것
⑤ 상호작용: 다른 사람에게 미치는 영향과 다른 사람이 내게 미

치는 영향에 대한 기술

① 긍정성. 이것은 낙관주의적인 관점에서 이야기하는 '물이 절반이나 남았네.'라는 식의 긍정을 의미하는 것이 아니다. 오히려 수리적인 의미로 무언가 부재하는 것이 아니라 존재하는 것을 의미한다. 논리적으로 무언가 지금 없는 것에 대해서 진술하는 것은 불가능하다는 점에서 이는 분명하다. 그러나 우리는 문제가 없으면 좋겠다는 형태로 우리의 소망을 진술하는 경향이 있다(나는 우울하지 않을 거야, 나는 술을 마시지 않을 거야, 나는 아이들에게 소리를 지르지 않을 거야 등). 소망하는 미래는 원하지 않는 행동이나 감정을 대체할 것에 대해 진술해야 한다. 그리고 이것은 추측 또는 추정되어서는 안 된다. 일례로, 학교에서 문제를 일으키는 한 아동이 더 이상 복도에서 뛰지 않을 것이라고 말했다. 이 말을 통해 그 아동이 뛰는 것 대신에 앞으로는 걸어 다닐 것이라고 추측할 수 있다. 실제로 상담자가 세밀하게 질문했을 때 그 아동은 '친구들과 대화를 나눌 것'이라고 말했고, 그렇게 하기 위해서는 천천히 걸을 수밖에 없었을 것이다. 이후 그 아동은 소리를 지르지 않겠다고 말했다. 다시 상담자는 그 아동이 소리를 지르는 것 대신에 대화를 할 것이라고 추측할 수도 있었다. 그러나 그 아동이 소리를 지르는 대신에 무엇을 할 것인지 질문을 했고, 아동은 '걸어 다닐 것'이라고 대답했다. 왜냐하면 그 아동이 소리를 질러 부르기보다는 친구들에게 걸어갈 것이기 때문이다.

② 실제적이고 관찰 가능한 행동. 내담자들은 대개 그들이 소망하는 미래에 대해 변화된 감정 상태를 포함하여 굉장히 굵은 붓

놀림과 같이 진술할 것이다. 이 진술이 치료적인 효과를 갖기 위해서는 행동적인 형태로 바뀌어야 한다. 헤로인 중독을 극복하는 것 혹은 경영 실적을 높이는 것과 같은 광범위한 이유로 찾아오는 내담자들이 자신의 미래에 대한 진술을 "나는 조금 더 자신감이 있었으면 좋겠어요."라는 말로 시작하는 것은 이상한 일이 아니다. 이는 '내적 상태'에 관한 것이며, 내담자는 자신감이라는 감정이 어떻게 보일 수 있는지에 대한 질문을 받을 것이다. 아슬아슬하게 죽음을 면했던 수잔(그녀는 넓적다리를 동맥까지 그었다)은 커튼을 열고 걱정하는 이웃들에게 대답을 할 것이라고 말했고, 첫 회기까지 헤로인 중독자였던 니나는 도서관에 갈 것이라고 말했다. 그리고 제임스는 아침 시리얼의 맛을 느낄 수 있을 것이라고 말했다. 이 세 경우 모두 이러한 진술 전에는 "제가 제일 먼저 알아차릴 수 있는 것은 일어나고 싶다는 거예요." 혹은 "다음 날을 기대하는 거예요." 등과 같은 말들을 했다. 그러나 이러한 진술이 내담자의 입에서 바로 나오는 것은 아니다. 이러한 진술은 면밀한 질문들과 함께 다루어져야 한다.

③ 구체성. 소망하는 미래에 대한 진술이 더 구체적일수록 미래는 현실에 더 가까워진다. 시간과 장소를 명확히 하는 것은 이 가능성을 높여 준다. 예를 들어, 어떤 어머니에게 딸과의 관계가 좋다는 것을 알 수 있는 첫 번째 신호는 무엇인지 질문을 한다면, "딸은 저를 좀 더 존중하는 태도로 대할 거예요." 라고 대답할 수 있다. 이에 대해 상담자는 "구체적으로 몇 시쯤 그 일이 일어날까요?" 그리고 "서로 처음 마주치게 되는 장소가 어디일까요?"라고 질문할 수 있다. 이러한 구체적인 정

보들은 내담자가 존중하는 관계에 대한 진술을 시작할 수 있
도록 상담자가 적절한 질문을 찾는 데 도움을 줄 수 있다.
"8월 15일에 딸이 부엌에 들어왔을 때 당신이 원하는 대로 딸
과 관계를 맺고 있다는 것을 알아차릴 수 있는 첫 번째 신호는
무엇인가요?" 그녀는 "좋은 아침이에요, 엄마."와 같은 대답을
할 수 있을 것이다.

40

잘 진술된 소망하는 미래의 특징:
타인의 관점

소망하는 미래는 긍정적이고 구체적인 관찰이 가능할 뿐 아니라 두 가지 추가적인 기준에 의해 구체화되어야 한다. 그 기준은 타인의 관점과 미래에 일어나게 될 상호작용이다.

④ 다양한 관점. 상담자는 소망하는 미래에 대한 내담자의 관점 이외에 다른 사람들이 어떻게 볼 것인지에 대해서도 관심을 가질 것이다. 이러한 방법은 내담자의 내적 상태가 개선되었음을 보여 주는 신호를 확인할 수 있게 해 준다. 어머니는 딸이 아침에 "좋은 아침이에요."라고 말하는 것에서 딸이 자신을 존중하고 있음을 알게 될 것이다. 그리고 상담자는 어머니에게 딸이 어머니에 대해 어떻게 느낄지 물어볼 수 있다. 가족, 친구, 동료, 이웃 또는 심지어 지나가는 사람들이 내담자가 원하는 변화가 일어났다는 것을 어떻게 알아차릴 수 있을지 생각해 보게 하는 것은 내담자가 진술하는 소망하는 미래

에 좀 더 추가적인 내용을 담을 수 있게 해 준다. 심각한 우울증을 앓고 있는 내담자에게 "나의 감정을 내가 원하는 대로 느끼게 되었다는 것을 길 가던 사람이 나의 어떤 것을 보면 알 수 있을까요?"라는 질문을 했다고 가정해 보자. 아마도 내담자는 '머리를 곧게 들고, 눈을 마주치며, 웃음을 짓는 나를 보았을 때'라고 대답할 것이다. 이러한 작은 행동에 대한 진술은 살아갈 가치가 있는 삶과 연결되고, 그것이 쌓여 삶을 살아갈 수 있는 가능성을 가지게 한다.

⑤ 상호작용. 마지막으로, 이러한 진술들이 내담자의 관계에 잘 엮이게 하는 것이 중요하다. 우리는 다른 사람들의 관찰을 원할 뿐 아니라 그들의 반응과 그 반응이 내담자에게 어떤 영향을 미칠 것인지에 대한 설명을 듣기를 원한다. 집에 늦게 귀가한 딸과 어머니의 상황으로 돌아가 보자.

상담자: 딸이 "좋은 아침이에요."라고 말했을 때 어떻게 반응할 것 같나요?

내담자: "좋은 아침이구나."라고 대답할 것 같아요.

상담자: 그러면 어머니 기분이 좋으실까요?

내담자: 물론 기분이 좋겠죠.

상담자: 그러면 딸이 어머니가 기분이 좋다는 걸 어떻게 알 수 있을까요?

내담자: 제가 미소 짓는 것을 보고요.

상담자: 딸이 어머니가 미소 짓는 것을 보고 좋아할까요?

내담자: 그럴 것 같아요. 왜냐하면 딸도 최근 상황에 대해서 저만큼 스트레스를 받고 있을 것 같으니까요.

상담자: 그럼 딸의 기분이 좋은지는 어떻게 알 수 있을까요?

내담자: 같이 미소를 지어 주겠죠.

상담자: 그러고요?

내담자: 서로 안고 울 거예요. 얘기할 수 있어서 너무 다행이라고.

상담자: 그리고 그다음에는 어떤 일이 일어날까요?

상담자의 의도는 내담자가 진술한 대로 행동을 촉진시키는 것이 아니다. 이러한 방식으로 내담자 삶의 사소한 부분까지 챙겨 줄 수는 없다. 목표는 일어날 수 있는 사실적인 진술을 이끌어 내는 것이어야 한다. 이 목적은 가능성을 만들어 놓는 것이지 행동 과업을 설정하는 것이 아니다. 상담이 성공적이라면 내담자가 진술했던 똑같은 행동은 아니겠지만 비슷한 행동을 했음을 보고할 것이다.

41

확장하고 상세화하기

서술에는 다양한 수준이 있고, 상담자가 내릴 수 있는 선택지도 여러 가지가 있으며, 그 모든 것은 각각의 목적이 있을 것이다. 한 가지 선택은 내담자의 서술을 언제 상세화(detailing)할지, 언제 확장(broadening)할 것인지에 있다. 예를 들어, 상담자가 어머니인 내담자가 이야기하는 첫 '좋은 아침'에 대한 서술에 집중하기로 결정하는 것은 다양한 질문 때문일 수 있다. 그는 "당신이 안아 주고 우는 동안 미래에 대한 소망에 대해서 어떤 것을 알아차릴 수 있나요?"라는 질문을 할 수 있다. 만약 내담자가 이 질문에 대해 또 다른 긍정적인 감정을 설명한다면, 상담자는 "당신의 딸은 당신이 그러한 감정을 갖고 있다는 것을 어떻게 알아차릴 수 있을까요?"라고 질문할 수 있다. 인간관계는 매우 복잡하기 때문에 이러한 작은 상호작용에 있어서도 굉장히 다양한 질문을 할 수 있다. 어떤 시점에서 내담자는 자신의 이야기를 확장하고 상세화하기 위해 도움을 받아야 할 수 있다. 보통 이럴 때는 "또 어떤 게 달라질까요?"라는 질문이 활용되곤 한다. 모든 순간마다 같은 정도의 관심을 주기에는 시간이 너무 오래 걸리기 때문에, 상담자는 언제 상세화를 위해 '줌인'을 하고, 확장을 위해 '팬 아웃'을 할 것인지에 대해 끊임없이 선택해야 한다.

모녀의 사례에서 상담자는 그들과 만나는 순간에 상세화를 시작했다. 그러나 대신에 그는 더 확장된 서술로 시작할 수도 있다. "당신은 딸과의 관계에서 어떤 변화가 나타나길 원하나요?" 어머니는 더 깊은 존경이나 더 많은 소통, 좋은 성적, 순종 그리고 기쁨에 대한 다양한 단서와 같은 몇 가지 사항을 나열할 것이다. 이러한 확장 과정이 완료되면, 상담자는 어디에 초점을 맞추어 상세화할 것인지 선택할 수 있다. "당신은 어떻게 딸이 더 기쁘다는 것/더 존경을 표한다는 것/공부를 열심히 한다는 것을 알아차릴 수 있을까요?" 이후 장에서 살펴볼 수 있듯이 척도는 내담자의 다양한 삶과 관계의 측면에 대한 세부 사항을 끌어내는 데 유용한 틀을 제공해 준다.

사례

25세인 제임스는 고등 교육을 마쳤으며 현재 스스로 막다른 길이라고 느끼는 직업을 갖고 있다. 그는 약물 과다복용을 하여 입원하였고, 최근에 퇴원했다. 그는 사이가 좋지 않은 부모님과 살고 있다. 그의 어머니는 여러 차례의 경화증으로 인해 심한 장애를 갖고 있으며, 아버지는 집에 있는 것을 피하기 위해(아버지를 증오하는 제임스의 표현을 따르자면) 직장에서 늦게까지 일을 하고 있다. 제임스가 어머니를 보살피는 대부분의 일을 하고 있으며, 그의 표현을 따르자면 이로 인해 자신의 삶을 살지 못하고 있다. 그는 보다 자신감을 갖길 원한다. 다음의 축어록은 1회기 진행 부분이며, 제임스는 일어나서 어머니와 대화하고, 아버지에게 보다 예의 바르게 대하며, 직장에서 보다 성실해지는 것에 대해 이야기했다.

상담자: 퇴근 후에 어떻게 당신의 자신감이 보일 수 있죠?

제임스: 사실 전 술을 마시러 가고 싶은데 어머니를 그만큼 오랫동안 혼자 놔둘 수가 없어요.

상담자: 당신이 늦게 들어오면 어머니의 기분이 상하실까요?

제임스: 그렇진 않아요. 어머니는 본인이 살아 계실 때 제가 저만의 삶을 살길 원하세요. 그렇지 못하면 제가 영영 꼼짝 못하게 될까 봐 걱정하시거든요.

상담자: 그렇다면 어머니는 당신이 더 많이 외출하는 모습을 보시면 기쁘시겠네요.

제임스: 어머니가 저를 너무 많이 필요로 하지 않거나 아버지가 좀 더 해 준다면 그러실 수 있을 거예요. 하지만 아버지는 그러지 않으실 거예요. 두 분은 서로 말조차 안 하시거든요.

상담자: 그렇다면 당신은 부모님의 사이가 좋아진다면 아버지가 더 도울 거라고 생각하는 건가요?

제임스: 네, 그렇지만 그렇게 되지 않을 거예요.

상담자: 만약 그렇게 된다면 그것의 일차적 신호(first sign)는 무엇일까요?

제임스: 그렇게 될 수 없어요. 이미 일이 진행된 지 너무 오래되었거든요.

상담자: 만약 기적이 일어나서 부모님의 사이가 좋아지게 된다면 그때의 일차적 신호는 무엇일까요?

제임스: 부모님이 서로 이야기를 할 거예요.

상담자: 무엇에 대해서요?

제임스: 아무거나 그리고 모든 것에 대해서요.

상담자: 그렇다면 부모님이 더 많이 이야기하게 되는 것에 대한 일차적 신호는 무엇일까요?

제임스: 아버지가 어머니를 더 많이 도울 거예요.

상담자: 그렇다면 아버지가 어머니를 더 많이 돕는 것에 대한 일차적 신호는 무엇일까요?

제임스: 아버지는 어머니의 산소 공급과 관련해서 도움을 줄 거예요. 어머니는 산소 호흡기가 필요한데, 혼자서는 통을 교체하지 못하시거든요. 그래서 만약 제가 통을 교체하시는 걸 돕고 있는 아버지를 본다면, 저는 부모님의 사이가 좋아졌다는 것을 알 수 있을 거예요.

상담자: 아버지가 통을 교체하시는 걸 보는 것은 어떤 차이를 갖고 오나요?

제임스: 엄청난 차이죠.

상담자: 예를 들면요?

제임스: 제가 드디어 저만의 삶을 살 수 있겠다고 생각하게 될 거예요.

2회기는 한 달 후에 진행되었고, 제임스는 직장에서의 변화 및 보다 활발한 사회관계 등을 보고하며 기분이 훨씬 더 나아졌다고 이야기했다. 또한 그는 부모님의 사이가 좋아졌으며, 아버지가 어머니를 더 많이 돕고 있다고도 이야기했다. 이전에는 제임스가 아버지의 비협조적인 모습만 봤기 때문에 자신이 어머니를 더 많이 도와야 한다고 느꼈을 수 있다. 그러나 상세한 서술을 해 나가는 과정에서 제임스는 자신이 없을 때 아버지가 일상적인 것들을 해 주고 있었음을 깨달았으며, 이를 통해 숨통이 트이게 되었다.

성공 경험 찾기

PART

06

42

예외 상황 찾기

SFBT는 아무도 완벽하지 않다는 발견에서 시작되었다. 이 아주 오래된 지식에 대한 새로운 요지는 우리가 인간이라는 것이 우리의 문제들을 완벽하게 할 수 없다는 것이다. 그 문제들이 아무리 만성적이고, 심각하며, 쇠약하거나, 복잡하더라도 우리의 행동에 영향을 덜 미칠 때가 항상 있다는 것이다. 이 현상은 드세이저(de Shazer, 1985)에 의해 가장 잘 설명되었다. 그는 문제를 반복적인 행동 패턴으로 보았는데, 이는 거의 규칙 같으면서도 모든 규칙에 예외의 대상이 있는 것과 유사하다. 예외(exceptions)의 개념은 SFBT의 첫 번째 기둥이다. 간단한 방정식은 모든 문제가 예외를 가지고 있다면 모든 문제에는 이미 해결책이 있고, 단지 활성화되기를 기다리고 있다는 것이었다. 초기 SFBT는 문제에 대해 묻고, 예외를 찾고, 예외를 이야기하여 예외를 문제보다 더 크게 자라나도록 했다.

말하는 것이 수행하는 것보다 더 쉽다. 문제가 모든 주의를 끌기 때문에 문제행동에 대한 예외는 일반적으로 눈에 띄지 않게 된다.

심지어 눈에 띄었을 때도 예외의 중요성은 무시될 수 있다. 부모나 교사는 아이의 버릇없는 행동을 길게 묘사할 수도 있고, 좋은 행동에 대한 질문을 받았을 때 "그러면 나는 그 애가 어떤 수작을 꾸미고 있다는 것을 압니다!"라고 대답한다. 그 좋은 행동은 더 나쁜 일의 시작에 지나지 않는 것으로 보이게 된다.

예외를 변화의 근거로 삼는 핵심은 세부 사항이다. 일단 예외가 발견되면, 과제는 대안적 행동에 대한 상세한 설명을 이끌어 내는 것이 된다. 예외가 더 명확하게 설명 가능할수록 내담자의 행동 레퍼토리에서 예외의 위치는 더 중요해진다. 한 예로, 어떤 내담자는 광장공포증이 너무 심해서 현관문 근처로 가는 것조차 어려웠다. 결국 그녀가 얼마나 진정으로 겁을 먹었는지 들은 후에 상담자는 그녀에게 매일 아침 현관 바로 앞 계단을 지나 아래층까지 내려올 용기를 어떻게 내느냐고 물었다. 그 질문에 놀란 그녀는 계속해서 매일 아침이 그녀에게 얼마나 전투였는지 설명했고, 아래층으로 내려가는 '멍청한' 방법이라고 생각한 것을 묘사했다. 이후에 그 상담자는 그녀가 우유를 가져오는 상황에 대해 물었고, 이는 그녀가 현관문을 열어서 차에 넣을 우유를 가져오기까지 훨씬 더 복잡한 일련의 의식을 설명하게 했다. 그것이 그녀의 회복에 필요한 것이었다. 이 문제가 그녀의 삶을 괴롭히고 깎아 먹은 수년 동안 그녀는 자신을 부적응자라고 생각해 왔다. 그녀는 매일 아침 자신의 용기를 칭찬하기보다는 자신의 나약함에 대해 스스로 질책했다. 상담이 균형을 잡기 시작하자, 그녀는 매일 성공적으로 그것을 극복해왔기 때문에 자신을 다른 시각으로 바라보게 되었고, 문제를 해결할 수 있는 것으로 보게 되었다. 몇 주 안에 그녀는 혼자서 나가기 시작했는데, 그 예외적인 행동이 '규칙'이 될 때까지 처음에는 동네

가게로, 그리고 나서는 더 멀리도 나가게 되었고, 공황은 가끔 예외
적으로 일어났다.

　예외에 기반한 초기의 접근 이래로 SFBT 실제에는 상당한 발전
이 있었지만 핵심 가정은 여전히 남아 있다. 총체적인 일관성을 가
지고 행동하는 것은 불가능하고, 아무리 문제 패턴에 갇혀 있다 하
더라도 문제 이외의 다른 일을 하는 예외 상황이 항상 있기 마련이
며, 그것이 잘 키워지면 해결책이 될 잠재력을 갖게 된다는 것이다.

———————— **43** ————————

이미 일어나고 있는 미래의 사례

상담자들은 문제의 예외를 찾는 대신 내담자들의 소망이 이미 이루어졌음을 보여 주는 실제 사례들(instances)을 찾기 시작했다 (George et al., 1999: 27). 이러한 탐색의 과정은 예외를 찾는 것보다 더 쉽고 효율적인 것으로 나타났는데, 이는 예외를 찾는 것이 민감하지 않게 이루어졌을 때 자칫 상담자가 문제공포증을 겪고 있다는 인상을 줄 수도 있기 때문이다. 또한 이러한 탐색의 과정은 예외/사례를 내담자가 바라 왔던 결과에 더 직접적으로 연결시키기도 한다.

(소망하는 미래가 이미 이루어졌음을 보여 주는) 사례들에 대한 관심은 4장에서 묘사되었던 '첫 회기 공식 작업'의 발달로 거슬러 올라갈 수 있는데, 이는 각 첫 회기의 말미에 내담자들이 자신의 삶에서 어떤 측면이 유지되기 바라는지에 대한 자각을 시작하는 것을 의미한다. 하지만 사실 이미 수십 년 전에 이러한 자각이 해결중심상담에서 큰 역할을 하고 있는 것이 밝혀졌다.

  예외에 초점을 두는 상담과 사례에 초점을 두는 상담의 차이는 7세 아들의 상스러운 말(foul language)에 대해 불평하는 부모가 찾아온 상담 사례를 통해 살펴볼 수 있다. 상담에서 예외가 성공적으로 발견되고 탐색되었으며, 다음 회기에서 아들의 상스러운 말에 관한 이야기는 더 이상 문제가 되지 않았다. 그러나 부모는 이제 아들의 식습관에 대해 불평하기 시작했다. 이러한 식습관에 대한 불평들도 상담을 통해 약화되기는 했지만 결국 또 다른 불만으로 대체되었다. 상담자는 매우 기뻐하며 다음 회기 전에 동료들과 이야기하고 싶다고 말했다. 그때까지 부모도 자신의 상황에 대해서 생각을 하는 시간을 가지다가 문제가 그들 자신임을 깨달았다. 많은 영혼의 탐색 작업 끝에 그들은 둘 중 누구도 아이를 가지는 것을 원한 적이 없었으며, 단지 상대방을 위하여 아이를 가졌음을 발견했다. 그들의 아들이 부모를 기쁘게 하기 위해 할 수 있는 일은 없었다. 부모는 죄책감에 휩싸였고, 이제는 헌신적인 부모로서의 모습을 갖기를 원했다. 상담자는 예외에 초점을 맞추면서 노력하는 대신 잘못된 것을 바로잡기 위해 성공적인 미래를 향한 대화를 시작했다. 그들의 숨겨진 의구심에도 불구하고 그들 자신이 스스로 인정하는 것보다 아이를 낳고 기르는 일에 더 많은 노력을 들였음이 밝혀졌으며, 아이에 대해 잘못된 점을 찾는 것을 멈추었을 때 그제서야 실은 자신들이 아들을 많이 사랑했음이 밝혀졌다. 그들이 아들에게 사랑을 느끼는 모습은 부모로서의 자신에 대한 소망과 일치했다. 여기서의 교훈은 원치 않는 장소를 떠나는 것이 반드시 당신이 가고 싶은 곳으로 가는 것은 아니라는 것이다. 원하는 결과를 향해 직접 노력하고 일하는 것은 더 빠르고 확률적으로 더 효과적인 상담을 만들어 낼 수 있다.

─── **44** ───

목록

소망하는 미래의 사례를 기록하는 방법으로서 척도의 중요성을 곧 다룰 것이다. 또 다른 주요한 도구는 목록(list)이다. 해결중심 인터뷰는 쉬운 과정이 아닌데, 내담자들이 자신의 문제에 대한 답을 어렵게 찾아내는 것처럼 상담자들도 해야 할 질문을 그만큼 어렵게 찾아야 하기 때문이다. 탐색이 예외이든 사례이든 간에 가장 큰 잘못은 너무 빨리 포기한다는 것이다.

해결중심치료적 목록의 첫 번째 사례는 끈기의 중요성을 잘 보여 주고 있다. 내담자는 이제 막 SFBT의 입문 과정을 이수한 보호관찰관과 정기적 추수지도(follow-up)를 통해 보고 있는 중이었고, 보호관찰관은 자신의 작업을 감독하도록 BRIEF의 트레이너를 초청했었다. 내담자는 감옥에서 오랫동안 있었던 끈질기고 심각한 범죄자였고, 지금은 똑바로 살고 있다고 다소 심드렁하게 이야기했다. 해결중심접근에 친숙하지 않은 보호관찰관은 그의 끈기를 키우기 위해 분투하는 중이었다. 수퍼바이저는 보호관찰관들이 서로를 인터뷰하고 자신의 직업에서 잘한 것 35개를 찾는 강의에서의 연습을 통해 영감을 얻을 것을 제안했다. 그래서 그는 "우리가 마지막으로 만난 이후로 똑바로 살고 있는 것 35개를 말해 주세요."라고 이야기했다. 내담자는 저항하기 시작했지만, 보호관찰관의 단호한 표정을 보고 그의 목록을 말하기 시작했다. 30분 후, 내담자가 서른다섯 번째 성과를 이야기했을 때 그는 자부심으로 흥분해 있었다. 장기 추수지도의 결과―추수지도 순서가 정해져 있지 않아 장기 추수지도가 가능했다―로 그는 범죄 없는 삶, 영구적인 관계, 직업, 만족이 있는 삶을 살고 있음이 드러났다. 나중에 그는 그의 서른다섯 번째 대답이 변화가 일어날 수 있다는 가능성을 일깨워 주었다고 말했다. 만약에 보호관찰관이 단호하지 않았다면 결과는 매우 달랐을지도 모른다.

그 이후로 목록으로 열거하기의 창조적 힘은 거듭해서 증명되어 왔다. 왜 목록이 그렇게 효과적인지는 미스터리로 남아 있다. 때때로 목록은 필요한 전부일지도 모른다. 다니엘은 학교에서의 그의 행동으로 인해 퇴학당할 것을 무척이나 염려하는 어머니와 함께 왔다. 다니엘의 집에서의 행동도 역시 문제가 있었으나 그녀는 그것을 스스로 다룰 수 있다고 생각했다. 그녀는 약속을 잡은 지 2주 후에 와서 "다니엘이 최근에는 매우 잘하고 있지만, 다니엘이 자신의 행동을 해결하고, 매우 열심히 하고, 학교에서 좋은 성적을 받는 것"이 자신의 최선의 소망이라고 말했다. 상담자는 다니엘에게 어머니의 말이 무슨 뜻인지 물었고, 30분 동안 좋은 행동 20개를 말해 보도록 했다. 그의 어머니는 이어서 또 다른 20개를 말했고, 상담자는 다음과 같이 물었다. "만약 다니엘이 이 모든 것을 2주 전에 하고 있었다면, 당신은 상담을 받으러 왔을까요?" 그녀는 웃으며 아니라고 말했다. 상담은 끝났고, 그들은 모든 것을 스스로 했다.

다른 사례에서는 학습 및 신체 장애를 지닌 십 대 싱글맘이 충분히 좋은 부모가 될 수 있는 그녀의 능력과 역량에 대한 깊은 우려로 인해 의뢰되었다. 그녀가 집이 없고 헤로인에 중독되었던 15세 때 가진 첫아이에게 좋지 못한 부모임을 인정했고, 6개월 된 새 아기에게 자신이 얼마나 잘하는지 확신하지 못했다. 상담자는 그녀에게 그녀가 어떻게 좋은 어머니라고 생각할 수 있을지 물었다. 서른일곱 번째이자 마지막 대답으로 인해 그녀는 극적인 신체적 및 명백한 지적 변화를 경험했다. 그녀는 강직했고, 자신감 있고 유능한 어조로 말했으며, 눈은 빛났다. 그녀는 마지막 대답 중 하나를 말할 때에 자신이 없었는데, 자신이 이해받을 것이라는 확신이 없었기 때문이다. "나는 아이가 말을 이해할 수 없다는 것을 알아요. 나는 아이에게 말하는 것을 여전히 멈출 수 없다는 것을 알아요. 그렇지만 그 애가 이해할 수 없다는 것을 알아요." 이 어머니와 아이를 지켜보는 많은 전문가는 그녀가 상담을 마치고 돌아왔을 때의 변화들을 거의 믿을 수 없었다. 몇 개월 후 그녀는 지속적으로 깊은 인상을 주어 그녀의 첫아이는 그녀에게 성공적으로 돌아올 수 있었다. 그 만남이 있은 지 6개월 후 『가디언(Guardian)』지에 출생 시부터 말을 들어 온 아이들이 그렇지 않은 아이들보다 빨리 발달한다는 연구 프로젝트 내용이 실렸다. 상담자는 내담자에게 "당신은 법적 보호자보다 여섯 달 전에 알고 있었군요."라고 말하며 이 기사를 보냈다.

끈기와는 별개로 성공적인 목록으로 열거하기의 다른 측면은 열거되는 내용이 상담에서 바라는 결과와 직접적으로 관련 있도록 하는 것이다. 그러나 목록은 이미 일어나고 있는 바라는 결과의 사레들을 이끌어 내기 위해서만 사용된다는 것에 주의하라. 만약 내담자에게 미래에 하기 원하는 35개의 목록을 말하라고 했을 때, 이 모든 해야 할 일의 효과는 내담자를 전혀 행동하지 못하게 마비시킬 수 있다.

─────────────── **45** ───────────────

사례도 없고, 예외도 없는

때때로 내담자는 이미 일어난 소망하는 미래에 대한 사례나 문제에 대한 예외를 생각하지 못할 수도 있고, 조금 더 일반적으로는 어떤 사례나 예외도 중요하지 않다고 생각할 수도 있다. 이러한 점 때문에 벼랑 끝에 몰린 내담자들은 사소한 개선이 이루어지더라도 자신의 상황이 얼마나 나쁜지만 깨닫게 될 뿐이다. 이런 일이 일어났을 때 기억하면 가장 도움이 되는 것은 내담자가 당신 앞에 있다는 것이다. 그들은 '좋은 이유'를 위해(그들이 당부받았기 때문이 아니라) 그곳에 있어야만 하며, 그러므로 여전히 어떤 수준에서 무언가 다른 것에 대한 소망을 가져야 한다. 비록 그 경험과의 접촉이 잠시 끊어지더라도 내담자의 이 소망은 경험에 기초할 것이다. 다른 모든 상담자처럼 SFBT 상담자는 그들의 내담자와 함께 있을 수밖에 없다. 비록 내담자들이 문제에 대한 정보를 사용하지 않고 추구하지 않더라도, 상담자들은 그 사실을 인식하고 내담자의 고통과 불행에 '함께' 있을 필요가 있다. 거의 2년 동안 병원에 갇혀 있는 자살 충동 내담자에게 "도대체 어떻게 매일 일어날 수 있을까요?"라고 묻고, 그녀가 떠나갈 뻔했다고 말하는 부모에게 "어떻게 그러한 거부 행동을 계속 직면하고 계신가요?"라고 묻는 것은 단지 하나의 고립된 질문이 아니라, 이러한 문제에도 불구하고 내담자들이 어떻게 계속 나아가고 있는지에 대한 호기심이 반영된 내담자 문제의 심각성에 관한 일련의 진입점이다. 대부분의 경우 이것은 내담자들이 사례와 예외에 대해 더 많이 인식하게 하고, 때때로 삶이 더 가치 있어 보이도록 이끌 것이다. 이러한 '계속' 또는 대처 질문들은 55장에서 자세히 설명될 것이다.

척도질문 사용하기

46

척도질문: 진행 과정의 평가

5장에서 언급했듯이, 척도질문은 SFBT의 초기부터 사용되어 왔으며, 이 기법은 이제 인지행동치료를 포함한 다양한 치료적 접근에도 활용되어 왔다. 해결중심 척도(solution focused scale)는 내담자가 소망하는 미래에 대한 진행의 정도에 초점을 맞출 수 있도록 하는 방법인데, 이는 내담자의 문제 정도를 평가하는 것과는 관련이 없다. 내담자가 해당 척도 점수에 어떻게 도달했는지 살펴본 후, 한 칸 더 진전되었다는 것을 알아차리게 하는 것에 대해 생각해 보도록 할 수 있다. 중요한 것은 척도가 내담자의 상황에 대한 주관적 관점에 따른 것이라는 것이다. 이 척도는 과학적인 평가가 아니다!

앞에서 살펴보았듯이, 내담자는 그들의 지난 성취를 확인하도록 직접적으로 요청받을 수 있다. 이러한 작업이 이루어졌을 때에도, 내담자가 정말 도달하고 싶은 곳에 닿는다는 관점에서 그들이 자신의 진행 과정에 대해 어떻게 생각하는지 알아내는 것은 여전히 가치가 있다. 상담자는 내담자가 자신이 애써서 해 온 괜찮은 일들에 대해 이야기하는 것을 듣고 있다가, 척도질문을 한 후에 내담자가 겨우 1 정도 도달했다고 말하는 것을 듣고 놀랄 수 있다. 이는 상담자가 과하게 앞서 나가는 것을 막으며, 내담자의 관점에서는 아직 해야 할 일이 많다. 그 반대도 사실일 수 있다. 상담자는 아직 갈 길이 멀다고 생각하고 있지만, 내담자는 자신이 9에 있다고 말한다!

이러한 이유로 상담자가 상담 장면 중 소망하는 미래 부분에서 척도질문으로 바로 가는 것은 매우 흔한 일이다. 내담자가 미래에 대해 이야기를 한 후에만 척도질문을 받는 것이 좋다. 내담자가 소망하는 미래보다 문제에 더 집중할 때, 내담자가 너무 일찍 척도를 평가하도록 요청받는 경우보다 소망하는 미래를 탐색한 후가 내담자 자신을 더 높이 평가한다는 증거가 있다. 내담자가 소망하는 미래보다 문제에 더 초점을 맞출 때, 너무 일찍 자신을 확장하도록 요청받는 경우보다 소망하는 미래를 탐구한 후에 자신을 더 높게 배치한다는 증거가 있다.

척도질문의 가장 간단한 형식은 내담자에게 10은 소망하는 미래, 0은 최악의 경우를 생각해 달라고 요청하는 것이다(일부 상담자는 0을 1로 대신한다). 내담자에게 '당신이 소망하는 미래'와 같은 전문 용어를 사용하는 대신, "10은 당신이 미래에 자신에게 있어 달리 해 보고 싶다고 말해 왔던 모든 것을 나타냅니다."라고 말하는 것이 더 낫다. 10은 문제의 부재가 아니라 소망하는 미래의 존재를 나타냄을 기억해야 한다.

47

척도질문에서 '0'을 명명하는 것

'0'을 명명할 때는 깊이 생각할 필요가 있다. SFBT에서는 다른 접근들과 달리 내담자가 최악의 순간을 떠올리기를 원치 않는다. 따라서 0점을 어떻게 규정하는가는 내담자가 두려움보다는 향상에 초점을 유지하도록 돕는다는 점에서 중요하다.

우리는 0점을 '(내담자에게 상술하도록 요청하지도 않은 채) 일어날 수 있는 최악의 경우' 혹은 '지금까지 최악이었던 경우'라고 말할 수 있다. 우리는 내담자가 0보다 높은 수치로 응답하기를 바란다. 왜냐하면 내담자가 가치 있는 것을 기억하길 바라며, 0점은 그 가치 있는 것을 못 보도록 차단하기 때문이다. 0점이라고 응답하는 경우는 흔치 않기에 추후에 논의될 것이다. 의도적으로 0점 응답을 피하기 위해 내담자의 현재 상태보다 낮은 수준을 0점으로 정의할 수 있다. 일례로, 겉으로 볼 때 이혼 직전인 부부에게 있어 0점은 이혼으로 규정될 수 있다. 또한 사회복지과에서 아이를 보육시설(care)로 데리고 갈 것에 대해서 어머니와 9세 된 아들이 걱정을 표현했다면, 상담자는 실제로 상황이 나빠져서 걱정되는 그 일이 발생하는 것을 0점이라고 할 수 있다. 이것이 그들이 이미 표현한 두려움에 기초한 것이기에 그들에게는 타당하게 간주되는 것이다. 또 다른 사례에서 '청소년 기관 상담자'와 만난 16세 된 남학생은 상담자에게 "0점은 어머니가 너를 버린 것이고, 제일 친한 친구가 너를 알기 원하지 않는 것이란다."라고 들었다. 상담자는 이런 일들이 일어날 가능성에 대한 어떤 증거도 없었다. 상담자는 단지 남학생의 두려움을 가정하고 강조했다. 그는 어머니에 대한 것은 맞다('이미 자신을 쫓아내겠다고 위협했다')고 인정했지만 가장 친한 친구가 자신을 무시하는 것은 절대 아니라고 주장했기에 상담자는 0점에 관한 그의 가정을 취소했다. 이를 통해 상담자는 자신의 가정이 내담자의 신뢰를 잃게 될 위험을 감수한 것임을 깨달았다. 다행스럽게도, 내담자는 4점이라고 답했다. 경험에 비추어 보건대, 척도질문에서 0점은 가능한 한 모호한 상태로 유지해야 한다. 예를 들어, 0점을 바라는 미래에 완전히 반대되는 경우로 규정하거나, 일반적인 (그리고 있을 법하지 않은) 최악의 경우로 상정하는 것이다(0점은 당신이 다시는 침대 밖으로 나가지 않기로 결정하는 것이다).

0점을 명명하는 굉장히 흥미로운 방법 중 하나는, 0점을 내담자가 당신과 상담 약속을 잡았을 때로 정하는 것이다. 이는 내담자로 하여금 상담 전 회기를 깊이 생각하도록 돕는다. 이에 대해 드세이저(de Shazer, 2001)는 "내담자가 '0점은 무언가가 최악으로 치달았을 때'를 반영한다는 말을 들었을 때보다는 더 높은 점수를 말할 것이다."라고 말했다.

48

그 밖의 척도

앞 장에서 우리는 거의 모든 해결중심 회기에서 사용되는 일반적이고 전반적인 척도에 대해 다루었다. 하지만 특정 내담자에게 적용될 수 있는 여러 다른 척도질문이 존재한다.

10점은 내담자의 소망하는 미래에 대한 성취를 나타낸다. 미래는 종종 다양한 요소를 포함한다. 사실 내담자의 평가는 소망하는 여러 결과로 나아가는 평균을 의미하는데, 상담자는 그것들을 잘 구분하지 않는 경향이 있다.

예를 들어, 첫 회기에서 내담자가 말하는 10점은 가족으로부터 독립적으로 생활하고, 좋은 직업을 가지고, 운전 연수를 받고 차가 생기고, 여자 친구를 만들고, 자신의 정신 질환을 치료하는 것을 의미한다. 두 번째 회기에서는 내담자의 이러한 서로 다른 구성 요소를 분리하는 것이 도움이 될 것으로 보였다. 그래서 내담자와 상담자는 다중 척도화(multi-scaling)를 미세하게 조정하는 과정을 거쳤다. 이들은 목표들을 각각 분리된 척도로서 검토하였다. 그러면 이것은 상호 참조(cross-referenced)될 수 있다. 그 결과는 긍정적인 변화(성취)에 대한 중요한 기록이며, 어느 한 척도에서 나타난 가장 작은 성과로 인해 전체 척도가 긍정적으로 변할 수 있다는 것을 알 수 있게 하였다.

일반적인 척도 이후 가장 일반적으로 사용된 버전은 자신감 척도(confidence scale)이다. 여기서 내담자는 자신의 소망하는 미래를 성취하는 데 있어 자신의 자신감을 0부터 10까지의 척도로 평정하도록 요구받는다(혹은 특정 시간 범위에서 척도 +1의 의미를 묻는다). 이 척도의 가치는 사람들이 자신감이 어느 정도 있다고 했을 때, 무엇이 자신감을 주는지, 스스로에 대해 무엇을 아는지 (그리고 다른 사람은 자신들에 대해 무엇을 아는지) 등을 물어보면서 변화의 과정을 알게 한다는 것이다. 이는 내담자 자신에게 좋은 변화를 만들도록 역량을 더 부여하는 효과가 있다. 반면에 만약 내담자가 자신감이 부족하다면, 상담자는 예를 들어 내담자에게 만약 상황이 나아지지 않으면 어떻게 대처하고 싶은지 물어봄으로써 이 부분을 고려할 수 있다. 몇몇 상담자는 내담자가 자신감이 5점 미만이라고 하면 진전이 이루어지지 않을 가능성이 높다고 생각하는 것이 유용함을 발견했고, 5점 미만이면 대처질문이 필요하다는 것을 알았다. 그러면 10(이보다 더 잘 대처할 수 없는 수준)과 0(잠시도 더 이상 대처할 수 없는 수준)으로 구성된 대처 척도(coping scale)에 대해 물어볼 수 있을 것이다.

커플상담에서 상담자가 각자에게 다른 한쪽이 어떤 말을 할지 물어보는 것은 강력한 중재가 될 수 있다. 예를 들어, "그녀는 지금 관계가 어떻다고 말할 것 같나요?" (그녀를 바라보며: "당신이 어떻게 생각하는지는 조금 뒤에 물어볼게요.") 혹은 "그가 이 관계를 잘 되도록 만드는 것의 중요성을 0부터 10까지의 척도에서 몇 점 정도일 거라고 말할 것 같나요?"와 같이 질문하는 것이다. 그들은 상대방이 생각하고 있는 것들을 알고 있다고 생각할 수도 있지만, 그렇지 않을 때 상담자는 더 높은 평정을 한 사람에게 상대방은 모르지만 자신이 알고 있는 것이 무엇인지 물어볼 수 있다.

척도는 보통 상담자와 내담자 사이의 대화에서 사용되지만, 척도가 어떻게 사용되는지에 대한 제한은 없다. 예를 들어, 청소년에게는 종종 척도를 직접 그려서 현재 그들의 위치를 표시하도록 하는 방법이 그들의 주의를 끌 수 있다. 아동과 함께할 때는 벽과 벽 사이(혹은 의자나 쿠션 사이)에 척도를 '그린' 뒤에 아동들이 이미 이룬 발전을 명확하게 말하면 척도 한 단계를 걸어가게 하는 '발걸음 척도(walking scale)'가 사용될 수 있다. 가족상담에서는 참석한 구성원들이 척도에서 어디에 도달했는지를 모두 적거나 척도 위에 서도록 하여 상담자 혹은 아동이 '점수'를 합산하고 평균을 내는 방식으로 활용할 수 있다.

49

과거의 성공 경험

"3점이 되기 위해서 당신은 무엇을 했나요?"

척도질문의 주목적은 내담자가 이미 이루어 온 진전을 확인하기 위함이다. 초심 해결중심 상담자들은 내담자가 점수를 올리는 방법을 이야기하게 하기 위해 서두른다. 해결중심상담에서는 일반적으로 내담자가 미래에 해야 할 일 한 가지를 생각하게 하기 위해서는 그들이 이미 해 온 네 가지 일을 찾아볼 것을 권한다.

내담자들이 "나는 겨우 3점이에요."라고 말하면서 '나는 이거, 저거를 안 해서'라는 관점의 이유를 붙이는 것은 흔한 일이다. 초심 상담자일수록 3점도 괜찮은 점수이며, 더 긍정적으로 말할 수 있도록 안내하고 싶은 유혹이 들 수 있다. 그럴 때는 한쪽 발은 인정에 놓고 다른 쪽 발은 가능성에 놓으라는 빌 오한론(Bill O'Hanlon)의 충고를 되새기는 것이 도움이 된다(17장 참조; O'Hanolon & Beadle, 1996). 이 충고의 의미는 내담자의 실망감이나 좌절감을 수용하고 인정하는 것이 우선시되어야 한다는 것이다. "이번 주에 화를 많이 내서 그렇게 점수가 낮은 거군요? 그럼 저는 어떻게 3점보다 더 낮아지지 않을 수 있었는지 궁금하네요." 여기서 상담자가 '그러나' 대신 '그럼'을 사용했다면 내담자들은 마치 "당신이 3점을 받았어도 그렇게 나쁘지 않네요."라는 말을 들은 것처럼 그들의 실망감이 무시되는 기분을 느낄 것이다.

사용할 수 있는 또 다른 유용한 질문은 "가장 높았던 당신의 점수는 몇 점인가요?"이다. 내담자는 2주 전에 6점이었음에도 불구하고 현재 그들이 겨우 3점인 것에 대해 걱정한다. 이럴 때는 그들이 6점이었던 그 순간에 무엇을 했는지 질문해 볼 수 있다. 어떠한 성과도 초점을 맞추기에 유용할 수 있지만, 내담자가 소망하는 미래와 관련된 업적은 내담자가 그 미래를 달성할 수 있는 능력을 입증하는 것이기 때문에 더욱 가치가 있다. 그러므로 목표는 이에 대한 가능한 한 많은 세부 사항을 얻는 것이다. 그리고 목록(44장)을 사용하는 것이 매우 유용할 수 있다. "당신이 3점에 도달할 수 있는 열 가지 방법을 말해 보세요."

"어떻게 3점이 될 수 있었나요?" "6점일 땐 무엇을 했나요?"와 같은 질문은 모두 내담자가 자신의 강점(strength)과 자원(resource)에 대해 알아차릴 수 있도록 돕는다. 여러 가지 질문이 이러한 성찰을 위한 노력에 도움이 된다. 또한 해결중심 대화의 다른 영역과 마찬가지로, 중요한 다른 사람들의 눈을 통해 자신을 보도록 내담자를 초대하는 것은 특히 가치가 있을 수 있다. "당신의 배우자, 상사, 또는 어머니는 당신이 스스로에게 도움이 되는 행동을 하면 뭐라고 할까요? 당신이 그런 것들을 한다면 그들에게 어떤 변화가 생길까요?"

내담자의 반응에 대하여 생각하는 한 가지 방법은 전략과 정체성 질문을 활용하는 것이다(63장과 64장 참조). 내담자가 3점에 도달하기 위해 무엇을 했냐고 질문받았을 때의 대답은 그녀가 미래에도 사용할 수 있는 전략이 되기도 한다. 그녀가 그렇게 행동하는 것의 대가가 무엇이었는지, 그러한 행동이 한 사람으로서 자신에 대해 무엇을 말해 주었는지에 대한 질문은 정체성 질문이 될 수 있다.

내담자들이 자신을 알아차리고 이름 붙일 수 있게 해 주는 과거의 성과를 밝히는 것의 중요성이 12세 아스퍼거 증후군 소년과의 회기에서 나타난다. 그는 미래중심 질문을 매우 어려워했지만, 척도를 활용하는 것을 즐겼다. 첫 회기에 그는 자신의 점수를 2.5점이라고 조심스럽게 적었다. 매 회기에 그는 어디에 갔어야 했는지, 어떻게 그럴 수 있었는지에 대해 질문을 받았다. 그러나 그는 점점 회기가 어려워지는 것을 알게 되었다. 많은 질문을 받고 싶지 않았다. 그가 5점에 도달했을 때 어떻게 이렇게 발전을 계속할 수 있었는지에 대해 질문을 받았는데, 그는 화를 내며 모르겠고 왜 자신이 이런 질문들에 대답해야 하는지 알고 싶다고 했다. 상담자는 그가 5점까지 어떻게 올 수 있었는지 모른다면 어떻게 6점까지 갈 수 있겠는지 물어봤다. 그는 멈춰서 생각하더니 "당신 말이 맞네요."라고 말했다. 그 이후부터 그는 대답하기 위해 더 많은 노력을 기울였다.

50

몇 점이면 괜찮을까요?

"지금은 10점 중 3점이시군요. '이 정도면 괜찮다.'라는 생각이 들려면 몇 점 정도가 되어야 하나요?"

때때로 내담자들의 10점은 비현실적이다. 종종 내담자들은 자신의 미래를 '완벽한' 혹은 '이상적인' 날이라고 말해 왔을 것이다. 비록 상담자가 내담자의 소망하는 미래를 보다 현실적인 것으로 바꾸려고 시도하는 것은 바람직하지 않지만—결국 그것은 내담자의 삶이지, 상담자의 삶이 아니기 때문이다—상담자는 현실적인 대화를 위하여 개입이 필요하다고 판단할 수 있다. 그리고 척도질문은 이를 훌륭하게 해낸다. 내담자의 10점이 아무리 비현실적일지라도, 일단 지금 몇 점인지 이야기하게 하면 내담자는 '현실적으로' 생각하게 되고, (어떻게 10점에 도달할지가 아니라) +1이 무엇일지에 초점을 맞추도록 고무될 수 있다.

내담자의 10점을 수용하면서 동시에 내담자가 현실에 발을 디딜 수 있게 도와주는 방법은 내담자에게 몇 점에 도달하면 '그런대로 괜찮을지'를 물어보는 것이다. 반드시 10점이 되어야 한다고 대답하는 내담자들은 거의 없다! 다발성 경화증을 앓고 있던 한 내담자는 기적질문을 받았을 때, 상담자가 보기에 진실로 기적적인 상황들을 다양하게 이야기했다. 그리고 상담자가 지금은 몇 점인지 질문했을 때, 그녀는 '2점'이라고 대답했다. 상담자와 내담자는 이에 대해 함께 논의했다. 그러고 나서 상담자는 그녀에게 '이 상담을 통해 의미 있는 진전을 이루었다고 느끼기 위해서는 몇 점에 도달해야 하는지' 물었고, 내담자는 '6점'이라고 대답했다. 사실상 이 질문은 0점에서 10점이었던 척도를 0점에서 6점으로 축소한 셈이다.

　대부분의 해결중심 상담자는 "몇 점이면 괜찮을까요?(What is good enough?)"라는 질문을 자주 하지는 않는다. 하지만 몇몇 상담자는 매번 이 질문을 한다. 그들은 "그 누구도 완벽할 수 없습니다. 그렇다면 당신은 어느 정도에 만족하시겠습니까?"라고 말할 것이다.

— **51** —

척도 점수의 상승

"당신의 척도 점수가 1점 상승한 것을 무엇으로 알 수 있을까요?"

우리가 앞에서 강조했듯이 척도의 가장 주요한 기능은 내담자와 상담자에게 내담자가 이미 성취한 것과 그것을 성취한 방법을 탐색할 기회를 제공한다는 것이다. 특히 그에 대한 설명(묘사)이 자세할 때, 내담자는 종종 이것만으로도 충분히 스스로 다음 단계에 할 수 있는 것을 계획할 수 있다. 그러나 내담자에게 그들이 척도상에서 1점 더 올라간 것을 어떻게 알 수 있을지 더 물어보는 것이 일반적인 관례이다. (한 번에 10점이 되는 것보다) 1점을 강조하는 것은 내담자에게 진전을 확인할 수 있는 행동을 구체화하는 것을 가능하게 한다. 미래에 초점이 맞춰진 모든 인터뷰가 그러하듯이 여기에는 자기충족적인 예언의 속성이 포함되어 있다. 내담자가 미래의 행동을 구체화할 수 있다면 이후 자신이 그 행동을 하는 것을 알아차릴 확률이 높아지는 것이다. 그러나 다음 장에서 우리는 내담자가 행동의 계획을 탐색하는 것을 피하게 하는 것이 얼마나 중요한지를 강조할 것이다.

몇몇 상담자는 "당신의 진전을 알 수 있는 스무 가지 방법을 말하세요."와 같이 목록 작성하기를 척도 점수를 높이는 데 적용한다. 우리는 이 방법을 추천하지 않는다. 내담자들은 미래와 관련된 목록을 구체화하도록 요구받으면 이 모든 행동을 수행에 옮겨야 할 것 같은 압박을 느낄 위험이 있다. 우리는 과거의 행동들에만 목록을 적용한다. 왜냐하면 그것이 미래에 반복될 수도 있는, 이미 일어난 행동들을 의미하기 때문이다.

52

신호 혹은 단계

"당신의 척도 점수가 1점이 올랐다면 어떤 신호를 통해 알 수 있나요?" 혹은 "한 단계 올라가려면 무엇을 해야 할까요?"라는 질문을 할 수 있다.

초심자라면 두 번째 질문이 좀 더 직접적이기 때문에 두 번째 질문을 선택할 가능성이 높다. 이런 질문의 경우, 내담자를 특정 지점에 놔두고 행동 계획으로 이어지는 경우가 많지만, 첫 번째 질문은 좀 더 부드럽고 반영적이며 그 신호만을 찾을 뿐 내담자가 어떤 특정 행동을 하도록 만들지는 않는다.

두 접근법 모두 유용하며, 둘 중 어느 접근법을 써야 하는지를 이야기하려는 것은 아니다. 단지 어떤 내담자는 행동 계획을 알고 가기를 원하며, 그래서 상담자들은 그 바람에 '맞추려' 할 것이다. 하지만 이 두 접근법을 좀 더 자세히 보면 상당히 다르다는 것을 알수 있다. 좀 더 강하게 말하면 '신호'에 대한 질문이 더 해결중심적인 접근법에 해당한다고 말할 수 있다.

해리 콜먼은 이렇게 정리했다.

> 물어보기에 자연스러운 질문은 "한 단계 올라가려면 당신이 무엇을 해야 할까요?"라는 질문이다. 한번은 내가 상담하던 청년이 이 질문에 대해 "그건 당신이 해야 할 일이고, 그래서 내가 여기 상담하러 오지 않았습니까. 내가 진짜로 그 질문에 대답할 수 있으면 지금 이 자리에 앉아 있을 거라고 생각합니까!!!"라고 답했다. 나는 우선 그 청년에게 사과하고 다른 질문을 해도 되는지 물어보았다. 그가 고개를 끄덕여서 "당신이 한 단계 올라갔다는 것을 당신이 어떻게 알 수 있을까요?"라고 물었다. 그러자 청년은 미소 지으며 대답했다. "맞아요, 그 질문은 나만이 대답할 수 있는 질문이죠." 그들이 무엇을 해야 하는지 묻는 질문은 그들이 뭔가를 해야 한다는 것을 의미하며, 내담자들이 뭔가를 하고 안 하고는 우리가 관여할 일이 아니다.
>
> (de Shazer et al., 2007: 64-65)

이 내용은 해결중심 접근법의 핵심적인 원리에 다가가는 것으로 보인다. 그 원리는 내담자의 바람과 기술을 중심에 두고 내담자가 수행하도록 하는 것이다. 내담자가 어떤 특정한 행동 방침을 따르도록 권고하는 것이 아니다. 만일 상담 회기 중에 내담자가 무엇을 해야 하는지, 특정한 행동을 해야만 하는지 구체적으로 말해 보라는 질문을 받는다면, 그것은 보통 상담자가 상담에서 무언가 구체적인 행동 방침이 나오지 않을 경우 상담이 아무 의미 없는 수다떨기로 끝나는 것은 아닌가 하는 걱정을 하기 때문일 것이다. 그렇다고 해도 콜먼이 언급한 것과 같이 "당신이 무엇을 해야 할까요?"

라는 질문을 받으면 내담자는 "몰라요."라고 답할 것이며, 상담자의 생각이 어떤지 말해 주기를 기다리고 있을 것이다. "어떻게 하면 당신이 알 수 있을까요?" "어떻게 하면 다른 사람들이 알 수 있을까요?"와 같은 질문은 내담자가 자신의 내면을 들여다볼 수 있도록 해 준다.

53

내담자가 '0점'이라고 말한다면?

이 질문은 해결중심접근 워크숍에서 나오는 단골 질문이다. 내담자들이 '0점'이라고 이야기하는 경우는 가끔이지만, 상담자로서는 그런 대답에 대해 어떻게 반응해야 할지 걱정이 되기 때문이다.

상담자가 가장 먼저 기억해야 할 것은 오한론의 만트라인 "가능성 질문으로 넘어가기 전에 먼저 인정하십시오."이다(O'Hanlon & Beadle, 1996). 사소한 인정의 효과는 오래 지속된다. 내담자가 '0점'이라고 이야기하는 것은 자신의 상황이 얼마나 힘든지 이야기하고자 하는 나름의 표현방식이며, 그들은 우리가 그것을 생생하게 들었고 받아들인다는 것을 전달받아야 한다. 초심 상담자들은 종종 상황을 얼른 긍정적으로 변화시키고 싶은 마음에 "당신이 0점이라고 이야기하고 있음에도 불구하고 상담 회기에 오셨네요!"라고 바로 대답하게 될지도 모른다. 그러나 '～에도 불구하고(but)'에는 상담자가 내담자만큼 상황을 나쁘게 생각하지 않는다는 의미가 내포되어 있다. 따라서 '～에도 불구하고'를 '그리고'로 바꾸는 것만으로도 큰 차이를 만들 수 있다. "와! 당신의 상황이 정말 힘들다는 것을 보여 주네요. 그리고 저는 오늘 당신이 어떻게 용케 상담에 올 수 있었는지 궁금해요."라고 바꿔 볼 수 있다.

당신이 내담자가 처한 어려움을 수용한 이후에는 "그렇다면 어떻게 −1점은 아닌 거죠?"와 같은 질문을 할 수 있다. 이러한 질문에 대해 몇몇 내담자는 가끔 다음과 같이 항의하기도 한다. 예를 들어, 한 젊은 여성 내담자는 "저는 척도에 마이너스 점수도 포함되는 건지 몰랐어요."라며 항의했다. 그러나 대체로 상담자는 내담자가 앞의 질문에 대해 생각해 볼 수 있도록 시간을 갖고 기다려 줄 수 있다.

BRIEF에서 드세이저는 사회복지 서비스 대상자이자 미혼모인 젊은 여성 내담자와 상담을 진행했다. 그녀는 두 살배기 딸의 안전을 걱정하고 있었다. 드세이저는 척도질문에 대한 내담자의 '0점'이라는 대답을 듣고서 잠시 멈췄다(이때 0점은 상담을 신청할 때의 상황을 평정한 것이었다). 그리고 그는 그녀에게 "어째서 당신은 −1점 혹은 그 이하의 점수로 떨어지지 않았을까요? 더 나빠지지 않은 이유는 무엇이죠?"라고 물었다. 그녀는 "더 이상 나빠질 수 없어요."라고 대답했다. 잠깐의 침묵 후에 그는 다시 "확실한가요?"라고 질문했다. 그녀는 자신의 딸을 보면서 잠시 생각에 잠겼고, "사실 더 나빠졌을 수도 있었겠죠."라고 대답했다. 그리고 둘은 더 나빠지는 것을 막기 위해 그녀가 한 일들에 대해 길게 이야기를 나누었다.

BRIEF의 또 다른 내담자는 어째서 −1점까지 내려가지 않았냐는 질문에 대해 −1점의 상황에서는 자살 충동이 느껴질 것이며, 이전에 그런 상태에 놓인 적이 있기 때문에 그러한 상황에 대해 알고 있다고 이야기했다. 어떻게 지금은 그렇게 느끼지 않는지 물었을 때 그녀는 아들을 생각하면 그러한 선택을 하는 것이 끔찍하게 느껴졌기 때문이라고 답했다. 그 후에 상담자는 내담자와 어머니 간의 부정적인 관계에도 불구하고, 어떻게 보살피는 어머니가 될 수 있었는지에 대해 생각해 볼 수 있도록 질문을 했다.

또 다른 사례에서는 왜 −1점이 아니냐는 질문에 내담자가 0점이 최악의 상태라고 응답했다. 이럴 경우에 상담자는 다른 선택이 없이, "당신이 1점 올라갔단 것을 어떻게 알 수 있을까요?"라는 질문을 해야 한다. 그다음에 내담자는 자신이 사회복지사에게 무엇을 이야기할 것인지 말했는데, 이 말에는 사회복지사가 상담에 동행하겠다고 제안했음에도 그녀가 혼자서 상담에 오는 것에 성공했다는 바로 그 사실이 포함되어 있었다.

또한 상담자는 0점을 보고하는 내담자에게 최근에 가장 높은 점수였던 때가 언제인지 묻는 것을 잊지 말아야 한다. 한 내담자는 회기 전에 전화를 걸어 자기가 너무 우울해서 오후에 회기가 예약되어 있음에도 불구하고 약속을 지키지 못할 것 같다고 이야기했다. 그녀는 더 이상 견디기가 힘들며, '계속해 나가는 것의 의미(no point in going on)'를 모르겠다고 이야기했다. 상담자는 그녀가 이 전화를 걸면서 기대하는 것이 무엇인지 물어봤고, 그녀는 "이전 회기에서 물어봐 주었던 유용한 질문들을 해 주길 원해요."라고 답했다. 상담자는 "제가 어떤 질문을 해 줬으면 하나요?"라고 물었고, 내담자는 "0~10점 질문이요."라고 답했다. 상담자가 "좋아요, 척도 점수가……."라고 질문을 끝내기도 전에 내담자는 "0점!"이라고 보고했다. 내담자가 얼마나 어려웠을지 공감하고 수용한 뒤에 왜 이렇게까지 어려움을 느끼는지 세부 사항을 더 탐색했고, 그는 그녀에게 지난 한 주 동안 느꼈던 가장 높은 점수가 몇 점이었는지 물어보았다. 그녀는 이틀 전 언니를 보러 갔을 때 4점이라고 느꼈다고 이야기했다. 대화는 그때 어떤 것이 달랐는지에 대한 논의로 이어졌고, 마지막에는 그녀가 이전만큼 힘들지 않으며 의사와의 예약을 지키겠다는 약속으로 마무리되었다.

54

내담자의 척도 점수가 비현실적으로 보일 때

예를 들어, 내담자가 첫 번째 회기에서 자신이 지금 10점이라고 한다면 어떨까? 이것은 보통 내담자가 그들의 의사에 반하여 비자발적으로 상담에 와 있다는 것을 의미한다. 그들은 자신에게 문제가 있는 것이 아니라 다른 누군가에게 문제가 있다고 생각한다. 여기서 그 다른 누군가는 내담자가 의무적으로 상담에 가야 한다고 느끼게 할 만큼 중요하거나 강력한 사람이다. 이런 내담자들은 보통 그 사람이 내담자를 '귀찮게 하지 않길' 바라고 있다.

이 경우에는 내담자의 말을 받아들이고 그들이 어떤 이유로 10점이라고 생각하는지 들은 후에 그들이 생각하기에 다른 사람, 보통 상담 의뢰인이 내담자를 척도상에서 몇 점에 놓을 것 같은지 탐색하는 것이 가능하다. 그 후에 상담자는 그 사람이 내담자가 앞으로 나아가고 있기 때문에 내담자를 '귀찮게 하는 것을 그만두어도 되겠다'고 여길 만한 신호가 될 수 있는 것이 무엇인지를 탐색할 것이다.

때로는 유사한 이유로 추수 회기에서 10점을 줄 수도 있다. 3세 아이에게 멍 자국이 있는 것을 알아챈 뒤 사회복지국에 신고한 탁아소의 사례에서, 아버지는 아내가 친척을 만나러 외국에 가 있는 사이 딸을 신체적으로 학대했다고 시인했다. 그들의 세 자녀는 위탁 가정에 맡겨졌고, 어머니가 돌아왔을 때 아이들이 집으로 돌아갈 수 있는 조건으로 아버지는 호스텔에서 사는 것에 동의했다. 가정 폭력이 있었음이 밝혀졌지만, 아버지와 그의 아내가 요구하는 대로 아버지가 집으로 돌아갈 수 있는지 여부를 결정하기 위한 가족상담이 진행되었다. 사회복지사, 가족센터 직원(아버지와 아이들의 접촉이 허락된 시간 동안 관찰하던 사람) 그리고 부모를 포함한 회기에서 모든 사람은 현재 상황이 10점 척도상에서 몇 점 정도 된다고 생각하는지에 대해 질문을 받았다. 여기서 10점은 가족이 다시 함께해도 될 만큼 아이들과 어머니가 충분히 안전함을 의미했고, 0점은 아이들이 돌봄을 받기에는 안전하지 않음을 의미했다. 사회복지사는 5점, 가족센터 직원은 6점, 어머니는 8점 그리고 아버지는 10점이라고 응답했다. 모두의 견해가 진지하게 받아들여졌고, 1점이 상승하게 된다면 어떤 모습일지에 대해 아버지를 포함해서 모두가 질문을 받았다. 다음 회기에서 사회복지사는 이제 6점이 되었다고 했고, 센터 직원은 7점, 어머니는 9점…… 그리고 아버지는 20점이 되었다고 말했다! 몇 회기가 더 지나고 나서 아버지는 하룻밤을 허락받았고, 그러고 나서는 가족과 함께 주말을 보냈다. 그가 가족에게 돌아가서 다시 함께 지내도록 허락받기까지는 몇 달이 걸렸다.

또 다른 사례에서 한 부부는 자신들의 음주 심각성에 대해서 지속적으로 부인했고, 사회복지사는 그들의 자녀들을 보호기관으로 보냈다. 그 이후 그녀에게는 큰 차질이 생겼는데, 그녀가 거의 죽을 만큼 술을 많이 마시고 집에서 사라졌다. 아내가 돌아왔을 때, 남편은 자신의 음주량을 계속해서 줄여 가고 있었지만 그녀는 자신의 음주와 관련해서 도움이 필요하다는 걸 이제 알았다고 말했다. 다음 회기에서 그 부부는 상담자가 보기에 더 밝아지고 말끔해져서 나타났다. 그리고 척도질문을 받았을 때 두 사람 모두 10점이라고 응답했고, 상담자에게 아이들이 자신들의 품으로 돌아올 수 있도록 요청해 줄 것을 부탁했다. 그들은 술집에서 유일하게 오렌지 주스만 마신다고 했다. 사회복지사가 몇 점이라고 했는지 묻자 그들은 마지못해 3점이라고 말했다. 그들 생각에 사회복지사가 아이들을 되찾을 수 있을 만한 진전의 신호로 여길 수 있는 것이 무엇일지 묻자, 잠시 후에 그들은 꽤 구체적으로 답할 수 있었다. "우린 모든 미팅에 참석해야 하고, 아이들에게 보호기관의 창문을 깨라고 말하는 것을 그만두어야 합니다."

마지막 예로, 당시 밀워키의 BFTC에서 일했던 스콧 밀러는 BRIEF로 라이브 수퍼비전 회기가 진행되던 런던에서 물질남용에 대한 회기를 진행했다. 그는 한 팀에서 굉장히 고심하고 있던 헤로인 중독 커플을 만나 달라는 요청을 받았다. 그 커플은 둘 다 척도상에서 4점에 해당한다고 동의했다. 그들에게 무엇이 5점이 되게 하겠느냐는 질문을 했을 때 그들은 '새로 집을 얻는 것'이라고 말했다. 그 회기를 지켜보던 사람들은 한숨을 쉬었다. 만약 집을 얻는 것이 그들을 5점에 도달하게 한다고 하더라도 그것은 아주 오랫동안 기다려야 하는 일이었다. 밀러는 잠시도 망설이지 않았다. "그러면 4.5점이 되도록 하는 것은요?" 이 질문은 그 커플이 할 수 있는 것들에 더 집중하여 작업하도록 이끌었다.

대처질문: 어려운 상황의 경우

———————— 55 ————————

사별을 포함한 어려운 상황 다루기

내담자가 자신의 삶에서 힘들었던, 심지어는 트라우마적인 사건에 대해 이야기를 할 때, 해결중심 상담자를 위한 주된 질문은 대처 질문으로 알려진 것과 관련이 있다. 이 질문은 내담자가 환경을 견뎌 내기 위한 자신의 기술과 강점을 볼 수 있도록 하기 위해 밀워키 팀이 구성했다. 이는 내담자가 목소리(voices)나 불안 또는 우울증에 의해 희생당하고 있다고 느끼는지, 아니면 열악한 주거 환경이나 학대 또는 인종차별의 경험 같은 외부 사건에 직면하고 있는지와 관련이 있다. 후자의 경우에 상담자가 그러한 사건들에 직접적으로 도움을 주기 위해 할 수 있는 일은 제한적일 수 있지만, 아마도 내담자가 '최선을 다해' 일을 처리하도록 도울 수 있을 것이다. 예를 들어, 만약 내담자가 마약과 알코올의 과도한 사용으로 자신의 상황에 대처하는 것을 선택한다면 그것을 바꾸는 것이 가능할수 있을 것이고, 그가 언제 가장 많은 통제력을 보이고 술을 덜 마시는지에 대한 질문은 그가 대처하고자 하는 방법에 초점을 맞출

뿐만 아니라 매우 도움이 될 수 있다. 대처질문에 대한 다른 가능한 표현은 66장에서 더 찾아볼 수 있다.

33장에서의 포인트는 내담자가 유족이 되었을 때 사별 그 자체는 해결될 수 있는 문제가 아니므로 그들이 어떻게 대처하고 있는지(그리고 어쩌면 이전에 상실을 극복했는지도) 탐구하는 것이 타당하다는 것이었다. 또한 내담자 자신이 말하고 싶은 것을 확인하는 것도 중요하다. 한 내담자는 상담에 와서 그의 아버지가 지난 회기 이후 몇 주 사이에 죽었다고 보고했다. 무슨 일이 일어났는지 듣고 난후 상담자는 그날의 상담에서 내담자가 무엇을 바라고 있는지 물었다. 그는 내담자가 단지 상실과 그것에 어떻게 대처하고 있는지에 대해 더 이야기하기를 원할 수 있다는 것을 이해한다고 말했다. 하지만 그는 내담자를 어느 정도 알고 있기에, 내담자가 자기 아버지의 죽음이 자신의 미래를 어떻게 달라지게 하는지에 대해 이야기하고 싶어 하는지 궁금하기도 했다. 내담자는 잠시 생각을 하고 난 후에 자신이 아버지와 어려운 관계를 이어 왔고, 그래서 슬픔에도 불구하고 어떤 면에서는 자유로움을 느낀다고도 했다. 회기 끝에 내담자는 아버지의 무덤에 가서 아버지에게 미래에 자신이 어떻게 살 것인지를 '이야기해 주는 것'을 계획했다.

대처질문은 내담자가 안 좋은 소식을 잘 처리할 수 있도록 돕는다. 마운트 버논 병원 암 치료센터(Mount Vernon Hospital Cancer Treatment Centre)의 자문 종양학자인 롭 글린 존스(Rob Glynne-Jones) 박사는 55세 환자를 BRIEF 회원 앞에서 평가하고 있었다. 그 남자는 불과 한두 시간 전에 턱에 암이 생겼고 얼굴의 일부를 제거하기 위해 수술을 받아야 한다는 것을 알게 되었다. 그는 당연히 그 소식에 충격을 받아 멍해졌다. 박사는 그의 곤경에 공감하고 나서 그 남자가 과거에 어떻게 트라우마적 사건을 다루었는지 부드럽게 물었다. 그는 이런저런 종류의 큰 어려움을 겪지 않고서 이 나이가 되었을 것이라고는 상상도 할 수 없다고 말했다. 내담자는 잠시 생각한 다음에 자신이 특별히 가까운 가족의 죽음에 어떻게 대처해 왔는지를 설명했다. 이 대화를 통해 그는 앞으로 있을 시련들을 어떻게 준비할 수 있을까 하는 생각을 하게 되었다.

암 관리센터(cancer care)는 불치병에 걸린 내담자들이 여생을 어떻게 살고 싶은지 고민하는 데에 해결중심 질문들이 상당한 가치를 발휘하는 곳 중 하나이다. 더 많은 아이디어를 위해 조엘 사이먼(Joel Simon, 2010)의 저작을 추천한다.

56

상황이 악화되는 것을 막기

"상황이 (더욱) 악화되는 것을 막기 위해 무엇을 하고 있나요?"

이것은 밀워키 팀이 우리에게 남긴 또 다른 유용한 질문이다. 내 담자가 매우 어려운 상황을 말할 때, 척도에서 0이라고 말하는 사람 에게 "왜 −1이 아닌가요?"라고 묻는 것보다 이 질문을 하는 것은 그 들이 대처 전략을 찾게 할 수 있다. 자신을 아는 다른 사람들이 상황이 더 악화되는 것을 막기 위해 자신이 무엇을 할 것이라 말할지에 대해 생각하도록 탐색해 보는 것도 도움이 될 수 있다. 한 내담자는 망명 신청자였고, 문간에서 자고 있는 것이 목격되었다. 그는 자살 충동을 느낀다고 말했다. 그는 정신보건 사회복지사와 함께 왔는데, 사회복지사에게 내담자가 그렇게 어려운 상황에서 살아남은 방식에 대해 알아차린 것이 무엇인지 물었다. 사회복지사는 그가 어떻게 모든 약속을 지켰는지와 그녀에게 어떻게 예의 있게 행동했는지, 또 자신을 깨끗하게 유지하기 위해 어떻게 최선을 다했는지 등에 대해 이야기했다. 상담자는 이것을 내담자의 상황이 매우 힘든데도 그렇게 할 수 있었던 내담자의 능력을 탐구하기 위한 오프닝으로 사용했다.

　내담자에게 자신감 척도질문(48장), 즉 그들이 상황이 나빠지는 것을 계속 막을 수 있는 가능성이 얼마나 된다고 생각하는지를 물을 수 있다. 이전에 제안된 바와 같이, 모든 낮은 점수는 상황이 더 악화될 수 있다는 지표로 심각하게 받아들여져야 하고, 내담자에게 생존을 위해 어떤 선택권이 있는지 물어야 한다. 이는 또한 상담자가 내담자를 안전하게 하기 위해 고려해야 할 어떤 행동, 어떤 주의의 의무가 있는지를 결정하는 것을 포함할 수 있다.

상담 종결 준비하기

PART

09

57

생각하기 위한 멈춤

해결중심상담이 끝나기 약 10분 전에 많은 상담자는 몇 분 동안 생각하기 위한 쉬는 시간을 갖는다. 몇몇 상담자는 상담실을 떠나서 2~3분 후에 돌아올 것이고, 몇몇 상담자는 아마도 내담자와 함께 있으면서 상담을 계속하기 전 몇 분 동안 시선을 마주치지 않고, 패드를 내려다보고 몇 가지 생각을 적어 두면서 있을 수도 있다. 이렇게 하기 전에 상담자는 아마 내담자에게 이렇게 물었을 것이다.

잠시 동안 당신이 말한 것에 대해 생각해 보기 위한 쉬는 시간을 가지려고 해요. 그다음에 제가 당신에 대한 몇 가지 생각을 나눌게요. 그래서 그렇게 하기 전에 우리가 오늘 맞게 이야기했는지 물어봐도 될까요? 혹시 저에게 할 말이 있나요? 혹시 제가 물어봐야 하는데 잊어버린 것이나 당신이 말하려고 했다가 잊어버린 것이 있나요?

내담자가 "아뇨. 저는 우리가 제대로 했다고 생각해요. 했어야 할 다른 말이 생각나지 않아요."라고 말한다고 가정해 보자. 사실상 모든 내담자는 이런 식으로 반응한다. 그럼 상담자는 '생각하기 위한 쉬는 시간'을 가질 것이다.

그래서 이 쉬는 시간의 목적은 무엇인가? 그것은 이 모델의 체계적, 가족치료, 역사에서 비롯되었는데, 이 모델에서는 상담자들이 일방경[1] 뒤에서 팀으로 일하는 것이 일반적이었다. 회기가 끝나기 약 10분 전에 상담자는 회기를 종료하면서 무엇을 말해야 할지, 무엇을 해야 할지에 대해 동료들에게 자문을 구하기 위해 나간다. 이러한 방식으로 회기를 종료하는 것은 체계적 치료에서 필수적인 것으로 여겨졌다. 왜냐하면 이는 치료팀이 과제에 초점을 둔 개입을 개념화하여 제시하는 시점이었기 때문이다. 많은 가족상담자는 개입의 전달이 변화 과정의 핵심이라고 보았다. 더불어 다른 치료 전통인 에릭슨 최면요법에서 상담자가 돌아왔을 때 내담자들이 종종 최면 상태에서처럼 '주의집중이 높아진' 상태에 있는 것으로 보인다는 것을 알아차렸으며, 따라서 그들은 치료적 제안을 받아들일 가능성이 더 높다고 추측했다.

대부분의 해결중심상담 회기는 팀을 구성하지 않으며, 최면 상태 유도에 대한 생각이 해결중심 전통 내에서 미미하다면 상담자들이 그들의 생각을 모으기 위해 휴식을 취하는 것을 계속하는 이유는 무엇인가? 답은 간단하다. 상담자가 내담자의 말을 경청하고 반응하는 것이 동시에 일어나지 않는다면, 휴식을 취하는 방식이 내담자가 50분 동안 말한 모든 내용을 제대로 다루고 검토하기에

---

1) 역자 주: 한쪽으로만 보이는 거울을 말한다.

더 쉽다. '생각하기 위한 멈춤(thinking pause)'은 회기 마무리에서 내담자가 회기 중에 말한 것들 중 회기 요약에 포함시키기를 원하는 핵심 요소들을 함께 모아 내는 2~3분이다.

─────── **58** ───────

인정과 승인

스티브 드세이저의 글에서 흐르는 그의 생각의 주요한 주제 중 하나는 '기대'질문이다. 일찍이 그는 "상담자와 내담자가 유용하고 만족스러운 변화에 대한 기대를 형성할 수 있을 때 해결책이 떠오른다는 것이 중요하다."라고 언급했다(de Shazer, 1985: 45). 해결중심 상담자는 내담자의 마음과 상담자의 마음에서 상담의 결과가 좋을 것이라는, 내담자에게 진전이 있을 것이라는 기대를 만드는 데에 관심이 있다. 이러한 의도는 생각하기 위한 멈춤 이후에 상담자가 내담자에게 이야기하는 것에 반영된다.

한 가지 예는 상담자가 폴이라는 20대 초반의 젊은 남자를 상담한 것인데, 그는 건강이 좋지 않았고, 의학계에서 제대로 처치를 받지 못했다는 느낌에 휩싸여 있었다. 상담자는 생각하기 위한 멈춤 이후에 다음과 같이 말했다.

폴, 당신의 말을 듣는 사람이라면 누구라도 잘 알 겁니다. 건강과의 투쟁, 병원에서 보낸 시간, 당신이 느꼈던 고통뿐만 아니라 의료계에서 당신의 상황을 파악하고 진지하게 받아들이지 못한 것이 당신에게 얼마나 힘들었는지 말이죠. 당신이 말했듯이, 그 시간들은 끝나지 않을 악몽 속에서 사는 것같이 느껴졌죠. 또한 분명한 것은 당신이 당신의 삶에서 희망을 계속 유지하고, 당신에게 필요한 치료를 받기 위해 당신의 상황을 진지하게 받아들이도록 사람들과 싸우고 계속 투쟁하는 뛰어난 능력이 있다는 것입니다. 당신은 당신의 인생과 미래에 대한 희망을 유지하기 위해 완강하게 싸웠고, 다른 사람들에게 도움이 되고 싶은 바람을 지켜 나갔습니다. 그리고 최근의 어려움 이후에도 살기 위해, 다시 독립적이 되기 위해 당신의 활동성을 향상시키기로 결정했습니다. 당신은 더 많이 밖으로 나갔고, 다시 사람들과 교류했고, 당신이 말한 것처럼 '다시 살아'왔습니다. 미래에 관해서 당신은 당신의 목표와 상담에서의 최선의 소망에 대해 분명하며, 당신이 이미 도달한 지점에서 더 나아가고 있다고 말해 주는 작은 신호들에 대해 분명한 그림을 가지고 있습니다. 무엇보다도 당신은 당신이 나아질 것이라는 '10'의 자신감을 갖고 있고, 그런 자신감은 굳건한 증거에 기반합니다.

이 예시에서 드러나듯이 상담자의 요약에는 다음과 같은 4개의 주요 요소가 있다.

• 어려움에 대한 인정
• 내담자 삶에서 진전의 기초가 될 수 있는 자질과 역량
• 내담자가 '최선의 소망'을 지향하여 행한 행동들
• 희망의 신호

마지막 세 가지는 기대를 형성한다는 점에서 분명하지만, 첫 번째의 '인정'은 왜 그런가? 상담자가 단순히 가능성의 증거를 요약하기만 하면, 내담자는 상담자가 자신의 현재 상태를 이해하지 못하고 그가 마주하고 있는 어려움을 과소평가했다고 스스로 우려할 수 있어서 위험하다. 이러한 상황에서는 내담자가 상담자에게 문제의 심각도를 상기시키는 것이 일반적일 것이다. 이는 해결중심 상담자가 상담이 끝날 때까지 가장 바라지 않는 일이기 때문에 어려움에 대한 간단한 인정을 통해 내담자가 이해받았다고 안심하게 한다.

59

제안하기

이전에 4장에서 SFBT의 초기 역사에 대해 이야기하면서 과제의 중요성에 대해 논의한 바 있다. 스티브 드세이저는 '스켈레톤 키'라는 새로운 과제 유형을 제안했다(de Shazer, 1985). 이는 그가 '문제 정의'와 '해결책 발달'이 서로 구분된 과정이라는 아이디어를 발전시키는 과정에서 결정적인 역할을 했다. 왜냐하면 '마스터키' 개념은 과제가 내담자의 문제와 구체적인 관련성이 없을 때에도 변화를 일으킬 수 있음을 내포하기 때문이다. 앞서 언급했듯이, 드세이저는 '첫 회기 공식 과제'를 고안했다. "오늘부터 다음 회기 전까지 당신의 (가족, 인생, 결혼생활, 대인관계 중에서 하나 선택)에서 일어났으면 하는 일이 실제로 발생하는지 관찰해서 다음 시간에 나에게 알려 주길 바랍니다."(1985: 137). 이 과제는 내담자가 어떤 문제를 호소하는지에 상관없이 사용될 수 있다. 드세이저가 고안한 다른 과제도 마찬가지이다. "오늘부터 다음 회기 전까지 '그것'이 발생할 때마다 뭔가 다른 것을 시도해 보길 바랍니다."(1985: 122)

에서 '그것'의 내용이 무엇이든지 간에 그리고 '뭔가 다른 것'이 이전과 다른 것이기만 하면, 이 과제는 거의 모든 상황에서 제안될 수 있다. 이 때문에 드세이저는 과제에 굉장히 관심이 많았고, 이후 '기적 질문', '구조화된 논쟁'[2], '읽고 쓰고 태우기'[3], '동전 던지기'[4], 예측 과제[5], 단순한 알아차리기 과제 등 상담자가 제안할 수 있는 다양한 과제를 고안했다.

하지만 단순함과 개입의 최소화를 추구하게 되면서, SFBT는 초기에 두드러졌던 색다른 개입들을 거의 실시하지 않는다. 많은 상담자는 대부분 단순한 '알아차리기 과제'—"오늘부터 다음 회기 전까지 당신의 행동 중에서 삶을 긍정적으로 변화시킬 수 있는 것들에 주의를 기울여 보시기 바랍니다."—에 거의 전적으로 의존한다. 이때 무엇을 알아차려야 하는지에 대한 구체적인 내용은 상담 회기의 맥락에 적합해야 하며, 내담자도 이를 이해할 수 있어야 할 것이다. 하지만 내담자에게 전달해야 하는 가장 핵심적인 내용은 지속될 가능성이 높은 문제 패턴보다는 더 발전시키고 싶은 부분에 관심을 갖고 주목해야 한다는 것이다. 해결중심치료에서는 초점을

---

2) 역자 주: 또는 structured fight. 동전을 던져 말하기 순서를 정하는 것을 말한다. 번갈아 가며 방해받지 않고 10분 동안 자기 이야기를 할 수 있는 기회가 주어진다. 이후 10분 동안 침묵한 후에 다시 동전을 던져 말하기 순서를 정한다.

3) 역자 주: 홀수 날에는 좋은 기억과 안 좋은 기억을 적고, 짝수 날에는 전날에 적은 것을 읽고 태워 버린다. 강박사고나 우울사고로 힘들어하는 내담자에게 도움이 된다.

4) 역자 주: 동전 던지기를 통해 결정하는 것(예: 그날 누가 아이를 책임지고 돌볼지 결정하기)을 말한다. 양육자끼리 아이의 양육방식에 대해 갈등하는 경우, 팀 구성원끼리 의견이 달라 갈등하는 경우에 사용될 수 있다.

5) 역자 주: 내일 원하는 일이 발생할지(예: '좋은 날'이 올지 안 올지) 예측해 보는 것을 말한다. 만약 원하는 일이 발생할 거라고 예측한다면, 그 이유는 무엇일지도 함께 얘기해 볼 수 있다.

맞추는 대상이 더 커지게 된다고 가정하기 때문이다.

　이 분야에서 나타난 또 다른 변화의 예로는 '과제(task)'나 '숙제 (homework)'에서 '제안(suggestion)'으로의 용어 변화를 들 수 있다. '과제'나 '숙제'를 내는 것은 두 용어 모두 위계적 차이를 내포하기 때문에 관계적 어려움을 일으킬 수 있다. 환자가 의사에게 처방할 수 없고, 학생이 선생님에게 숙제를 내줄 수는 없기 때문이다. 또한 상담자가 과제나 숙제를 수행하지 못한 내담자를 '저항적이다' '동기가 없다' '순응적이지 않다'고 생각할 위험이 있다. 이러한 비난적인 용어들은 실패에 대한 상담자의 책임을 감추고, 더 이상의 진전 가능성을 제한한다. 그러나 상담자가 '제안'을 제시하면, 제의 의미가 과제나 숙제와는 달라지게 된다. 만약 상담자의 제안이 내담자에게 받아들여지지 않는다면, 상담자는 (내담자를 탓하기보다는) 스스로에게 주의를 돌려서 '내 제안에 무엇이 잘못되었는가?' '다음에는 내가 어떻게 더 나은 제안을 표현할 수 있는가?' 또는 '굳이 내가 제안을 하지 않아도 괜찮은가?'를 고민할 가능성이 높다. 내담자가 상담자를 따라오는 데 '실패'한 상황에서 이러한 방식의 접근법을 취하는 것은 '내담자가 하고 있는 모든 행위는 내담자가 지금 할 수 있는 최선'이며, '상담자의 일은 내담자가 하고 있는 일에 협력하는 것'이라는 드세이저의 명제에 부합한다.

60

다음 약속을 잡기

　해결중심상담의 어려운 점 중 하나는 어느 정도 수준으로 내담자의 소망을 중시하고, 어느 정도 수준으로 내담자를 '가장 많이 아는 사람'으로 여길 것인지에 관한 것이다. 이러한 해결중심상담의 특징은 상담 계약 관계를 구조화할 때 내담자가 생각하는 가장 좋은 방향이 실제로도 가장 좋은 방향일 것이라고 가정하는 것뿐 아니라 상담 과정 자체에도 적용된다. 언제 상담을 끝낼지 가장 잘 아는 사람도 내담자이며, 상담을 더 하는 것이 좋을지, 더 한다면 언제 시작하는 것이 좋을지 적절하게 알고 있는 사람도 내담자이다. 그렇다면 이것은 내담자가 원하는 경우 해결중심 상담자가 내담자를 매일 만날 수도 있어야 한다는 것을 의미하는가? 이 질문에 대한 답은 명백히 '아니요'이며, 이것은 상담자의 전문적 역할이 갖고 있는 복잡성을 떠올리게 한다. 계약의 구조는 내담자의 소망 하나만으로 결정되는 것이 아니다. 전문 상담자는 윤리적 요인과 '직무 기술서(job description)' 요인의 영향도 받는다. 더 상담을 받고 싶은 내담자의 바람과 6회기까지만 상담을 제공할 수 있다는 업무 계약은 얼마든지 서로 충돌할 수 있다. 하지만 내담자는 상담자와 작업을 계속하길 원하고, 상담자는 4~5회기의 상담 진행 후에 상담이 어떠한 변화도 만들어 내지 못했다고 생각하거나 앞으로도 상담이 아무런 소용이 없을 것이라고 생각한다면 어떻게 할 것인가? 이러한 상황에서 상담자는 내담자와 논의하고 심사숙고해야 하며, 그 이후에도 이 상담 작업이 여전히 유용하지 않다고 생각될 경우에는 상담 종결의 근거로 윤리적 사항을 고려할 수 있다. "당신의 소망과는 별개로 저는 상담을 제공하는 것이 바람직하지 않다고 생각합니다. 왜냐하면 이것이 당신의 시간과 돈을 낭비하는 것일 수 있기 때문입니다."

다음 상담 약속을 정하는 것도 마찬가지로 단순한 일이 아닌데, 경험적으로 보았을 때 많은 해결중심 상담자는 대체로 회기 사이 시간 간격이 긴 경우가 짧은 경우보다 유용하다고 생각하기 때문이다. 회기 간격이 길면 내담자는 그 사이에 이전과는 다른 무언가를 시도할 수 있으며, 이는 다음 회기에 돌아왔을 때 진전을 보고할 가능성을 높인다. 회기 간격의 길이는 내담자가 현재 어떤 상태에 있는지에 의해서도 영향을 받는다. 왜냐하면 위기 상황에 놓인 내담자들은 극심한 위기는 과거에 지나갔고 점점 더 나아지고 있다고 생각하는 내담자들에 비해 이전 상담 회기와의 연속성을 오랜 기간 유지할 능력이 명백히 부족하기 때문이다.

상담 실제에서는 이러한 요인들을 고려하여 상담 회기의 마지막 부분에 내담자에게 다음과 같은 두 가지 제안을 할 수 있다. 첫째로, "다시 오는 것이 당신에게 도움이 될까요? 아니면 이에 대해서 좀 더 생각해 보시고 제게 알려 주시겠어요?" 내담자가 한 번 더 만나는 것을 선택하는 경우에 상담자는 다음과 같이 질문한다. "그렇다면 언제 다시 뵙는 게 가장 좋을까요? 2주나 3주 후에 뵐까요? 아니면 그것보다 더 빨리 혹은 더 나중에 뵙는 게 좋을까요?" 이러한 구조화는 많은 내담자에게 익숙한 방식인 1주일에 한 번 상담을 하는 것이 반드시 가장 좋은 방식은 아님을 의미한다. 또한 이는 내담자가 상담에 오는 매 시행이 사전에 정해진 계약에 근거한 것이 아니라 '더 만나는 것이 나에게 도움이 될 것'이라는 결정에 근거할 것임을 보여 준다. 즉, 내담자가 상담에 돌아오는 것은 상담 회기에서 자신이 원하는 것이 있기 때문이다.

추수상담 단계

PART

10

61

무엇이 더 나은가

드세이저는 "만약 당신이 A 지점에서 B 지점으로 가고 싶은데 둘 사이의 지형을 모른다면, 가장 좋은 방법은 둘 사이의 직선을 가정하고 따라가는 것이다."라고 말했다(de Shazer, 1987: 60). 만약 상담이 내담자의 삶을 변화시키는 것이라고 가정한다면, 우리가 추수 회기(follow-up session)를 시작할 때 따를 수 있는 직선은 "우리가 만난 이후로 더 나아진 것이 무엇인가요?"라고 묻는 것이다.

이 질문은 "우리가 만난 이후로 좀 어땠어요?"와 같이 모호하고 개방형 질문을 선호하는 상담자들에게는 도전을 의미한다. 그동안 어땠는지 묻는 것은 더 탐색적이고 광범위한 상담 모델과는 잘 맞지만, 해결중심의 관심은 내담자의 삶이나 현재의 상태에 있는 것이 아니다. 해결중심은 '진전 중심적인 내러티브(progressive narrative)'의 형성에 구체적으로 초점이 맞춰져 있기 때문이다. 드세이저는 "해결중심(solution-determined) 내러티브는 불평중심 내러티브보다 변화와 불연속성을 만들어 낸다."라고 말했다(de

Shazer, 1991: 92). "우리가 만난 이후로 더 나아진 것이 무엇인가
요?"라는 질문은 내담자의 주의를 집중시키고, 매우 구체적인 방법
을 알아차리도록 유도한다. 이 동일한 질문을 반복하면 내담자가
한두 번의 추수 회기 이후 드물지 않게 "나는 당신이 그 질문을 할
줄 알고 예의주시하고 있었어요."라고 말할 것이다. 무엇이 나아졌
는지 예의주시하는 것은 해결중심 변화 과정의 정수와도 같다.

상담자가 이 질문으로 회기를 시작한다고 해서 내담자의 대답을
결정해 주는 것은 아니다. 어떤 내담자들은 "없어요, 다 똑같아요."
라고 응답하고, 어떤 내담자들은 "없어요, 사실 최근에 상황이 더
악화되었어요."라고 응답할 것이다. 상담자는 늘 같은 질문을 하더
라도 응답에 대해서는 융통성을 발휘할 줄 알아야 한다.

62

발전된 것을 확대하라

"우리가 만난 이후로 무엇이 좋아졌나요?"라는 상담자의 질문에 내담자가 "크게 변한 것은 없는데요."라고 대답하는 순간을 상상해 보라. 상담자들은 내담자가 '전혀'라고 말하지 않았으며 더 나아질 기회가 있음을 깨닫는다. 다음은 상담자가 확대하고 발전시키길 바라는 이야기이다.

상담자: 우리가 만난 이후로 무엇이 달라졌나요?

내담자: 별로 없어요.

상담자: 별로 없군요. 그럼 별로 없더라도 어떤 것이 변했을까요?

내담자: 음, 말했듯이 많이는 아니지만 수요일에 겨우 집에서 나올 수 있었어요.

상담자: 그렇군요. 그렇게 해낸 이후로 오랜 시간이 지났나요?

내담자: 네, 병원에 올 때와는 별개로 꽤 몇 주 전이네요.

상담자: 그렇군요. 스스로 나오기까지 얼마나 힘들었나요?

내담자: 매우 힘들었어요. 제가 가능할 것이라고 생각하지 않았고 그들을 볼 때마다 뒤돌아서 돌아가고 싶었어요.

상담자: 아직까지 그러지 않았군요.

내담자: 네, 그렇게 하지 않았어요. 제 스스로 보육원까지 걸어갔고, 빠르게 돌아오지 않고 밖에서 한나를 기다려서 데리고 천천히 같이 왔어요.

상담자: 꽤 큰 성과네요.

내담자: 네, 심지어 그녀의 친구인 소피의 엄마와 대화하기 위해 멈추기까지 했어요.

상담자: 좋아요. 처음으로 돌아가 보죠. 어떻게 스스로 문 앞에 설 수 있었나요?

내담자: 스스로에게 말했어요. "너는 매번 막판에 엄마에게 전화를 걸어 한나를 보육원에 데려다주고 다시 집으로 데리고 오는 것을 요구할 수 없어."

상담자: 맞아요. 그리고 제 생각에는 이전에도 자신에게 이런 말을 해 본 적이 있을 것 같은데 이번에는 어떻게 다를 수 있었나요?

내담자: 잘 모르겠어요. 어젯밤에 이것에 대해서 엄마와 이야기를 나눴어요.

상담자: 제가 생각하기에는 이전에도 어머니와 대화를 나눠 보지 않았나요? 어떻게 이번에는 조언을 받아들일 수 있었고, 스스로 집 밖에서 나와 보육원에 갈 수 있었나요?

내담자: 확실히는 잘 모르겠네요. 아마 기분이 좀 나아진 것 같아요.

상담자: 그렇군요. 그렇다면 당신이 조금이라도 기분이 좋아졌다고 알아차리게 만든 것은 무엇인가요?

내담자: 음, 그것과 일어난 일에 대해 덜 생각하게 된 거요.

상담자: 그 점에 대해 덜 생각하게 되었군요. 쉽지 않을 텐데 어떻게 그렇게 할 수 있었죠?

내담자 : 쉽지 않았죠. 하지만 저뿐만 아니라 한나를 위해서도 우리의 삶이 그 망할 자식에 의해서 파괴되게 놔두지 않겠다고 마음먹었어요. 그런 일이 일어나게 하지 않을 거예요.

상담자 : 당신은 그런 일이 일어나지 않게 할 것이군요.

내담자 : 네. 그는 그럴 가치가 없어요.

상담자 : 매우 단호하게 들려요.

내담자 : 네, 저는 결정했어요. 그리고 이전보다 더 화나 있어요.

상담자 : 그렇군요. 당신이 더 화나게 되면서 무엇이 달라졌나요?

내담자 : 분노가 저를 더 강하게 만들어 줘요. 그것이 저에게 맞설 힘을 주고 해낼 힘을 줘요.

상담자 : 당신에게 무엇을 해낸다는 것과 맞선다는 것은 좋은 것인가요?

내담자 : 네, 그리고 저에게는 그게 더 필요해요.

이 짧은 대화는 내담자와 새로운 이야기를 구성하고 더 많은 변화를 만들 가능성이 있는 이야기를 구성하는 것을 보여 준다. 집에서 나가서 딸을 데려오는 작은 사건은 점진적으로 더 크게 보이고 중요해진다. 이어지는 두 장(chapter)에서 이 변화를 도와주는 몇 가지 질문을 살펴볼 것이다.

63

전략질문

내담자가 아주 작은 변화를 만들어 낼 때 스스로 그 변화를 중요하게 받아들이기는 쉽지 않다. 그들이 이뤄 낸 성장(성취)이 뜻밖의 행운으로 간주되거나 실제로 타인으로부터 비롯되었다고 치부될 수 있다. 이런 식으로 변화를 경시하고 (변화가 갖는) 잠재적인 의미를 최소화시킬 때, 더 큰 변화가 생길 가능성은 낮아지게 된다. 어떻게 하면 상담자는 내담자의 변화를 우연한 것이 아니라 능동적인 주체로서의 변화로 묘사할 수 있을까? 이러한 변화를 만드는 데 있어 해결중심치료에서는 '전략질문(strategy question)'과 '정체성 질문(identity question)'이라는 두 종류의 질문을 활용한다.

상담자가 활용 가능한 가장 직설적인 질문은 '어떻게 그것을 했는가'를 묻는 것이다. 예를 들어, 내담자가 상담자에게 자신이 일어나서 옷을 입고 밖에 나가서 산책하는 것을 말했다고 상상해 보라. "당신이 그렇게 해서 기뻤겠군요."라고 말한 후에 만일 내담자가 긍정적으로 대답한다면 상담자는 "어떻게 해서 스스로 그런 일을 할 수 있었나요?"라고 물어볼 수 있다. '스스로 하다(get yourself)'라는 말을 질문에 넣은 것은 내담자가 그것을 해내기가 쉽지 않았으며 내담자가 제시한 정답은 자기칭찬을 지향하는 것임을 암시한다. 마치 잘 모르겠지만 "내가 해냈어."라고 말하는 것과 같다. 이전에 논의했던 것과 같이 이러한 대답이 잠재적으로 진일보한 이야기일 수는 있지만 상담자의 궁금증을 모두 해결해 주는 것 같지는 않다. "어떻게 해서 당신이 이러한 문제를 해결했나요?"와 같은 질문은 더 깊은 탐색을 촉진하고, 내담자의 고민에 집중하게 한다. 내담자가 자신의 성취를 자세하게 표현할 수 있도록 돕는 좀 더 쉬운 방법은 "당신이 스스로 일어나서 산책할 수 있도록 도와줬던 것 열 가지를 말해 보세요."라고 말하는 것이다.

때때로 내담자는 결과에 있어 자신이 주도적인 역할을 한다고 생각하지 못한다. 그러고는 "나는 잘 모르겠어요. 단지 기분이 더 좋아졌을 뿐이에요."라고 말할 것이다. 그러면 해결중심 상담자들은 다음과 같이 끈질기게 질문할 것이다. "그래서 당신이 생각하기에 최근에 무엇을 했던 것이 기분이 나아진 것과 연관되었나요?" 또는 "오늘 아침에 촬영 카메라가 집 주위에서 당신을 따라다니면서 촬영하고 있는 것을 상상해 보세요. 그 영상은 결국 당신이 일어나서 밖에 산책하러 나가도록 한 것이 무엇이라고 보여 줬을까요?" 만일 내담자가 여전히 "나는 아무것도 한 게 없어요. 그냥 그 일이 일어났을 뿐이에요."라고 말한다면 상담자는 다음과 같이 말할 수 있다. "그래서 그냥 그 일이 일어나도록 하기 위해서 당신은 무엇을 했나요?" 또는 "만일 당신이 그 일이 일어나지 않기를 원한다면 무엇을 했어야 했나요?" "당신이 그 일이 멈추도록 무언가를 했어야 했다면 그건 무엇일까요?" "당신이 결국 집 의자에 앉아 있다는 것을 확신하기 위해서는 무엇을 생각했어야 했나요?" (뒤이어 그러한 일들이 어떻게 해서 발생하지 않았는지를 탐색하는 질문을 한다.)

적절한 상황에서 중요한 타자의 관점으로 도입을 진행하는 것은 전략질문의 효과를 높일 수 있다. "당신을 가장 잘 아는 사람이 당신이 하는 것을 보고 있다면 어떤 생각이 들까요?"

상담자가 전략질문을 하는 것처럼 내담자는 자신의 성공을 스스로 칭찬할 뿐만 아니라 특별히 성공과 관련되어 자신이 했던 것을 구체화하도록 요청할 수 있다. 이를 내담자가 많이 하면 할수록 성공은 계속적으로 반복된다. 심지어 내담자가 자신이 무엇을 했는지 정말 알지 못한다고 결론을 내렸을 때 이러한 질문은 유익한 효과를 가져온다. 내담자가 도움이 되는 일을 수행한 것에 대해 골똘히 생각하는 것은 일반적으로 도움이 되며 협동적 회기 종결의 기초가 될 수 있다.

64

정체성 질문

인간은 자신이 상호작용하는 사람 혹은 자기 자신에 대해 '정체성과 관련된 결론'에 도달할 수밖에 없다. 인간은 '의미 부여자'이다. 우리는 관찰과 분류를 통해 우리가 사는 세상을 조금 더 관리할수 있도록 만들고 싶어 한다. 어떤 교사가 한 아동이 수업 시간에 비협조적으로 구는 것을 알아차리고 이 상황을 다루었다고 하자. 그리고 그다음 날 아동이 또다시 못되게 행동했고, 다른 교사 또한그 아동이 자신의 수업에서도 예의 없게 굴었다고 말했다고 하자. 그러면 교사는 금세 '아동이 못되게 행동했다.'에서 '아동은 다루기까다로운 학생이다.'로 프레임을 바꿀 것이다. 아동에게 까다로운학생이라는 프레임이 씌워지면, 그 프레임 자체가 아동의 안 좋은행동은 더 두드러져 보이게 할 것이고, 좋은 행동을 보는 것은 더어렵게 할 것이다. 우리는 결론에 도달하면 그것을 확인해 주는 것들을 더 잘 알아차리는 경향이 있다. 그리고 우리가 우리에 대한 결론을 가지게 되면, 그에 일치하는 행동을 하는 것은 자연스럽게 쉬

워지는 반면, 그와 모순되는 행동을 하기는 어려워진다.

따라서 해결중심 상담자들은 내담자에게 그들의 삶과 일에서 목표를 달성할 가능성을 더 높이는 데 적합한 가능성 묘사를 묻는 질문을 던진다. 이것이 어떻게 이루어지는가? 해결중심 상담자들은 최선의 소망과 일치하는 내담자의 성취에 대한 묘사를 들을 것이다. 적합한 사건을 끌어내어 하나 혹은 그 이상의 전략질문을 한 후에 상담자는 내담자에게 이와 연관된 자질, 강점, 기술 그리고 역량을 알아차리고 그에 이름을 붙이도록 안내할 것이다.

• 그것을 하기 위해 필요한 것은 무엇이었나요?
• 당신의 삶에서 그 변화를 만들어 내기 위해 이용한 것은 무엇인가요? 어떤 강점과 자질들을 이용했나요?
• 그것이 당신이 어떤 사람이고 어떤 사람이 될 수 있는지에 대해 가르쳐 준 것은 무엇인가요?

이 간단한 질문들은 모두 내담자가 가능성에 초점이 맞추어진 자기묘사를 발전시키도록 초대한다. "이것은 내가 생각했던 것보다 강하다는 것을 이야기해 줘요." "나는 굉장히 강해야 했어요." "투지와 의지가 필요했어요." 상담자는 이와 같은 반응을 기반으로 할 수 있다. "당신은 당신이 그 정도로 강할 수 있다는 사실을 알고 있었나요?" 그리고 만약 내담자가 '아니요'라고 대답한다면 상담자는 "그렇다면 당신이 그렇게 강할 수 있다는 것을 아는 것이 당신의 미래에 어떤 변화를 만들까요?"라고 물을 수 있다. 내담자가 강점이 언제나 자기 삶의 일부라고 대답한다면 상담자는 그러한 능력을 "당신이 강했던 삶의 다른 순간들을 말해 주세요."와 같은 질문을 함으로써 강조할 수 있다.

이러한 방식으로 질문을 하여 내담자가 스스로 자신의 자질을 알아차리고 이름 붙이게 하는 것은 상담자가 내담자에게 그것을 말해 주는 것과는 굉장히 다르다. 과도하게 열정적인 상담자들은 "당신은 굉장히 결연한 사람이라고 느껴지네요."라고 의견 차이를 무릅쓰고서라도 내담자를 대신하여 말하고 싶어 한다. 사람들은 종종 다른 사람들이 하는 칭찬은 의심하지만 자기 스스로 말하는 것은 믿을 것이다. 칭찬하는 것보다 자기칭찬으로 초대하는 것이 이 접근의 특징이다.

내담자가 변한 것이 없다고 말할 때

상담자가 "저번에 만났을 때보다 무엇이 좋아졌나요?"라고 질문하는 것이 모든 내담자로부터 긍정적인 반응이 오는 것을 보장하지는 않는다. 몇몇은 "아무것도요. 정말 아무것도 변한 게 없어요. 모든 게 전과 같아요."라고 말할 것이다. 비록 회기 막바지에 내담자가 무언가 좋아진 것이 있음을 알아차렸을지라도 "얘기해 보세요, 뭐라도 좋아진 것이 분명 있겠지요."라고 내담자에게 반박하지 않는 것이 좋으며, 내담자가 말한 것을 그대로 수용하는 상태에서 상담을 시작하는 것이 최선이다. 만약 내담자에게 반박을 한다면, 이는 단지 내담자에게 '아무것도 변한 게 없다'는 말을 반복하게 하는 것에 지나지 않으며, 내담자는 그 말을 반복할수록 무언가 변한 것이 있다는 것을 알아차리기 어려워진다.

> 상담자: 자, 저번에 본 이후로 뭐가 좋아졌나요?
>
> 내담자: 아무것도요. 정말 아무것도 다른 게 없어요. 전부 그대로예요.

상담자: 아, 그렇다면 아무것도 좋아진 게 없는 상황이라 해도 요즘 돌아가는 상황에서 다행이라고 생각되는 것은 무엇인가요?

내담자: 어, 예전보다 더 나빠지지는 않았다는 점일까요.

상담자: 그럼 그 점에 대해 질문을 해도 될까요? 당신이 지금까지 상황이 더 나빠지는 것을 멈추기 위해 한 일이 무엇이라고 생각하나요?

내담자: 음, 식사에 신경을 쓰고, 나 자신을 좀 더 잘 돌보고, 너무 늦지 않게 잘 준비를 하고, 잠도 편안히 잘 자고, 가끔 밖에도 나가고요.

상담자: 좋아요. 지금 말해 준 내용들이 지금까지 그럭저럭 유지해 나갈 수 있던 것들이네요?

내담자: 그렇죠.

상담자: 그러면 이런 좋은 활동을 어떻게 이어 나갈 수 있었나요?

내담자: 그냥 그렇게 하는 버릇을 들였어요. 일상의 루틴 같은 걸로 만들었죠. 하고 싶지 않을 때도 스스로 할 수 있도록 말이죠.

상담자: 하고 싶지 않을 때 스스로 무언가를 하게 하는 것을 생각해 보면 절대 쉬울 것 같지 않네요. 그럼 어떻게 그걸 해낼 수 있었을까요?

내담자: 그냥 작년에 어땠는지 기억하려 했어요.

상담자: 좋아요. 어떻게든 계속 해 나갔네요. 그리고 그건 쉽지 않았던 것처럼 들리네요.

내담자: 쉽지 않았죠.

상담자: 그렇다면 당신은 변화를 위해서 한 걸음 나아갈 준비가 된 것을 어떻게 알 수 있을까요?

내담자: 잘 모르겠네요.

상담자: 어떻게 생각하세요?

내담자: 아마 매일 허덕이지 않는다면 그렇지 않을까요?

상담자: 좋아요. 그렇게 된다면 어떤 느낌일까요?

내담자: 덜 불안하고(knife edge), 언제든 쓰러질 것 같은(fall off) 느낌이 덜 하겠죠.

상담자: 그래요, 좋아요. 그러니까 더 이상 불안하지 않다면 당신은 어떤 상태일까요?

내담자: 더 자신감 있는, 미래에 대해 더 자신감 있는 상태요.

상담자: 그러면 당신이 앞으로 좀 더 자신감을 갖기 위해서라면 어떤 행동을 했을 때 무엇을 알아차릴 수 있을까요?

이 발췌된 대화에서 상담자는 분명히 내담자에게 반박하지 않는다. 상담자는 내담자의 반응을 수용하고, "아무것도 좋아진 게 없는 상황이라 해도 요즘 돌아가는 상황에서 다행이라고 생각되는 것은 무엇인가요?"라고 질문함으로써 내담자가 대안적인 성취를 상세히 서술하는 방향으로 옮겨 가고, 비로소 내담자가 상황을 안정화시킨 것에 대한 대화를 나눌 수 있다. 이 대화에서는 "그러면 변화를 위해서 한 걸음 나아갈 준비가 된 것을 어떻게 알 수 있을까요?"라는 질문을 통해 내담자와의 협력의 기반을 마련하고 내담자의 속도에 맞춰 상담을 진행할 수 있다.

66

내담자가 상황이 나빠졌다고 말할 때

해결중심 상담자가 "자, 어떤 게 나아졌나요?"라고 물었을 때, 내담자는 "선생님은 농담을 하고 계신 게 분명해요. 상황은 나빠졌어요. 열 배는 더 나빠진 것 같아요. 이번 주는 제 삶에서 최악의 한 주였어요."라고 답할 수도 있다. 이럴 때 상담자는 당황한 나머지 "그렇지만 당신은 상담실에 왔어요. 어떻게 상담실에 올 수 있었죠?"라는 질문을 통해 내담자를 상황 속에서 빠져나오도록 돕고 싶은 마음이 있을 수 있다. 그리고 그 기저에는 '상황이 정말 나빴더라면 당신은 여기에 올 수 없었을 텐데. 여기에 왔다는 걸 볼 때 그렇게 상황이 나쁘진 않을 것 같은데.'라는 상담자의 논리가 깔려 있다. 그런데 이러한 접근은 따르지 않는 것이 더 낫다. 상담자가 자신의 이야기를 받아들이지 않을 때 내담자들은 억울함을 느끼게 된다. 따라서 그들의 이야기를 수용하며 "그렇게 힘든 시간을 보내고 왔다니 안타깝네요."라고 단순하게 시작해 볼 수 있다.

내담자가 자신의 이야기가 수용되고 받아들여졌다는 것을 느끼게 되면 상담자는 내담자가 나아가고자 하는 방향으로 대화를 이어 가는 방법을 탐색할 수 있다. 이때 내담자가 원하는 방향이란 성공적으로 느끼는 방향을 의미한다.

이야기를 들어 보니 지난 2주가 당신에게 정말 힘들었던 것 같군요. 그리고 제가 이해한 게 맞다면 상황이 예전으로 되돌아가고 있는 것 같아요.

- 그렇다면 이 모든 어려움에도 불구하고 당신이 해낸 걸 알게 되어 기뻤던 것은 무엇인가요?
- 당신이 직면한 방해물에도 불구하고 어떻게 희망을 유지하고 있나요?
- 당신이 해결해야 할 수많은 문제에도 불구하고 어떻게 생활을 해 나가고 있나요?
- 상황이 악화되는 가운데 더 악화되는 것을 막기 위해 당신은 무엇을 해 보았나요? 더 낮은 상태가 되는 것에는 어떻게 대처하고 있나요?

각각의 질문은 내담자가 어떤 것을 함으로써 자신에게 도움이 되었는지에 주목함으로써 목적 있는 대화를 향한 길을 열어 줄 수 있다. 그리고 각 질문을 할 때에는 내담자가 대답할 마음의 준비가 되도록 그들의 상황을 충분히 이해하고 수용해야 한다. 만약 내담자가 이러한 질문이 자신의 상황의 심각성을 반영하지 못한다고 생각한다면, 그들은 문제를 더 상세히 묘사하고자 할 것이며, 상담자는 질문을 위한 준비를 하기 위해 더 커다란 수용의 반응을 보여 주어야 할 것이다. 다음의 대화 예시에서는 상담자가 내담자로 하여금 문제를 더 묘사하도록 인도하는 과정을 보여 주고 있다.

상담자: 정말로 많이 힘들었겠네요.

내담자: 네, 정말 그랬어요.

상담자: 자, 그러면 그것에 어떻게 대처하고 있으세요?

내담자: 그게 문제예요. 전 대처하지 못하고 있거든요. 저는 아침에 일어나기도 버겁고, 제대로 옷을 입고 나가지도 못해요. 술도 다시 마시기 시작했고요. 아일린은 제가 계속 이렇게 행동하면 저랑 끝이라고 했어요.

이 상황에서 "자, 그러면 그것에 어떻게 대처하고 있으세요?"라는 질문은 내담자의 상황에 맞지 않게 지나치게 대처(coping)에 초점을 맞춤으로써 '기능적(functioning)'인 생활의 측면들을 요구하게 되고, 결과적으로 내담자는 되돌아가서 어려움을 묘사하게 된다. 만약 상담자가 덜 '기능적'인 표현으로 "이렇게 상황이 힘든데 대체 어떻게 해 나가고 있는 거예요?"라고 말했다면, 내담자는 자신의 어려움이 충분히 타당화되었다고 느끼고 상담자의 초대를 받아들였을 것이다. 스티브 드세이저가 "우리는 해결중심자들이지만 문제공포증(problem-phobic)이 있는 사람들은 아닙니다."라고 대중강연에서 말했던 것처럼, 상담자가 '문제를 부인하게 되면(problem-deniers)' 상담의 방향은 해결중심이 아닌 해결 강요(solution forced)가 되기에 분명히 효과가 없을 것이다(Nylund & Corsigilia, 1994).

종결 과정의 고려 사항

67

진전을 유지하기

상담이나 치료에 대한 많은 접근법은 '종결' 과정을 잘 다룰 필요가 있고 여러 회기에 '걸쳐서 완료'해야 하는 것으로서 매우 중요하게 본다. 해결중심에서는 이러한 세심한 주의가 필요하다고 보지 않으며, 대부분의 종결은 비교적 비공식적인 것이다. 내담자들이 지금 당장은 더 이상의 상담이 필요하지 않지만 상황을 좀 더 검토해 보는 것이 필요해지면 다시 상담을 받으러 오겠다고 하는 것으로 종결이 된다. 이러한 차이에는 분명한 이유가 있다. 첫째로, 상담자와 내담자 간 만남의 전형적인 횟수는 4회 미만이며, 이러한 만남은 회기 사이에 비교적 긴 간격을 두고 10주 이상이 걸렸을수 있다. 이렇게 현실적인 방식을 취하고 있음에도 불구하고, 상담자는 내담자의 삶에 맞닿아 있는 동시에 상담 과정의 주변부에 위치(marginal positon)하고, 내담자와 내담자의 삶이 상담 과정의 중심이 되도록 하고자 노력할 것이다. 크리스 이브슨(Chris Iveson)의 내담자는 "크리스, 그거 아세요? 당신이 좋은 질문을 할 때 당신은 사라진다는 걸요. 제가 당신을 알아차리는 순간은 당신이 나쁜 질문을 할 때에요."라고 말했다(George et al., 1999: 35). 인수 킴버그는 해결중심 접근법에서 상담자의 상대적으로 제한된 기여(marginality)라는 주제를 반복해서 언급했는데, 그녀의 진술에서 보면 상담자는 '내담자의 삶에 어떠한 발자취도 남기지 않기'를 열망해야만 한다. 실제로 이 접근법은 이러한 비가시성을 중시하면서, "당신 없이는 이것을 할 수 없었을 거예요."라는 말과 같이 내담자가 변화의 '공로를 상담자에게 돌리기'보다 그에 대해 내담자 자신을 인정할 때 이러한 변화가 더 잘 유지된다는 관점을 갖는다(Sundman, 1997). 따라서 해결중심상담에서 상담자는 부분적인 기여를 하며, 내담자 삶의 가장자리로부터 질문을 하고, 회기가 끝날 때 내담자가 한 말 중 일부를 내담자에게 요약하면서 주변부적인 위치를 유지해야 하는 것이 분명하다.

특정 상황에서, 특히 상담이 점점 길어질 때 "당신이 오늘 아침에 일어났고, 우리가 다시 만날 필요가 없다는 것을 깨닫게 되었다고 상상해 봅시다. 더 이상의 상담이 필요하지 않다는 것을 당신에게 알려 준 것은 무엇이었습니까?"라고 질문함으로써 상담자는 종결에 좀 더 직접적으로 초점을 맞출 수 있다. 이 질문은 결과를 다시금 구체화하고, 필요한 경우에는 합의 종결을 위해 무엇을 달성해야 하는지에 대해서 다시 초점을 맞추는 역할을 한다. 그러나 상담자가 내담자에게 "0점에서 10점까지의 척도가 있는데, 0점은 당신이 이뤄 낸 진전을 유지할 능력에 있어서 어떤 자신감도 없는 상태이고, 10점은 완전히 자신감을 가진 상태입니다. 당신은 현재 몇 점입니까?"라고 물어보는 것도 유용할 수 있다. 상담자는 특히 진전을 유지하는 것에 대한 자신감이 낮은 내담자에게 "우리가 함께 대화를 끝낼 준비가 되었다고 느끼려면 어디로 가야 할 필요가 있을까요?"라고 질문하고 "그러면 당신은 그 지점에 도달했다는 것을 어떻게 알 수 있을까요?"라고 질문함으로써 종결을 강조할 수 있다.

68

진전이 없을 때

항상 효과가 있는 것은 아무것도 없다. 아무리 상담자가 재능이 있고, 사용하는 접근법이 아무리 유용하다 하더라도 변화에 대한 내담자의 보고가 없을 때가 있을 것이다.

각 회기에서 '아무것도 더 나은 것이 없다'는 반응이 보고되고, 내담자의 '최선의 소망' 점수가 전혀 바뀌지 않을 때가 그에 해당한다. 그런 상황에서는 SFBT의 세 번째 규칙인 '안 되면 다른 일을 하라.'가 적용된다(10장). 그렇다면 상담자는 이러한 상황에서 변화를 일으키기 위해 무엇을 할 수 있을까?

• 상담에서 내담자의 '최선의 소망'을 확인하고 내담자가 이러한 소망을 달성할 수 있는 가능성에 대해 점수를 매기게 한다. "0점부터 10점 중에서 10점은 변화를 일으킬 수 있는 정도이고 0점은 그 반대입니다. 당신은 어디쯤에 있습니까?" 점수가 매우 낮으면 최선의 소망에 대한 재조정이 가능하다.

- '최선의 소망'의 성취가 내담자에게 얼마나 중요한지를 알아보는(being bothered) 척도를 시도하도록 권유하라. 반응이 낮으면(0점: 나는 변화를 위해 아무것도 하지 않겠다) 상담자는 '최선의 소망'을 재조정할 수 있고, 높으면(10점: 변화를 위해 모든 것을 하겠다) 내담자의 준비 정도에 따라 상담자가 계획을 세울 수 있다.
- 회기의 구성 변경: 가족이나 부부와 함께 작업할 경우 개인을 따로 만나고, 개인상담의 경우 내담자가 다른 사람을 데려오도록 한다.
- 하루 중 다른 시간이나 다른 장소에서 내담자를 만난다.
- 상담자를 바꾼다.
- 내담자와 진행 상황 또는 그 부족한 점을 평가하고 상담자가 다르게 할 수 있는 것에 대해 내담자의 조언을 구한다.
- 동료에게 당신과 내담자 사이의 실시간 상담 수퍼비전을 해 줄 것을 요청하고, 다른 사람이 있는 곳에서 두 사람을 인터뷰하고 유용한 대화에서 어떤 결과가 나오는지 관찰한다.
- 상담자는 능력 있는 대체적인 접근법을 활용하거나 다른 작업 방식을 사용하는 상담자를 찾는 방식으로 방법을 변경한다.

이 모든 일이 끝난 후에도 아무것도 변하지 않는다면, 왜 상담자가 아무 효과도 없는 상황에서 내담자와 계속 상담을 해야 하는지에 대한 의문이 남는다. 변화가 없는 내담자를 계속 상담하기로 동의하는 것은 내담자를 혼란스럽고 오해하게 만들 위험이 있다. 사실상 아무 소용이 없을 때 내담자에게 자신이 어려움을 해결하고 있다고 생각하게 할 수 있다. 이런 식으로 상담자는 문제가 안정화

되는 상태의 일부가 될 수 있다. 적어도 계속하기를 거부하는 것은
내담자가 뭔가 다른 것에 도전할 가능성을 열어 주며, 내담자가 하
는 것은 무엇이든 간에 전환의 가능성을 가지고 있다. 대안적인 방
법으로는 지금은 그의 삶을 변화시킬 적절한 시기가 아니며 문제
를 다루기 위한 시간이고, 내담자가 다음 단계로 넘어갈 준비가 되
었다는 것을 알 때 상담자에게 돌아오도록 제안하는 것이 있을 수
있다.

평가와 자신 보호하기

PART

12

69

평가

전통적인 치료법에서는 일반적으로 개입에 대한 생각이나 질문에 앞서 두 가지 평가 영역으로 치료 과정을 시작했다. 첫 번째 평가 영역은 내담자가 '대화치료(talking cure)'로 도움을 받을 수 있는 사람인지 그 여부를 판단하기 위해 내담자의 치료 적합성에 대한 질문을 검토한다. 이는 무엇보다도 내담자의 인지 능력, 표현 능력 그리고 어쩌면 그들의 인과관계와 그것이 심리적인 개입의 전달에 어떻게 부합하는지를 탐색하는 것을 포함할 수 있다. 또한 전통적인 상담자는 문제의 본질을 탐구하고, 아마도 문제의 원인과 문제를 지속시키는 요인에 대한 가설을 세울 것이다. 그다음에 드러난 문제가 상담자의 특정 개입 모델에 적합한지를 고려하거나 '어떤 모델이 이 내담자를 가장 잘 도울 것인가?'라는 질문을 제기하게 된다.

SFBT에는 치료 전 평가 단계가 없다. 모든 내담자가 그때 할 수 있는 최선을 다하고 있음을 가정하기 때문에, 내담자의 최선에 잘 맞는 방법을 찾을 수 있을지를 결정하는 것이 상담자의 일이며, 이것은 상담 과정 자체에서만 판단이 가능하다. 또한 인구통계학적 정보, 내담자 진술, 또는 내담자의 호소 문제와 관련하여 누구에게 이 접근이 효과가 있고 누구에게는 없는지를 알려 주는 연구 결과는 존재하지 않는다(12장 참조). 따라서 각각의 해결중심개입은 본질적으로 '상담자로서 나는 변화가 만들어지기에 충분히 유용하게 내담자 진술에 맞는 방법을 찾을 수 있는가, 차이를 만들 수 있는가?'라는 질문과 함께 실험적인 과정이 된다. 이처럼 해결중심 상담자가 스스로 제기하는 질문은 내담자의 내적 세계에 초점을 맞추기보다는 '치료 과정'과 관련되며, 내담자와 상담자 간의 상호작용에서 그것이 어떻게 드러나고 있는가에 관한 것이다. 상담자는 내담자의 행동을 '이해'하거나, 내담자의 행동을 평가하거나, 내담자의 행동의 이유를 파악하려고 하는 것이 아니며, 뒤와 아래를 보려고 하기보다는 가능한 한 '표면'에 머무르려는 것이다.

그러므로 해결중심 접근법에서 상담자는 첫 번째 질문을 한 다음 내담자의 대답을 듣고, 그 답을 고려하여 질문을 하고 변화가 가능한 방향으로 대화를 이끌어 간다. 이 시점에서 상담자는 서술과 내용에 초점을 맞추고 있다. 그러나 '이것이 효과가 있는가?' 또는 '이 대화에서 내담자가 나와 함께 가는가?'라는 질문을 중심으로 병행하여 진행되는 또 다른 과정이 있다. 내담자가 협업하려는 상담자의 시도에 협력하고 있다면, 상담자는 드세이저의 두 번째 규칙인 '만약 효과가 있다면 더 많은 것을 하라.'에 기초하여 진행할 것이다(10장). 그러나 내담자가 그 과정을 함께하지 않는다면, 드세이저의 세 번째 규칙인 '효과가 없다면 다른 걸 하라.'가 우선되며, 상담자는 그 과정을 조정할 필요가 있다. 어쩌면 속도가 잘못되었을 수도 있고, 내담자가 자신의 문제에 대한 이야기를 더 하고 싶어

했을 수도 있다. 아마도 '타인 관점' 질문("당신이 이곳에 온 것이 당신에게 유용했다는 것을 가장 친한 친구가 어떻게 알까요?")은 내담자가 자신의 관점으로 미래를 보기보다는 직접 미래의 자기 모습을 볼 수 있게 해 줄 것이다. 아마도 자신의 문제 진술에서 벗어나기 어려운 내담자에게는 예외질문이 사례질문보다 더 효과적일 수 있으나, 문제 경험들을 진술하더라도 내담자의 대처방식에 초점을 맞추는 것 또한 효과적인 개입방법이 될 수 있다. 숙련된 해결중심 상담자는 내담자 반응의 내용을 듣는 동시에 '적합성'을 평가한다. 이를 근거로 다양한 해결중심적 개입에 의지하여 어떤 개입이 내담자 입장에서 충분히 타당하고, 변화의 가능성으로 다가갈 수 있게 하는 충분한 여유를 제공하는지 판단하게 된다(Andersen, 1990).

70

자신을 보호하기

저자들은 심각한 위험에 처해 있는 아동의 가족에 대한 평가와 치료를 제공하는 전문 NHS 클리닉인 맬보로 가족서비스센터 (Malborough Family Service)에서 일하면서 해결중심치료 상담자로서 일하기 시작했다. 그들의 초기 해결중심치료는 일정 부분 이 일을 중심으로 이루어졌다(George et al., 1999). 해결중심접근이 안전을 증진시키는 데 많은 기여를 한다는 것은 명백했다. 다른 치료 모델과 마찬가지로 해결중심접근만을 평가 도구로서 단독으로 사용할 수 없다는 것 역시 명백했다. 평가와 치료는 서로 정보를 제공할 수 있지만 항상 별도의 활동으로 보일 필요가 있다.

앤드류 터넬(Andrew Turnell)은 이 분야에서 선구적인 작업을 수행했으며, 현재 전 세계 보호 서비스에 '안전 신호(signs of safety)' 모델이 채택되고 있다(Turnell & Edwards, 1999). 본질적으로 이 모델은 상황의 위험 요소와 안전 요소 모두를 도표화할 수 있는 간단한 기준선을 제공한다. 안전 쪽에 힘을 실어 주어 균형을 이루게 하거나, 안전하다는 가능성이 있을 때만 치료적 또는 변화지향적인 대화가 이루어진다. 바로 이 지점에서 SFBT는 많은 것을 제공한다. 내담자가 이미 잘하고 있는 것에 대한 주의(예: "당신이 부모로서 이미 무엇을 잘한다고 생각하세요?")는 상담에서의 협력과 자신감을 북돋우는 데 도움이 되며, 이것은 상담자가 내담자의 숨겨진 능력을 찾기 시작할 때 더욱 강화된다. "만약 당신이 내일 아침에 일어나서 당신과 사회복지사업부(social services) 모두가 바라는 바대로 그 부모가 된다면, 당신이 가장 먼저 알아차릴 수 있는 것은 무엇일까요?"

SFBT는 가정 폭력을 줄이는 데에도 효과적이었다(Lethem, 1994; Lee et al., 2003). 안전이 어떻게 증진될 수 있는지에 초점을 맞춤으로써 폭력의 피해자들은 그들에게 폭력의 책임이 있다는 것을 암시하지 않고 자신의 삶에 더 많은 통제감을 가져올 수 있다. 예를 들어, 조세핀은 자신의 자존감을 되찾은 '미래'를 묘사해 왔다. 그녀는 왼쪽 눈 위가 찢어졌는데, 경찰이 그녀의 전 배우자가 그녀를 때린 것을 사회복지사업부에 알렸기 때문에 자신의 아기를 뺏길 위험에 처해 있었다. 안전한 미래를 묘사하는 과정에서 그녀의 목소리는 점점 더 강해지고, 더욱 똑바로 앉아서 더 이상 '이 모든 것'을 자신이 자초했다고 믿지 않았다. '안전 척도(safety scale)'에서도 그녀는 4점으로 평정했다. 이 위험한 환경에서 자신을 안전하게 하기 위해 그녀가 이미 하고 있는 것에 오랜 시간 집중한 후에, 상담자는 "척도에서 5점이 된다면 무엇이 다를 수 있을까요?"라고 묻는다. 조세핀은 자신이 열쇠를 돌려받을 것이며, 비록 그녀의 전 배우자가 문을 차 버릴 수 있음에도 불구하고 이것이 그녀에게 더 많은 통제감을 줄 것이라고 말했다. 더 큰 통제감이 어떤 결과를 가져올지 탐색하면서, 조세핀은 더 많은 외출을 하고("전 더 이상 슈퍼마켓도 가지 않아요!"), 친구들과 다시 만나는 것에 대해 이야기한다. 이것들은 안전에 대한 아주 명백한 길이지만, 대개 내담자가 스스로 발견했을 때에만 실행 가능한 길이 된다. 만약 상담자가 그것을 발견하게 해 준다면 상담자는 그녀에게 무엇을 해야 하는지 말해 주는 또 다른 '힘 있는' 사람일 뿐이다. 친구들과 더 많이 연락하는 것이 그녀의 안전에 어떤 영향을 미칠 수 있는지 물어봤을 때 조세핀은 그녀의 전 배우자를 소개해 준 친구와 함께 전 배우자를 보러 갈 생각을 떠올리며 "그는 내 친구 앞에서 아무것도 하지 못할 거예요."라고 대답한다.

7회기를 만나면서 9개월 이상의 기간 동안 조세핀은 다시는 폭력을 당하지 않았다. 그녀는 같은 남자와 만나고 헤어지기를 반복했지만 이전과는 다른 관계를 유지했다. 마지막에 작별인사를 할 때 그녀는 "제가 거식증이 있다고 말한 적이 있나요?"라고 물었다. 상담자의 "아니요."라는 대답에 그녀는 "음, 저는 더 이상 거식증을 앓지 않아요. 그래서 그것도 감사해요!"라고 대답했다.

가정과 학교에서
아동과 청소년을 위한 상담

71

아동

대부분의 사람은 아주 어린 아동들도 해결중심상담에 참여할 수 있다는 것에 대해 놀라워한다. 그러나 대부분의 상담자는 아동보다 부모와 작업하기를 선택할 것이다. 왜냐하면 아동이 상담을 받는 것으로 밝혀지면 아동에게 도움이 되지 않는 낙인이 생기고 문제 있는 아동이라고 여겨질 가능성이 있기 때문이다. 이와 같은 가정은 아동의 삶을 파괴할 수 있다. 게다가 성공의 공이 상담자가 아닌 부모에게 있다고 여겨진다면 변화는 더 강력한 힘을 가질 가능성이 높다. 아동이 상담에 참여하려면, 차이가 식별될 수 있는 발달단계에 도달해야 한다. 이러한 단계는 보통 장난감 벽돌을 쌓을 수 있고 기초적인 규모를 만들 수 있는 3세 정도이다.

어떤 상담에서건 아동과 작업하는 데 있어 주요한 차이점은 언어를 조절해야 한다는 것이다. 아동이 말을 이해하고 질문에 답할 수 있어야 한다. 아동이 어릴수록 질문은 덜 추상적이어야 하고, 상상된 미래보다 실제적인 과거에 더 강조점이 찍혀야 할 것이다. 말은 또한 매체와 놀이로 보충되어야 할 것이다(Berg & Steiner, 2003). 특히 상담에 참여한 다른 누군가와 함께라면, 5세 아동은 학교에 서의 '좋은 행동'—어떻게 처음에 조용히 앉아 있다가, 조용히 줄을 서고, 조용히 걸을 수 있는지—을 보여 주는 것을 즐길 것이다. 그 는 이전에는 그런 일을 보여 준 적이 없을지도 모르지만 자신이 그 렇게 할 수 있다는 것을 보여 준 다음 날에는 그런 행동을 하기 시 작할 가능성이 매우 높다. 한 5세 아동은 학교에서 더 행복해지려 면 수업 시간에 뛰지 말아야 한다고 말했다. 그 아동에게 그 대신 무엇을 해야 하는지 물었다. 그러자 아동이 "걸어요."라고 대답했 다. "너는 잘 걸어 다니니?"라고 상담자가 물었다. "네!" 아동이 힘 차게 대답했다. "좋구나, 어떻게 하는지 보여 주렴."이라고 상담자 가 요청하자 아동은 천천히, 침착하게 상담실을 돌면서 상담자와 어머니에게 그의 상당한 기술을 보여 주었다. 나중에 상담 시간에 아동은 상담자와 역할극을 했는데, 아동이 선생님의 역할을 하고 상담자가 아동의 역할을 해서 아동은 아동으로서 무엇이 요구되는 지 상담자에게 '가르칠' 수 있었다!

선택적 함구증이 있는 4세 아동은 열 마리의 플라스틱 농장 동물 중에서 하나를 선택함으로써 현재의 안전 수준을 설명할 수 있었 다. 그리고 모루 인형을 사용해서 어머니가 가까이 있는 것과 (아동 을 강간한) 오빠에 대한 아버지의 관심이 자신을 안전하게 지켜 준 다고 나타내었다. 이런 방식으로 소통하도록 도움을 받은 후, 아동 은 다시 말을 하기 시작했다. 다른 사례에서 매우 활동적인 남자 아 동은 그의 목표와 목표를 향한 진전을 스케이트보드 기술과 비교 하길 즐겼다. 그의 스케이트보드 실력과 행동 모두는 나아지기 시 작했다.

언어 외에도 아동들을 상담하는 것에서의 가장 분명한 차이점은 바라는 결과(hoped-for outcome)를 세우는 데에 있다. 이것은 주로 부모에 의해 많은 부분이 결정되지만 "더 행복해지고 싶니?" "형제/자매와 잘 지내고 싶니?" "학교에서 잘 행동하고 싶니?" 등의 질문을 함으로써 아동을 참여시킬 수 있고, 상담의 온화한 특성에 대해 알려 줄 수 있다. 이런 질문들은 한 단어로 답할 수 있는 '폐쇄형' 질문의 예들(아동들에게 가장 좋아하는 텔레비전 프로그램에 대해 묻는 것처럼)로, 아동들이 대답하기 쉽고 그들로 하여금 '올바르게 하고 있다'고 느낄 수 있게 해 준다. 그 이후 상담자는 아동들이 답을 하기 전에 더 열심히 생각해야 하는 '개방형' 질문으로 바꿔 물을 수 있다. "그래, 만약 내일 네가 학교에서 행복한 날을 보낸다면 네가 교실에 왔을 때 선생님은 네가 더 행복하다는 것을 어떻게 알 수 있을까? 선생님은 네가 뭘 하는 것(어떤 행동)을 보고 그렇게 알 수 있을까?"

72

청소년

심지어 경험이 매우 풍부한 상담자들조차도 청소년을 상담하는 것에 대해 걱정하고 어려워한다. 그들은 청소년의 계속적인 '모르겠어요' 반응과 현저한 참여 부족, 휴대폰과 헤드폰으로부터 떼어 놓으려는 시도에서 생기는 갈등을 두려워한다. SFBT는 청소년과의 작업을 위한 매우 구조적인 체계를 제공한다. 그들은 미래에 대한 집중과 구체적인 행동 설명에 대한 강조를 높이 평가한다(Lethem, 1994). 가장 중요한 것은 SFBT가 내담자의 관점에 초점화한다는 것이다. 또한 SFBT는 시간제한이 있고 그것은 회기의 길이에도 적용되는데, 30분이면 충분할 때가 많다.

청소년에게서 자주 볼 수 있는 '모르겠어요' 반응을 걱정할 필요는 없다. 때때로 그것은 마치 내담자가 생각하지 않고 말하고 나서 질문에 대답할지를 생각하는 것처럼 일종의 디폴트 반응과 유사하다. 상담자에게 필요한 것은 그들의 대답을 정말로 듣고 싶어 한다는 것을 보여 주기 위한 끈기뿐이다. "너는 어떻게 생각하니?" "네

짐작엔 어떠니?" 이런 개방형 질문이 만약 아무런 반응을 얻지 못하면, 다음 단계로 넘어가기 전에 폐쇄형 질문으로 시작하는 것이 가장 좋을 것이다.

상담자: 요즘 상황이 힘든 것 같은데, 그렇니?
내담자: 네.
상담자: 그리고 너는 상황이 좋아졌으면 하고?
내담자: 네.
상담자: 그래서 상황이 더 나아졌다고 가정해 보자. 네가 보기에는 무엇이 달라졌을까?

특히 자신이 상담에 비자발적으로 보내졌다고 느끼는 청소년들에게는 제3자가 다르게 보기를 원하는 것이 무엇인지 물어보는 것이 유용하다. 분명한 이유로 그들의 친구와 관련된 질문은 청소년에게 매우 유용하다. 상담에서 무엇을 원했는지 질문받았을 때 계속 '모르겠어요'라는 반응을 했던 한 14세 소녀는 "상담이 시간 낭비가 아니었다고 친구들에게 뭐라고 말할까?"라는 질문에 "난 그렇게 불행하지는 않을 거예요."라고 답했다. "친구들은 그걸 어떻게 알까?"라는 질문을 받자, 그 소녀는 "친구들과 더 많은 얘기를 할 거예요."라고 했다.

많은 종류의 척도질문은 매우 높이 평가된다. 아침을 보지 못한 한 16세 소년(47장 참조)은 대부분의 시간을 '대마초'를 피우는 데 보냈고, 그의 어머니로부터 쫓겨날 위험에 처해 있었다. 척도질문을 받았을 때 그는 이틀 전에 방을 청소했다는 것을 기억해 냈다. 그는 지루했다고 했지만 어머니로부터 받은 보상과 같은 이득뿐만 아니라 어떻게 그가 더 발전할 수 있었는지에 대해 생각할 수 있었다.

더 유용한 질문들 중 하나는 대처질문이다. 청소년들은 그들도 알다시피 또래들뿐만 아니라 때로는 어른들의 세계 그리고 그들 자신의 감정과 변화하는 몸으로부터 너무나 많은 것을 견뎌야 한다. "너는 어떻게 그런 어려움을 견뎠니?"라고 질문하는 것은 내담자로 하여금 그들의 노력이 인정받고 있다고 느끼도록 하고, 그들이 그들 자신의 삶을 관리하는 기술을 살필 수 있도록 해 준다. 그들은 자해나 알코올 혹은 어떠한 물질남용을 하고 있을 수도 있으며, 만약 내담자가 그 결과에 대해 완전히 무지한 것처럼 보일 경우 관련된 위험에 대해 이야기할 기회가 있을 수 있다. 그러나 지나친 충동을 억제할 때가 있을 것이라는 해결중심상담의 전형적인 가정 하에 내담자들이 그러한 활동을 조절하고 통제하는 방법과 관련된 질문들은 그들이 자신의 삶을 관리하는 다른 더 안전한 방법에 대한 질문으로 이어질 것이다.

SFBT의 전략질문(63장 참조)은 청소년에게 완벽하게 맞는 반면, 정체성 질문은 종종 큰 가치가 있다. 청소년은 그들의 정체성, 평판 그리고 그들이 어떻게 인식되는지에 관한 질문들에 매우 관심이 있다. 즉, SFBT에는 모든 청소년을 위한 특별한 무언가가 있다.

---- **73** ----

가족상담

변화가 일어나기 위해 반드시 모든 가족 구성원이나 부부 모두가 상담을 받아야 하는 것은 아님에도 불구하고, 한 명 이상의 가족 구성원이 함께 상담을 받는 경우는 매우 많다.

그렇다면 가족 구성원들 간에 소망하는 미래가 다를 때 무슨 일이 일어나는가

가장 분명하면서 간단한 예로 부모와 청소년 자녀를 생각해 보자. 둘이 최선의 소망에 대해 처음부터 합의할 가능성은 분명히 매우 적다. 많은 부모는 자녀가 '상대방을 더 존중하길' 바란다고 이야기하는데, 많은 경우 이것은 자녀가 좀 더 고분고분해지길 바란다는 것을 의미한다. 반면, 청소년 자녀는 '신뢰'를 바란다고 이야기하는데, 보통 이것은 더 많은 자유를 허락받고 싶다는 것을 의미한다.

이를 되짚어 살펴보면 성과 없이 티격태격 논쟁만 하게 될 수 있다. "네가 밤새 집에 들어오질 않는데 내가 너를 어떻게 신뢰할 수 있겠니?" "저를 애 취급 하시는데 제가 어떻게 부모님을 존중할 수 있겠어요?" 하지만 미래를 살펴보면 금세 공통의 목표가 만들어지게 된다. 부모와 자녀의 이러한 대답들을 그 자체로 목표라고 생각하는 것이 아니라 목표에 도달할 수 있는 수단이라고 가정한 다음 "무엇이 달라지면 그런 소망이 이루어질 수 있을까요?"라고 질문한다면, 많은 경우 부모와 자녀 모두는 더 잘 지내는 것, 덜 싸우는 것, 더 많은 대화를 하는 것 그리고 더 친밀해지는 것과 같은 유형의 대답을 할 것이다. 부모와 자녀 모두 같은 것을 원한다.

가족 구성원들이 다투기만 할 경우에는 어떻게 해야 하는가

서로 다툼이 없는 가족은 가족이라고 하기 힘들며, 가족 구성원들 간에 잘 지낼 가능성이 별로 없다는 점을 고려할 때 가족상담에서 다툼은 흔한 일이라고 할 수 있다. 해결중심상담에서 상담자는 많은 경우 이러한 다툼을 라디오 전파의 '간섭' 현상 정도로만 생각하며 무시할 것이다. 하지만 이러한 '간섭'이 서로의 목소리를 듣지 못하게 방해하고 있고 상담자도 다툼을 감당하기 어려운 상황이라면, 함께 무언가를 시도하려는 용기를 낸 점을 칭찬하고 가족 구성원들을 따로따로 보거나, 가장 변화하려는 의지가 높은 사람과 작업하는 것을 선택하는 것이 최선일 수 있다.

모든 사람의 이야기를 어떻게 다 고려할 수 있는가

앞서 제안한 바와 같이, 내담자에게 소망하는 미래를 묘사하게 하는 것은 변화 가능성을 높이는 것처럼 보인다. 그렇다면 상담실에 6명의 가족 구성원이 있다고 할 때, 어떻게 모두에게 각자가 생각하는 미래를 묘사할 수 있는 시간과 공간을 제공할 수 있겠는가? 이러한 상황에서는 그렇게 하는 것이 필수적이지 않을 수 있다. 연령에 따라 서로 다른 각자의 방식대로 가족끼리 더 잘 지냈으면 좋겠다는 소망을 이야기했다고 상상해 보자. 그러면 상담자는 우선 첫 번째 가족 구성원에게 "가족이 더 잘 지내기 위한 방법 중 당신이 알고 있는 두 가지 방법을 이야기해 주세요."라고 물어볼 수 있다. 그리고 그다음 사람에게도 같은 질문을 반복할 수 있다. 이렇게 개개인을 차례로 탐색하면서 가족 구성원들이 바라는 가족의 모습을 여러 사람의 관점을 고려하여 풍부하고 상세하게 그려 내게 된다. 모든 사람이 모든 것에 동의하지는 않겠지만, 그들의 관점 사이에는 언제나 겹치는 부분이 상당히 많을 것이다.

가족 구성원 중 한 명이 희생양이 되어 문제를 일으켰다는 비난을 받고 있는 경우에는 어떻게 해야 하는가

SFBT 상담의 실패 예측 요인 중 유일하게 연구로 밝혀진 요인은 바로 내담자와 다투는 것이다(Beyebach & Carranza, 1997). 따라서 한 내담자가 다른 누군가가 변화해야 한다고 지목한다면, 이전 장에서 언급한 바와 같이 소망하는 미래를 상호작용을 통해 그려 낼 수 있도록 질문하는 것이 유용할 것이다. 이는 그 내담자의 긍정적인 의도를 탐색한다는 점에서 도움이 된다. "아들의 미래에 대해서 정말 걱정이 많으신 것처럼 들리네요. 당신이 그렇게 걱정하지 않을 수 있게 아들의 상황이 나아지게 된다면, 당신은 그것을 어떻게 알 수 있을까요?" "그리고 아들이 다르게 반응하고 있다고 할 때, 그 아이는 당신에게서 무엇이 달라졌음을 알게 될까요?" 부모의 심리적 고통을 수용하고 인정해 주는 것과 건설적인 틀을 제공하는 것은 여러 가능성을 열어 줄 수 있다.

74

가족상담에서의 척도

'우리 가족은 다 괜찮아질 거야.'는 가장 흔한 '가족' 척도이다. 불가피하게도, 가족 구성원들은 다르게 평가할 것이고 상담자는 누가 옳은지 논의하는 것을 회피하려고 할 것이다. 대신 각 구성원에게 그렇게 높은 점수를 준 이유 혹은 낮은 점수를 주기 망설인 이유를 물을 것이다. 가족과 함께 작업할 때 사용할 수 있는 유용한 팁은 모든 '점수'를 다 더하고(혹은 아이에게 더하도록 시키고) 평균을 내는 방법이다. "그러니까 평균적으로 여러분은 4점에 있네요. 대체적으로 무엇이 각자에게 그렇게 높은 점수를 주게 했나요?"

또 다른 문제는 부모가 아이를 '치료'하기 위해 데려왔을 때와 관련된다. 부모에게 있어 아이는 그들 문제의 원인이기에 "(종종 아이가 말하는 점수보다 낮게) 그 애는 2점이에요."와 같이 척도를 아이를 평가하는 데 사용하는 경향이 있다. 달리 방도가 없을 수도 있지만, 가능하다면 상담자는 가족이 소망하는 미래를 구상할 때 단순히 아이만이 아니라 모든 사람을 포함하는 '10점'을 목표로 해야 한

다. 예를 들어, 학교에서의 아동의 문제행동을 다루는 과정에서 부
모에게는 '10점'이 아동의 바람직한 행동을 가리키는 것이지만, 이
'10점'은 아동의 바람직한 행동이 가족의 삶에 미치는 영향을 포함
해야 한다. '10점'은 학교에서의 아동의 바람직한 행동 상태뿐만 아
니라 그에 대한 부모의 높은 만족도를 표시하는 것이다. 목표는 '해
결책'에 부모를 포함시키도록 노력하는 것이다. 동일한 방식으로,
척도 점수를 올리는 방법에 대하여 자녀가 이런저런 행동을 하는
것이라고 부모가 대답할 때 상담자는 다음과 같이 질문할 수 있다.
"그렇다면 변화를 위하여 당신은 무엇을 할 수 있을까요?"

75

커플상담

커플상담(couples work)은 가족상담과 비슷한 문제를 이야기하며, 치료적 대화를 관리하는 방법은 다양하다. 가장 간단한 방법은 다른 파트너가 있는 경우(다른 파트너의 출석은 효과적인 결과를 위해 필수적인 것은 아니다), 그것을 2개의 분리되었지만 서로 연결된 회기로 처리하는 것이다. 다음 예시에서 피트와 댄은 이별에 가까워졌지만, 그럼에도 함께 지낼 수 있길 원한다. 각자 '이 상담에서 바라는 최선의 소망은 무엇인가?'라는 질문을 받았고, 두 사람 모두 다른 사람이 바뀌기를 바라는 소망을 표현했다. 늘 그렇듯이 이러한 변화는 '우리는 예전처럼 계속 나아갈 수 있을 것이다.'라는 점에서 동일하다. 이것은 피트, 댄 그리고 상담자에게 공통된 목적을 준다. 다음 발췌된 대화에서 피트는 댄의 행동에 대해 불평해 왔다.

상담자: 그럼 만약에 그가 덜 이기적이고, 당신을 당연하게 여기지 않고, 더 많이 배려해 준다면 당신의 삶에는 꽤 커다란 변화가 일어나겠군요.

피트: 그럼요.

상담자: 그럼 만약에 그가 그렇게 바뀌었을 때 그는 당신이 기쁘다는 것을 어떻게 알까요? 당신은 어떻게 다르게 반응할 건가요?

피트: 음. 그가 그렇게 한다면 저는 확실히 상상은 안 가지만 화를 덜 낼 것 같아요.

상담자: 그럼 대신에 어떻게 될까요?

피트: 더 기쁘겠죠. 그의 하루를 물어보고 기쁜 마음으로 요리를 할 거예요.

상담자: 그리고 만약 당신이 기쁘다면 그도 기쁠 거라고 생각하세요?

피트: 그럼요. 그는 항상 저를 심술궂은 놈이라고 불러요.

상담자: 그렇다면 만일 그가 '심술궂은 놈' 대신 기쁜 당신을 본다면 당신에게 어떻게 다르게 반응할까요?

피트: 오, 그는 아마 더 많이 말할 거예요. 그는 내가 항상 그의 말을 막기 때문에 나와 말할 가치가 없다고 말해요.

상담자: 그리고 당신은 그가 말하는 것을 더 듣고 싶나요?

피트: 네. 전 항상 그에게 아무 말도 하지 않는다고 말하고 있어요.

상담자: 만약 그가 더 말을 한다면 당신은 어떻게 대답하겠습니까?

피트: 아마 제가 별로 좋아하지 않는 것 중에 그가 좋아하는 것 몇 가지를 할 것 같아요.

상담자: 예를 들면요?

피트: 앉아서 그와 축구경기를 볼 거예요.

상담자: 당신은 어때요, 댄? 피트와 당신이 소망하는 바가 실현되고 있다는 첫 번째 신호는 무엇일까요?

댄: 그가 더 이상 화를 많이 내지 않는 거요.

상담자: 만약 밤에 변화가 생긴다면 내일 아침에 알 수 있는 첫 번째 신호는 무엇일까요?

댄: 제가 길게 샤워를 하고 있어도 소리를 지르지 않을 거예요.

상담자: 대신에 그는 무엇을 할까요?

댄: 정중히 말해 주면 좋을 것 같아요.

상담자: 그럼 어떻게 반응할까요?

댄: 놀랄 것 같아요.

상담자: 그리고?

댄: 그리고 저는 넘어가겠죠.

상담자: 그게 피트에게는 무엇이 다른가요?

댄: 아마 뜨거운 물이 남아 있을 거예요.

상담자: 그렇게 하루를 시작한다면 당신의 생각과 당신들의 관계에 어떤 차이점을 만들 수 있을까요?

댄: 매우 큰 차이요. 우리 관계를 지키기 위해 싸울 가치가 있다고 생각하기 시작하겠죠.

상담자: 그렇다면 당신이 관계를 지키기 위해 싸울 가치가 있다고 생각하는 것을 피트는 어떻게 알 수 있을까요?

대화의 간단한 구조는 명확하다. 상담자는 잠시 후 '원인'과 '결과'를 '닭과 달걀' 방식으로 흐리게 하여 변화의 그림을 배열한다. 과정에서 누가 시작했는가에 대한 질문은 잊어버리게 되며, 대신에 확실해지는 중요한 것은 커플의 구성원이 '다르게 행동하기' 시작한다는 것이다.

76

학교 장면에서

해결중심 원리를 적용하는 초등학교 교사는 자기 반 학급에서 학생들이 원하는 종류의 수업이 무엇인지 그리고 어떻게 그들이 학급에서의 최선의 상태를 알게 될지 물어본다. 또한 교사는 학생들에게 플립차트(flipchart) 종이에 그들의 생각을 적어 보고 벽에 붙여 보라고 요청할 수 있다. 이를 통해 교사는 학급이 해당 학기 동안의 목표를 세우는 데 도움을 받을 수 있다.

다른 교사는 학기 초에 각 학생에게 1~10점의 행복 척도로 스스로 점수를 매겨 보게 한다. 교사는 이것을 객관적인 척도가 아니라 차이점을 기록하는 수단으로 사용한다. 한 학생이 일반적인 점수에서 갑자기 낮은 점수를 매겼다면 좀 더 집중적인 주목을 받게 될 것이다. 예를 들어, 담임 선생님의 조 · 종례와 같은 의식(ritual)도 학습에 있어서 핵심 요소인 학생들의 정서 인식을 높인다.

9학년 담당 교사는 8명의 학생으로 구성된 집단을 관리한다. 이들은 잠재력 측면에서 교사가 가장 관심을 보인 학생이고, 매주 회의를 열어서 학교에서 성취하고자 하는 바와 그들이 발전하고 싶은 바를 계획한다. 그들은 진전도를 기록하는 척도를 사용하여 그들이 나아가고 있는 바를 확인한다.

학교의 문제를 다루기 위해 새로 임명된 학교장은 처음 직원을 만나서 그들의 당혹스러움을 이해한 후에 그들에게 학교에서 일할 때의 좋은 점을 모두 말하도록 요청하기 시작한다. 모든 교사가 긴장을 풀기 시작했고, 상당히 긴 목록을 만들었다(Martin Brown, 사적 대화).

담임 교사는 또한 오전 정기 종례 때 가볍게 칭찬하는 모임(positive gossip forum)을 개최함으로써 교사들이 학생들이나 서로에 관해 인식했던 건설적인 것들을 공유할 수 있다(Donna Jones, 사적 대화).

또 다른 교장은 초등학생용 척도를 개발했다. 이 척도는 학생이 가장 좋아하는 음식과 그렇지 않은 음식이 기반이 된다. 한 학생이 교장에게 "나는 오늘 갈릭 빵입니다. 교장 선생님!"라고 하거나 또는 크게 웃으며 "오늘은 피자예요."라고 말할 때 아무도 일말의 단서를 알아채지 못한다.

한 교육심리학자는 더욱 건설적인 회의를 하도록 돕기 위해 해결중심적인 방안을 활용한다. 예를 들어, 다음과 같은 말로 회의를 시작한다.

자, 우리는 짐의 발전 방안을 찾기 위해 지금 여기 모였습니다. ……
우리 모두 기초배경 보고서(background report)를 읽었기 때문에 그가 어떤 사건을 거쳐 오늘날의 상황에 이르게 되었는지 이해했을 것입니다. 그렇다면 우리는 보고서가 작성된 이후에 그의 변화된 면모를 발견하는 것부터 시작해 볼까요?

(Harker, 2001: 35)

또 다른 교육심리학자들은 해결중심적 방안의 가치를 교사들과
의 건설적인 작업에서 찾는다. "해결중심적 사고의 가정을 활용하
는 것은 우리로 하여금 자원, 목표 그리고 예외 상황에 관한 대화를
하도록 이끈다. 변화할 수 있다는 생각은 상상하기와 실험하기를
통해서 촉진된다."(Wagner & Gillies, 2001: 153)

앞의 내용들은 교사들이 해결중심적 접근을 활용하게 하는 다양
한 방식 중 일부이다. 더불어 학교 장면에서의 해결중심적 작업에
관한 풍부한 읽기 자료가 있다. 그것은 괴롭힘 방지(Young, 2009),
협의(Wagner & Gillies, 2001), 읽기(Rhodes & Ajmal, 1995), 해결중심
적 학교와 교수(Metcalf, 2003; Mahlberg & Sjoblom, 2004; Kelly et al.,
2008), 또래상담(Hillel & Smith, 2001) 그리고 상담(Metcalf, 2009) 등
을 포함한다.

77

학교: 개인상담

부산한 학교 환경에서 개인 상담이나 코칭은 학생들에게 침착하게 자기를 돌아볼 수 있는 귀중한 시간을 제공한다. SFBT는 학생들이 필요로 하는 것보다 더 참여해야 한다는 부담을 느낄 필요가 없다는 점에서 시간제한적인 개입의 요구와 일치하는 접근이다. 우리는 한 회기당 30분이 충분한 시간이라는 것과, 대다수의 학생은 그 경험에 만족하며 추수 회기로 돌아오기를 원한다는 것을 발견했다. 교직원들도 적절하게 참여할 수 있으며, 집단 회기 또한 진행될 수 있다(79장 참조).

시작에 앞서 학생들은 비밀보장의 한계에 대해 설명을 들어야 한다. 한 학생이 자신의 어머니가 몽둥이로 자신을 두들겨 팼다는 사실을 밝혔을 때, 그는 코치가 그 사실을 전달해야 한다는 것을 상기받았다. 그 학생은 화가 나서 그것은 사적인 일이고, 어쨌든 그 벌이 아프지 않았다고 주장했다. 그 학생은 결국 코치뿐만 아니라 다른 교직원도 만나기로 동의했다.

최선의 소망에 대해 질문을 받을 때 학생들의 첫 반응은 보통 '잘 모르겠다'이다. 만약 학생이 그러한 태도를 유지한다면, 의뢰인이 원할 만한 것을 물어보는 것이 대화를 시작하게 할 수 있다. 그러고 난 뒤에는 의뢰인이 원하는 것과 학생이 원하는 것 간의 관련을 찾는 것이 중요하다.

하미드는 회기 중에 그의 소망에 대해 질문을 받았을 때 '잘 모르겠다'고 무수히 대답했다. 의뢰인의 소망이 무엇일 것 같으냐는 질문을 받았을 때에도 상담자가 놀란 목소리로 다음과 같이 질문하기 전까지 계속해서 '잘 모르겠다'고 이야기했다.

> 상담자: 그래서 너의 담임 선생님은 어떤 변화도 원치 않으시는 거니?
>
> 하미드: 그렇게 생각하진 않지만, 뭐 어쩌면요.
>
> 상담자: 그럼 만약 선생님이 변화를 원한다면 어떤 변화를 기대하실 것 같으니?
>
> 하미드: 잘 모르겠어요.
>
> 상담자: 변화가 있다면 선생님이 어느 장소에서 변화를 목격하실까? 교실일까? 복도일까? 아니면 운동장일까?
>
> 하미드: 복도요.
>
> 상담자: 선생님이 너의 어떤 달라진 행동을 목격하실 수 있을까?
>
> 하미드: 뛰어다니지 않는 거요.
>
> 상담자: 그럼 너는 뛰어다니지 않는 대신 무얼 하고 있을 것 같으니?
>
> 하미드: 이야기요. 친구들과 이야기하면서 걷고 있을 거예요.

이어서 하미드는 친구들과 더 나은 관계를 맺는 것과 문제의 악화에서 벗어나는 것에 대해 이야기했다. 시작은 학교가 바라는 결과였음에도 불구하고 이것들은 그가 이루길 원하는 결과들이었다. 결국 성공적인 학교상담의 일반적인 모습과 마찬가지로 학생과 학교 모두가 수혜자가 되었다.

학생들은 종종 다른 사람들이 바뀌어야 하고, 다른 사람들이 자신이 원하는 것에 동의해야 한다고 이야기한다. 학생이 그들이 원할 때는 언제든지 교실을 돌아다닐 수 있는 권리나 밤새 깨어 있을 수 있는 권리를 요구한다고 할지라도, 이것이 일어날 가능성이 얼마나 되는지에 대해 이야기를 시작하는 것은 최대한 피해야 한다. 학생들은 규칙을 알고 있기 때문에 그것을 다시 상기시킴으로써 그들을 짜증나게 할 필요는 없다. 그 대신 그들이 원한다고 말하는 것을 수용하고 그 결과에 대해 살펴보아야 한다. 예를 들어, 14세 아이가 자신의 모든 문제에 대해 선생님을 비난했을 때, 코치는 다음과 같이 질문했다.

코치: 그들이 바뀐다면 너한테 어떤 변화가 생길 것 같니?

재스민: 저는 방과 후에 남아 있으라는 벌을 받지 않겠죠.

코치: 그게 너한테 어떤 차이를 만들 것 같으니?

재스민: 제가 문제에 휘말리지 않겠죠.

코치: 그럼 그게 너한테 어떤 차이를 만들 것 같으니?

재스민: 제가 수업을 잘 따라갈 수 있겠죠.

코치: 그럼 네가 수업을 잘 따라갈 수 있다면, 그게 너한테 어떻게 좋을 것 같으니?

재스민: 그건 절 행복하게 만들 거예요.

코치: 그럼 우리의 작업이 네가 수업을 잘 따라갈 수 있게 하고, 널 행복하게 만드는 데 도움이 된다면 우리가 여기서 성공적으로 했다는 걸 의미

하는 걸까?

재스민: 네.

코치: 만약에 그런 일이 일어난다면 엄마나 아빠한테는 어떤 차이를 만들까?

변화가 시작되는 지점의 차이와 무관하게(학교가 변하는지 혹은 재스민이 변하는지) 상호작용이 지속되며, 변화를 향한 재스민의 동기는 커졌다. 또한 이후 그녀는 그녀에 대한 선생님의 행동 변화를 보고했다.

학교: '효과적인 개입(WOWW) 프로젝트에 집중하기'

"8C에 대하여 우리는 무엇을 할 것인가?"

WOWW는 인수 킴 버그가 리(Lee), 매기 실츠(Maggie Shilts)와 함께 교실의 개입과 관련하여 개발한 프로젝트인 '효과적인 개입에 집중하기(Working On What Works)'의 약자이다(Berg & Shilts, 2005; Shilts, 2008). 참관인(또는 '코치')은 수업 중 모든 '개입(work)'을 기록하고 다시 보고한다. 관찰자는 교사가 아닌 교직원일 수도 있지만 교사가 서로를 관찰하는 것도 가능하다. 이는 점검이 목적이 아니며, 참여하는 교사들은 자원자이다.

WOWW 참관인은 수업(예: 오전 지도 집단)에 소개되며, 학생들은 특정 수업이 관찰될 수 있는 특별 프로젝트를 위해 선출되었다고 안내받는다. 이 프로젝트의 영향력은 소개자를 포함하여 학생들에게 얼마만큼 '특별함을 느끼는지'에 의해 강화된다. 이 과정은 교직원 중 선임자가 이끄는 것이 더 바람직할 것이다.

첫 수업에서 관찰자는 수업 전체에 걸쳐 메모를 할 것이며, 마지막 5분 동안 그들이 무엇을 썼는지 말할 것이라고 설명할 것이다. 이 피드백은 매우 진실해야 한다. 수업이 진행되는 동안 교실을 돌아다니며 학생에게 긍정적인 행동이 발견되면 그 학생의 이름을 물어보는 것이 도움이 될 수 있다. 마지막에 피드백이 제공될 때 자신들의 이름이 언급되면 학생들은 기뻐할 것이다. 피드백은 학생들에게 제공되지만, 교사의 교수법이 아닌 수업에 관한 것이기 때문에 일부 교사는 관찰자가 자신의 교수법에서 좋았던 점을 언급하는 것에 대해 감사할 수도 있으며, 이는 교사에게 수업 전 또는 후에 개인적으로 이야기할 수 있다.

관찰은 7회가량 계속되며, 한 주에 2회 관찰하는 것도 가능하다. 우리는 프로젝트에서 관찰의 횟수를 4회로 제한했지만, 한 교사는 대략 10회의 관찰이 바람직하다고 생각한다고 말했다.

관련 직원과의 회의는 관찰 시작 전, 중간 단계 및 관찰 기간이 끝날 때 즈음 열리며, 일반적으로 측정 도구를 사용하고 관찰이 수업 성과에 어떤 영향을 미치게 되는지에 대한 평가를 목적으로 한다. 이 회의는 모든 직원이 참석할 수 있을 때 특히 중요한데(한 교사는 이 회의가 효과적인 것에만 집중하도록 상기시켜 주기 때문에 프로젝트의 가장 중요한 부분이라고 설명했다), 특정 학급에 대한 부정적인 지적으로 끝날 수 있는 회의에서 그 학급에 대한 건설적인 대화를 끌어내기 때문에 매우 중요하다.

학생들이 하고 있는 발전적인 작업에 대하여 듣는 자리에서 학생과 교직원의 피드백은 학생들에게 이득이 있음을 보여 주었다. 8세 소년의 말을 인용하면 다음과 같다.

우리에게 우리가 무엇을 잘했는지 말해 주는 것은 "네가 많은 것을 성취했구나."라고 하는 성취와 같아요. 사람들은 더 많은 칭찬을 받기 위해 계속 노력할 거예요. 그리고 더 많은 칭찬을 받고 칭찬하는 전화가 집에 더 많이 걸려 오면 부모님들은 기뻐하실 거예요. 부모님들이 기뻐하시면 아이들도 기뻐하고, 사실 학교 안팎으로 많이 좋아졌어요.

학급에는 더 큰 소속감(group feelings)과 동료에 대한 책임감이 존재한다. 물론 이 과정이 전부 달콤하고 밝은 것은 아니다. 관찰자는 모든 것이 잘못되어 가는 것처럼 보여도 무엇이 효과가 있는지를 알아차리는 것의 중요성을 기억해야 한다. 이와 같은 엄청난 실패 후에 학급에 긍정적인 행동을 몇 개나 확인할 수 있었는지 학생들에게 물어본 적이 있다. 누군가는 전혀 없었다고 말했고, 최대한 기대할 수 있는 것은 3개라고 했다. 관찰자는 8개의 긍정적인 행동을 적었고, 그것을 학생들에게 읽어 주자 학생들은 모두 놀라움을 감추지 못했다.

* 감사의 말: 함께 프로젝트를 진행한 야스민 아즈말과 사우스 캠던 커뮤니티 학교(South Camden Community School)의 교직원 및 학생들에게 감사의 말을 전합니다.

79
집단상담

해결중심 집단상담(solution focused groupwork)과 관련된 연구는 증가하고 있는 추세이다. 메트칼프(Metcalf, 1998), 리와 동료들(Lee et al., 2003), 셰리(Sharry, 2007)의 연구는 이 주제의 대표적인 선행연구라고 할 수 있다.

해결중심접근은 운영하기 어려운 집단에조차 효과적인 구조를 제공한다. 집단상담은 해결중심접근에서 특히 흥미로운데, 문제를 제외하고 공통점이라고는 거의 없는 사람들을 모아 놓기 때문이다. 내담자들은 대체로 자신과 비슷한 문제를 지닌 사람들의 경험을 궁금해하기 때문에 집단이 자신의 문제와 관련된 경험들을 공유하는 장소가 될 가능성이 높다. 따라서 해결중심 상담자들이 대화를 '소망하는 결과(hoped-for outcomes)'로 유도하는 효과적인 방법들을 개발해야 한다는 것은 놀라운 일이 아니다.

일반적인 해결중심 질문들은 단도직입적으로 사용된다. 첫 번째 회기에서는 모든 집단 구성원에게 집단 참여 목표 및 소망에 대해 묻는다. 그리고 각 참여자는 자신이 소망하는 미래의 모습을 묘사하도록 초대받고, 이어서 그들의 진척을 척도로 표현하게 된다. 집단의 크기가 작을 경우에는 다 함께 이 작업을 진행하며, 집단 구성원이 많을 경우에는 소집단으로 나누어 작업을 진행한다. 이어지는 회기에서는 집단 구성원들의 진전을 탐색('무엇이 나아졌나요?')하며 발전을 척도화하고, 대처질문을 통해 그들의 방해물을 확인한다.

집단상담과 다른 해결중심 대화의 가장 큰 차이는 집단 구성원 사이에서 일어나는 것에 대한 관심이다. 개인 혹은 가족 상담에서는 각각의 내담자들이 상담자의 질문에 답을 한다. 질문은 치료적인 내용을 담고 있고, 상담이 끝난 후에 가족 구성원들은 각자의 방식에 따라 자신이 상담에서 이야기한 내용을 소화할 것이다. 반면에 집단상담에서는 집단 내에서 이러한 과정이 일어나며, 치료적인 내용의 일부는 그들이 서로에게 말하는 것에 담겨 있다. 즉, 짐을 나누면 반이 된다는 것이 일반적인 믿음이다. 집단상담의 만트라는 성공을 나누면 성공이 3배로 커진다는 것이다. 표현의 자유를 막지 않고 어려움을 무시하지 않은 채 소망과 성취로 대화를 이끌어 나가는 것은 해결중심 집단상담자의 과제이다. 집단 구성원들이 성과중심 대화의 가치를 경험하게 되면, 그들 스스로 상담자처럼 '문제중심 대화'를 제한하게 될 것이다.

(다른 여느 모임과 마찬가지로) 어떤 의식(ritual)은 도움이 된다. 예를 들어, "지난주에 했던 것 중에 날 기쁘게 한 것들을 돌아가며 하나씩 말해 볼까요?" 또는 "이렇게 두 번 더 반복할게요."와 같은 절차가 있을 수 있다. 이것에 익숙해지면 집단 구성원들은 서로에게 질문을 던지고 싶어 할 것이며, 대화가 이룬 것들에 초점을 맞추게 되면서 상담자는 뒤로 물러설 수 있게 될 것이다.

척도는 또 다른 구조를 제공한다. 어떤 집단에서는 모두가 각자의 고유한 척도를 지닐 수 있으며, 이를 활용하여 현재 그들이 어디에 서 있고, 어떻게 더 낮은 데 위치하지 않을 수 있었는가에 대한 질문을 받을 것이다. 이런 질문 또한 몇 번 반복함으로써 집단 구성원들에게 익숙하게 하고, 더 '자유로운' 대화가 이루어질 수 있도록 촉진할 수 있다.

그리고 집단상담자는 언제나 집단 구성원들이 경험하고 있는 엄청난 어려움을 유념하고 있어야 하며, 그 어려움을 지속적으로 인정해 주어야 한다. 구조화된 '장애물' 라운드는 집단 구성원들이 집단 과정 중에 일어날 것이라 예상하는 문제에 대해 표현하도록 함으로써 건설적인 대화로 나아가는 강력한 방법이 될 수 있다. 문제를 충분히 인식한 상태에서 집단 구성원은 효과적이고 안전한 자신의 대처 전략에 대해 이야기해 볼 수 있으며, 문제의 영향이 있었음에도 불구하고 계속해 온 건설적인 것들에 대해 이야기할 수 있고, 그들이 위기에서 벗어났다는 첫 번째 신호로서 무엇인가에 대해 이야기해 볼 수 있다. 이어지는 대화는 상담자의 많은 개입이 없이도 나아갈 수 있을 것이다.

공동 치료자의 존재는 집단상담을 효과적으로 만든다. 집단 구성원이 자기비판적이거나 고착 상태에 빠졌을 때, 다른 집단 구성원들은 격려하거나 제안할 수 있다. 물론 이러한 코멘트가 늘 환영받는 것은 아니며, 서로 조언을 하기보다는 서로 질문할 수 있도록 안내하는 것이 필요하다. 또한 우리는 집단 구성원들이 서로 칭찬할 수 있도록 격려해야 할 것이다.

성인을 위한 상담

PART

14

BRIEF 단기치료는 대부분 성인을 대상으로 진행되었으며, 많은 사례가 이 책에 소개되었다. 이 파트에서는 상담에 제대로 의뢰되지 않는 특수 집단에 초점을 맞추고자 한다. 이 장에 묘사된 내담자들은 언제나 성공적으로 상담이 진행된 것은 아니지만 우리에게 영감을 주었다. 이들이야말로 우리로 하여금 부단하게 작업을 하도록 알려 준 사람들이다. 영감을 제공한 내담자들에 대한 더 많은 정보는 Iveson(2001)을 참고하기 바란다.

80

노숙자

우리가 SFBT로 첫 실험을 시작했을 때, 우리는 한계에 이를 때까지 테스트하고 싶었다. 우리는 동료들에게 보통 치료 대상으로 생각되지 않을 수도 있는 내담자들을 추천해 달라고 부탁했고, 몇몇 동료의 추천은 모험적이었다.

학습장애가 있는 사람들, '만성 정신질환' 그리고 알츠하이머 환자들이 앞으로 등장하게 될 사람들이다. 우리가 좋은 결과를 얻을 수 있었다는 사실은 당연한 일이었다. 일단 관심이 '문제해결'에서 웰빙과 삶의 질을 향상시키는 것으로 바뀌면 누구나 도움을 받을 수 있다. 그들의 삶에서 변화를 원하는 내담자들은 누구나, 심지어 전문가들의 개입을 통해 평화를 얻고 싶은 내담자들조차도 이론적으로는 더 나은 것을 향한 변화를 만드는 데 도움을 받을 수 있다.

한계에 대한 이러한 강력한 테스트는 BRIEF의 작업의 계속된 주제였으며, 그 결과 어떤 잠재적 고객도 그들의 호소 문제로 인해 거절되지 않을 것이다. 이 장과 다음에 나오는 5개 장에서는 이러한 개입에 관하여 설명할 것이다.

지미는 알코올 중독에 빠진 노숙자들을 돕는 자선단체에서 의뢰되었다. 그는 매우 취해 있었고 매우 화가 난 상태로 첫 상담에 왔다. 그는 대부분의 시간 동안 감옥과 정신병원에서의 오랜 기간을 포함하여 일생 동안 그가 겪었던 부당한 일들에 대해 큰 소리로 떠들어 댔다. 안전이 문제가 되지 않는 한 해결중심 상담자는 상담 과정에 도움이 되지 않는 행동을 정중하게 무시하고, 도움이 되는 반응을 이끌어 낼 만한 가능성이 있는 질문들을 고수하기 위해 최선을 다할 것이다. 결국 지미는 자신이 바라는 것은 자신의 아파트를 갖는 것이라고 말했는데, 이는 그런 소망의 쓸모없음에 대한 불평으로 이어졌다. 지미가 "내일 아침에 일어났을 때 당신의 삶이 아파트를 얻게 되는 방향으로 움직이기 시작한다고 상상해 봅시다. 당신이 가장 먼저 알아차리게 된 달라진 점은 무엇인가요?"라는 질문에 마침내 처음으로 대답을 한 것은 술기운 가득한 불평을 몇 번이나 더 한 후였다. 상담자의 질문에 대해 10분 이상 일관성 있는 반응을 주지는 않았지만, 종합해 보면 그들은 지미가 문 앞에서 정신을 차리고, 어디에서 술을 마실지 생각하는 대신에 어디에서 차를 마실지 생각하는 것을 묘사했다. 이러한 일은 아마도 그가 알고 있는 동정심 많은 카페 주인으로부터 시작됐을 것이다. 주인은 (다른 손님들이 기분이 상하지 않도록) 그를 먼저 발견했을 것이고, 정중하게 대했을 것이다.

한 달 후의 두 번째 회기에서 지미는 더욱 술에 취해 화를 냈다. 그는 주택조합에서 쉼터 한 자리는 제공받았지만, 지원금까지 받는 것은 거절당했다. 5분이 채 안 되는 시간 동안 술 취한 지미의 불만 가득한 고함은 계속 이어졌다. 그러나 "주택사무국 직원이 대체 어떤 사람을 만났길래 당신에게 그런 희소한 자원을 제공했나요?"라는 질문과 "이 전문가가 똑같은 것을 필요로 하는 수십 명의 남성과 여성 중 그 어떤 누구보다 지미를 선택하게 만든 것은 무엇인가요?"라는 질문에 대해서는, 술에 취하지 않은 상태로 인터뷰에 참석하고 깨끗한 옷을 입었기 때문이라고 분명하게 말했다. 그가 어떻게 이렇게 할 수 있었을까? 3개월 후 의뢰인은 지미가 지원금을 받는 것은 포기하고 거주할 곳을 제공받는 것만으로 만족했다고 보고했다. 그리고 비록 이른 감이 있긴 하지만, 모든 징후는 그가 책임감 있는 세입자가 될 것이라고도 했다.

여기서의 메시지는 당신이 시도하기도 전에 내담자를 포기하지 말라는 것이다.

알츠하이머병

루스는 지역 직업 상담자의 조언에 따라 어머니 마사를 상담에 데려갔다. 루스는 처음에 알츠하이머(Alzheimer's)를 앓는 어머니의 요구를 더 이상 견디기 어려워 요양시설(residential care)을 요청했다. 마사는 한때 지역의 저명한 일원이었고, 그녀가 세우고 관리했던 상담센터(advice centre)에 대해 일관성 있게 말했다. 루스는 어머니에게 부족한 것은 단기 기억력이라고 말했다. 하지만 마사는 그녀에게 가능한 모든 기억을 되돌려 준다는 '기적질문'을 들었을 때, 그녀와 그녀의 딸이 다음 날 계획하고 있는 모든 것(그들은 크리스마스 쇼핑을 하기로 했다)을 묘사할 수 있었다. 루스는 깜짝 놀랐다. 루스가 스트레스를 어떻게 극복했는가, 마사가 어떻게 자신을 안전하게 지킬 수 있었는가, 그들이 어떻게 여전히 함께 좋은 시간을 보낼 수 있었는가 그리고 그들이 항상 친밀하고 서로 사랑하는 관계를 맺었는가 하는 다른 문제들도 논의되었다. 루스는 어머니의 기억력이 향상되었는지는 확신할 수 없지만 더 이상 문제가 되지 않는 것 같다며 두 번째 회기를 취소했다. 5년 후 그 상담자는 마사가 주요 고객이었던 상담센터의 기념일 축하 행사에 초대되었다. 루스는 그녀의 어머니가 다음 날 그 일을 기억하지 못할 것이라고 말했지만, 알츠하이머의 기미는 보이지 않았다. 마사는 그 순간에서 살고 즐길 수 있는 방법을 찾았고, 루스는 어머니를 돌보는 일을 스트레스보다는 기쁨의 원천으로 여겨 왔다.

아일린도 절박한 딸이 데려온 경우였다. 몸집이 크고 보통 때는 상냥한 아일린은 갑자기 폭력성을 폭발시키곤 했다. 그녀는 이미 일일 요양센터 자리를 잃었고, 만약 또 다른 곳에서도 그녀를 받아주지 않는다면 그녀의 딸은 일을 포기해야 할 것이다. 아일린은 상담자를 오랫동안 사랑했던 가족의 친구로 대하거나 갑자기 한바탕 자고 나서는 상담자를 이겨야 하는 원수로 대하며 시간을 보냈다. 아일린에게 질문이 가능할 때 상담자는 아일린의 좋은 유머 감각, 체력, 가족의 친밀함에 대해 물었고, 아일린이 잠을 자는 동안에는 그녀의 딸에게 이 상황에 어떻게 대처하고, 이 상담이 유용하다는 것을 알려면 그녀의 어머니에게서 어떤 차이점을 보기를 소망하는지 물었다. 종종 복잡하고 알 수 없는 상황에서 많은 해결중심상담이 그런 것처럼, 상담에서 '교과서'로 인식할 수 있는 것은 거의 없었다. 외부인에게 그리고 어쩌면 딸에게도 그것은 사교적인 대화처럼 들렸을 것이다. 그럼에도 불구하고 상담자는 소망했던 결과와 그것을 뒷받침하는 현재와 과거의 상황을 유념하고 있었다. 그 회기는 결정적이지 않은 회기로 드러났지만, 2년 후에 상담자는 아일린이 더 이상 폭력적인 폭발을 경험하지 않았다는 피드백을 받았다.

앞서 설명한 사례는 둘 다 절망적인 사례였고, 알츠하이머병과

관련된 결손을 메우기 위한 노력으로서 상당한 소모로 이어질 수
있었던 사례였다. 두 사례 모두에서 가족들은 더 이상의 도움 없이
행복하게 지낼 수 있었다.

82

학습장애

아이들과 마찬가지로 상담자의 언어는 학습장애가 있는 내
담자들에게 적합해야 한다(이 분야에 대한 자세한 내용은 Bliss &
Edmonds, 2008 참조). 상담자들은 표현력을 중요시하는 경향이 있
는데, 그들이 하고 있는 것은 그들 자신의 표현방식만 인정하고 사
용하는 것이다. 내담자들이 다른 표현력이나 다른 언어의 형태를
갖고 있는 것으로 보고, 각각의 언어에 가능한 한 가깝게 말하도록
노력하는 것이 아마 더 유용할 것이다. 이것은 특히 상담자가 내담
자의 이해방식에 익숙하지 않을 때 힘든 일이 될 수 있지만, 인내심
있게 시행착오를 겪다 보면 방법을 알게 될 것이다.

학습장애가 있는 사람들과 의사소통하기 위한 대략적인 지침은
미래지향적인 질문에 대한 그들의 반응을 절실히 의식하는 것이
다. 추상적인 개념은 일부 내담자에게 어려울 수 있다. 이는 추상
적인 개념을 사용하는 시도를 해서는 안 된다는 것을 의미하지 않
는다. 우리는 내담자들에게 한계가 있다고 가정해서는 안 된다. 그

렇지 않으면 우리는 그들에게 우리 자신의 생각을 강요하게 된다. 어린아이들과 마찬가지로 "이 상담에서 네가 바라는 최선의 소망은 무엇이니?"라고 질문하는 것은 어떤 사람들에게는 너무 추상적이다. 그들이 갖고 있는 불만에서부터 시작하는 것처럼 보다 구체적인 상담 계약으로 이끄는 방법을 찾아야 한다. 대부분 다른 사람들에 의해 인식되는 중요한 어려움들이 내담자를 치료로 이끌었을 가능성이 매우 높다. 또한 이러한 어려움에 처한 것이 내담자에게 행복한 상태가 아닐 가능성이 있다. 다시 한번, '더 행복해지는 것'과 같은 간단한 성과를 설정하는 것은 상담자의 좋은 의도를 보여준다.

다운증후군이 있는 50세 여성 마거릿의 경우는 '더 행복해지는 것'조차 동의할 수 없었다. 마거릿은 처음에는 '백치'로, 다음에는 '저능한 사람'으로, 나중에는 '학습장애'로 대부분의 삶을 큰 병원에서 살아왔다. 그 병원은 없어졌고, 마거릿은 지원을 받아 폐허가 된 단지에 있는 셋방에 새 집을 구했다. 그녀는 행복하지 않았다. 그녀는 그녀와 마찬가지로 병원에서 나와 그 단지에 집을 구한 다른 거주자들과 싸웠고, 전문가들과 협력하기를 거부했으며, 그 집에서 자주 공격받았다. 단기치료 의뢰는 마거릿에게 클리닉에 가는 방법을 가르쳐 준 지역사회 간호사의 커다란 믿음에서 나온 행동이었다. 그녀는 가방을 들고 와서 차 한 잔을 손에 들고 있을 때까지 아무 말도 하지 않았다. 차 한 잔을 다 마셨을 때 그녀는 떠났다. 마거릿은 3년 동안 3개월에 한 번씩 나타났다. 그녀의 행동이 진정된 첫 번째 회기부터 그녀는 자신을 돌보기 시작했고, 이웃들에게 친절하게 대하고 전문가와의 만남을 즐겼으며, 그 단지의 유명 인물이 되기 시작했다. 다행히도, SFBT 상담자들은 설명을 하지 않는다. 설명하는 것이 가장 창의적인 결과를 방해했을 것이기 때문이다.

　3년 동안 상담자는 마거릿에게 클리닉에서 가장 큰 머그잔에 가장 뜨거운 차를 만들어 주었고, 마거릿에게 클리닉으로 가는 그녀의 여정에 대해 차근차근 설명해 달라고 부탁했다. 매 회기에 그녀는 가장 최근의 대여정에 대해 무덤덤한 목소리로 이야기했다. 만약 그녀가 최근에 그녀의 자매를 만났다면, 그녀가 방문했을 때 좋았던 것에 대한 몇 가지 질문을 허용했고, 그것은 보통 일요일 점심에 대한 설명으로 이어졌다. 하지만 이런 질문이나 1년에 한 번 스와니지에서 열리는 연휴에 관한 질문을 제외하면, 미래에 대한 모든 질문은 마거릿을 분노와 공황으로 몰아넣었고, 이에 대해 많은 시간을 들여 사과하는 것과 함께 진정시키는 것이 필요했다. 머그잔을 비우고 나면, 마거릿은 가방을 뒤져서 밝은 빨간색의 다이어리를 꺼내 보이곤 했다. 그녀와 상담자는 13주를 세었고, 마거릿은 선택된 날에 지역사회 간호사가 가르쳐 준 그의 이름을 쓰곤 했다.

───────── **83** ─────────

물질오용

이 분야에서의 전통적인 작업은 내담자의 입장에서 '부정 (denial)'의 정도와 상담자가 그에 도전할 필요성을 강조해 왔다. 치료는 길어질 것이고 거의 모든 경우에 재발할 것이라고 종종 가정된다. 이러한 관점에서 SFBT는 효과가 없다. 그럼에도 불구하고 결과 연구들은 SFBT가 이 분야에서 특히 효과적이라는 것을 보여 주었다(12장 참조).

SFBT에서 자신의 상태를 '받아들이지 못한다(in denial)'고 여겨지는 내담자는 그 생각에 도전을 받지 않고, 자신과 다른 사람들이 무엇이 달라지기를 바라는지에 대해 질문을 받는다. 만약 그들이 약물사용을 다루기 원하지 않는다면 그들은 어떤 다른 것을 보고 싶어 하는가? 만약 그들이 주택 문제와 같은 실질적인 걱정을 말한다면 이 또한 다룬다. 그러나 그들의 생활방식이 주택을 유지하는 데 있어서 문제를 일으킬 것 같다면, 그들은 집을 보존할 수 있도록 미래에 어떻게 대처하고 싶은지에 대해 질문을 받을 것이다. 만약 그들이 이미 새 집을 공급받았고, 문제가 계속된다면 (주택 관리인을 포함해서) 다른 사람들은 무엇을 보길 원할까?

SFBT는 변화가 내담자의 삶의 어느 부분에서든 시작될 수 있으며, 물질사용이라는 드러난 문제에 초점을 맞출 필요가 없다고 주장한다. 정신과 간호사가 데려온 한 내담자는 진전을 보이면서 크랙과 헤로인을 그만둘 것이라고 했지만, "나는 당신에게 거짓말하지 않겠어요. 나는 마리화나는 그만두고 싶지 않아요."라고 말했다. 그때까지 그는 약물사용에 대해 상담자에게 말하지 않았다. 이정도 규모의 약물사용을 다루려고 하기보다는 더 작은 진전의 신호에 집중하는 것이 가장 타당했다. 그래서 대화는 내담자가 더 자주나가고, 사람들과 더 많이 이야기하고, 일을 더 얻는 것 등에 지속적으로 초점을 맞추었다.

SFBT에서의 가정은 모든 드러난 문제에서처럼 중독 행동이 있는 내담자들이 처음에는 이를 깨닫지 못하더라도 무엇을 해야 하는지 알고 있다는 것이다. 그들이 덜 쓰거나 전혀 사용하지 않는 시간, 즉 '예외'는 항상 존재한다. 드세이저는 내담자들에게 약물사용 (혹은 다른 강박적인 행동)의 "유혹이나 욕구를 극복하는" 시간을 생각하고 말해 보도록 묻는 것을 제안했다(de Shazer, 1985: 132). 이는 내담자들이 느끼는 갈망을 인정하고 그들이 그것을 어떻게 다루는지를 생각하게 한다. 예를 들어, 어떤 내담자들은 그들이 약물을 사용하지 않았을 때는 돈이 바닥났을 때라고 말하면서 모든 예외를 경시할 것이다. 그러나 그것이 다른 때에는 그들을 멈추게 하지 못했다는 것을 떠올리면, 그들은 계속해서 그들의 강한 충동을 다루는 데 있어서 그들의 강점을 검토할 수 있을 것이다. 금단증상을 이기는 데 수반되는 고된 노력을 인정하는 것이 중요하다. 내담자의 대처 기술을 밝혀내는 데 있어 대처질문은 유용하다. 한 내담자는 회기가 시작될 때에 떨고 있었는데, 그녀의 갈망이 너무 강하기 때문이었다. 대화가 진행되면서 그녀는 더 침착해지기 시작했고, 이는 당시 그곳에서 일어나는 '예외적인' 상황인 것처럼 보였다. 다른 내담자는 그냥 상담에 와 있는 것이 어떻게 도움이 되는지에 대해 이야기했다. "그렇지 않으면 지금 밖에서 마약을 사려고 했을 거예요." 분명히 일부 내담자는 자신의 환경에 있는 동안 약물을 사용하지 않는 것이 너무 어렵다고 느끼고 주거지를 필요로 한다.

필연적으로, '재발 관리'는 치료에서 종종 중요한 요소이다. 재발은 그 이전의 금욕이나 통제의 기간이 있었기 때문에 원점으로 돌아간다는 뜻이 되지는 않는다. 내담자가 음주를 통제했기 때문에 어떻게 통제할 수 있었는지 그리고 미래에 어떻게 재발에서 벗어날 수 있는지가 자세히 논의된다.

자신감 척도는 어떻게 좋은 날을 보내고 있는지 말하기 어려워하는 내담자를 위해 드세이저가 고안한 특이한 작업이기 때문에 유용하다.

> 내담자에게 "매일 다음 날 코카인을 하고 싶은 충동을 이겨 낼 수 있는지를 예측하고, 결국 그 예측이 옳은지 아닌지를 확인한 다음, 어떻게 예측이 맞고 틀렸는지 설명하라."라고 자주 요청하는 것은 내담자가 코카인을 하고 싶은 충동을 극복하는 것을 도와줄 것이다.
>
> (de Shazer, 1991: 88)

84

정신건강

드세이저(de Shazer, 1998)는 해결중심상담의 실제가 우리로 하여금 '근본적 수용'을 하도록 한다고 썼다. 정신건강과 관련된 이슈가 있는 사람들과 상담하는 것만큼 이 말이 명확한 데는 없다. 해결중심상담에서 아무리 분명하게 내담자의 준거틀이 착각되어 나타날지라도 내담자의 내적 준거틀은 바뀌지 않는다. 드세이저(de Shazer, 1995)는 밤에 잠을 잘 수 없는 이유가 한 교활한 이웃이 자신의 침대에 빛을 쏘는 기계를 가지고 있기 때문이라고 믿는 한 여성의 예를 들었다. 이 상담에 대해 이야기할 때 드세이저는 '당신에게는 그가 이런 일을 하고 있는 것 같아 보이나 보다.'와 같은 말을 사용하는 것이 아무런 의미가 없었을 것이라는 점을 강조할 것이다. 내담자에게 그것은 진짜였고, 상담자가 시도하는 어떠한 직면도 적대감과 협력 부족으로 이어졌을 것이다. 결국 그들의 대화는 내담자가 잠을 잘 필요성에 초점이 잡히면서 그녀가 침대를 옮기자는 생각을 하게끔 만들었다. 어떤 경우에는 내담자가 자신에게 들리는 목소리 때문에 일상생활에 영향을 받고 있다고 불만을 토로하면서 다시 병원으로 돌아가야 할 것에 대해 두려워하는데, 이 때 드세이저는 단지 내담자가 삶을 잘 살아왔던 시간들에 초점을 맞추었고, 그래서 내담자는 자신만의 기술을 떠올리고 증폭시킬 수 있었다(de Shazer, 1988: 140).

BRIEF는 '자살 감시(suicide watch)'를 위해 입원한 많은 환자를 만나 보라는 요청을 받았다. 한 경우는 내담자가 하룻밤 사이에 일어나는 '기적'의 첫 번째 징후로 아침에 일어나 거울을 보고 더 이상 수염이 없음을 확인하고 퇴원을 하는 것이라고 말했다. 상담자는 그녀가 거울을 보기 전으로 돌아가서 그때 그녀가 자신의 마음에서 알아차린 차이점을 생각해 보라고 요청했다. 그녀는 더 행복한 감정을 느낀 것에 대해 말했는데, 이는 다른 환자들과 의료진이 그녀에 대해 무엇을 알아차렸는지 이야기하도록 이끌었으며, 이후에 그녀는 척도로 자신의 진전(progress)을 평정하라는 요청을 받았다. 비록 그녀는 상담을 하는 동안 눈물을 흘렸지만, 정신과 의사는 그 후에 이것이 그녀가 '치료적' 대화에 몇 분 동안 머물렀던 첫 번째 경우라고 말했다. 3주 후에 그녀는 퇴원했다.

다른 경우는 한 팀원이 자신의 책상에서 일하고 있을 때 동료가 내담자와 다음 약속을 하려고 다이어리를 확인하기 위해 내담자와 함께 방에 들어왔던 것이다. 상담자와 내담자는 마무리하며 악수를 했고, 팀원은 그의 동료가 내담자에게 "둘 다 만나서 반가웠어요."라고 말하자 놀란 표정을 지었다. 알고 보니 그 내담자는 자신의 또 다른 자아가 자살하라고 한다고 믿었고, 그 내담자의 또 다른 자아를 상담하도록 상담자에게 동의했으며, 이것은 내담자가 전적으로 다른 방식으로 이 자아와 연결되는 데 도움이 되었다.

이러한 수용의 태도는 자신에게 어떤 치료가 최선인지와 자신이 어떻게 대처하는지에 대한 내담자의 태도와 관련된 문제와도 일치한다. 편집성 조현병으로 진단받은 한 내담자는 치료를 기대하지 않았기 때문에 "나는 내 병을 더 잘 관리하도록 배워야 해요."라고 말했다. 양극성 장애를 가진 또 다른 내담자는 검사에서 간 손상이 나타났을 때 리튬 복용을 중단해야 했다. 그녀는 그녀의 삶이 혼란스러워지고 있음을 느껴 상담에 오게 되었다. 상담은 그녀가 자신의 삶을 더 잘 관리할 수 있도록 도와주었지만, 약물치료가 그녀의 웰빙에 필수적이라는 그녀의 믿음은 흔들리지 않았다. 그녀의 의견으로는 새로운 약물치료의 효과가 나타나기 시작한 것이 이미 가지고 있던 통제력을 더 강화하는 데 도움이 되었다.

약물치료를 요청하는 내담자에게 약물이 효과가 있다는 것을 어떻게 알 수 있는지 그리고 '약물이 제 기능을 하도록' 내담자들이 어떻게 할 수 있는지를 물어볼 수 있다. 만약 내담자가 증상의 감소에 대해서 얘기를 하면, 내담자에게 증상을 대신해서 무엇을 보고 싶은지 물어볼 수 있다. 비록 분명히 의사가 내담자와 함께 복용량과 부작용에 대해 이야기할지라도, 의사는 내담자가 약물치료를 해야 하는지 그렇지 않은지에 대한 입장을 취할 필요는 없을지도 모른다.

85

트라우마 경험 및 학대

트라우마 경험, 특히 아동기의 성적 학대는 많은 경우 과거 사건을 재경험함으로써 과거를 받아들이는 과정이 포함된, 장기간의 강도 높은 치료가 필요하다고 생각된다. 하지만 SFBT는 다른 상황에서와 마찬가지로 이러한 경우에도 효과적이다.

데보라는 그녀의 가족과 친밀하게 지내던 지인에 의해 심각하게 학대받았고, 수년간 혼자서는 밖에 나갈 수도 없었다. 특히 그녀는 상담자에게 자신의 경험을 이야기함으로써 무엇이 일어났는지에 관해 전문적인 견해를 구하고 싶었다. 그녀는 이전에는 한 번도 이 경험에 대해 이야기해 본 적이 없었다. 이러한 상황에서 해결중심 상담자는 문제에 초점을 두지 않는다. 내담자는 이전에는 한 번도 해 본 적이 없는 방식으로 이야기함으로써 뭔가 다른 것을 시도하고 있었고, 자신의 삶을 이해하려고 노력하고 있었다. 그녀가 학대 경험을 이야기하지 않았더라면 그녀는 그 경험에 대해 일관성 있는 관점을 가질 수 없었을 것이다. 그 이야기를 자신의 귀로 직접 듣는 것(그리고 자신의 이야기를 듣는 상담자의 관점을 상상하며 그 이야기를 듣는 것)은 어떤 수치스러운 경험이 아닌 그녀가 영웅처럼 용감하게 자신보다 취약한 아이들을 학대로부터 보호했음을 볼 수 있게 해 주었다. 그리고 그녀의 영웅적인 모습은 현재도 지속되고 있었다. 혼자 외출한 적이 없다고 부인하던 그녀는 매일 아침 혼자 출근해 왔음을 인정했다. 안타깝게도 그녀가 외출하기 위해서는 아파트에서 나가기 위한 40분의 단계별 의식(ritual)을 실시해야 했다. 매일 아침 데보라는 스스로를 멍청하다고 비난했다. 그녀는 (심리적으로 유도된 것이기는 하지만) 실재하는 두려움을 계속해서 마주하기 위한 매일의 노력이 성공적이었다는 것은 보지 못했다. 처음 다섯 회기 만에 데보라는 자신의 독립과 미래를 되찾았다.

내담자가 자신의 학대 경험을 이야기하고 싶다고 말하는 몇몇 상황에서 상담자는 내담자에게 그 이야기를 하는 동안 당신이 어떻게 대처할 것인지 물어볼 수 있다. 이본느 돌란(Yvonne Dolan)의 의견을 채택하여, 우리는 몇몇 내담자에게 해당 경험이 너무나 혼란스러울 때 잡고 있을 수 있는 '안전 대상'(Dolan, 1991)을 갖고 오라고 요청해 왔다. 상담자는 경험을 이야기하는 것 자체가 큰 심리적 고통을 야기할 수 있음을 유념해야 하며, 따라서 상담이 끝났을 때 내담자를 보살필 의무가 있다. 돌란은 내담자들에게 심리적 혼란에 대처하는 데 도움이 되는 것들의 종류를 나열한 '자기돌봄' 목록을 준비할 것을 요청하면서, 그 목록이 가장 필요할 때 가장 쉽게 접근할 수 있는 장소가 어디일지(예: 자해를 하는 내담자라면 칼이 있는 서랍 속)를 물어본다.

학대를 비롯한 트라우마 경험이 있는 생존자들과 작업하는 데 있어서 효과적인 방법 중 하나는 알란 웨이드(Allan Wade, 1997)의 반응 기반 접근을 실시하는 것이다. 내담자가 폭행이나 학대를 당했던 사건을 묘사한다면, 당시의 감정을 '통해 작업하도록' 초대하는 대신에 그 폭행 경험에 대해 생각, 감정, 행동의 측면에서 어떻게 반응했는지 물어봄으로써 내담자가 살아남기 위해 사용했던 자원이 무엇이었는지 알아볼 수 있다. 데보라는 '내가 학대를 당하는 동안에는 여동생과 사촌이 학대로부터 안전해진다'는 생각이 어떻게 자신에게 힘이 되었는지 회상해 낼 수 있었다. 또 다른 내담자는 (8세 때) 아버지가 계단을 올라오는 소리를 들었을 때 침실에서 느꼈던 공포감에 대해 이야기했는데, 당시 어떻게 반응했는지에 대해 질문을 받았을 때 '문을 닫았다'고 대답했다. 물론 이는 학대를 막는 데에는 비효과적이었지만, 그녀는 자기 나름대로 어떻게 스스로를 보호하려 노력했는지 깨달을 수 있었다.

또 다른 내담자 웬디는 폐쇄병동에서 자살 감시 대상자였다. 그녀는 상담 회기에 대해 아무런 희망을 갖지 않는다고 이야기했는데, 그녀가 그럴 만한 이유를 갖고 있을 것이라는 상담자의 추측에는 동의했다. 웬디는 과거를 없애는 것만이 자신의 미래를 열어 줄 수 있을 것이라고 계속해서 주장했지만, 몇몇 질문에 대해 대답하는 데는 동의했다. 상담자는 다음과 같이 질문했다. "오늘 밤 당신이 자고 있는 동안 기적이 일어난다고 가정해 봅시다. 이건 과거를 없애 주진 못하지만, 그 과거가 당신의 미래에 들어와 방해하는 것은 멈추게 해 줍니다. 내일 당신은 첫 번째로 무엇을 보고 당신이 미래를 되돌려 받았음을 알게 될까요?" 30분 동안 웬디는 기적이 일어난 다음 날을 묘사했고, 이후에는 퇴원 후에 그녀가 바라는 삶에 대해 이야기하는 것으로 넘어갔다. 나중에 10점은 '기적'이 일어났을 때 그녀가 묘사한 모든 것을 하는 것을 의미하고, 0점은 그

중 어떤 것도 하지 않는 것을 의미하는 척도질문을 했을 때 그녀는 그녀 자신과 상담자 모두에게 놀랍게도 7점을 이야기했다. 그녀는 "하지만 이건 진짜 제가 아니에요."라고 말했다. 상담자는 "그러면 누구인가요?"라고 물었다. 비록 1회기뿐이었지만 웬디의 장기적 회복은 그날 시작되었다.

과거의 트라우마 경험에 대해 해결중심 접근법을 실시하는 경우 내담자가 흔하게 보이는 반응의 특징은 그들이 많은 경우 교재에서 추천하는 방법을 자발적으로 따르기 시작한다는 점이다. 하지만 교재별로 추천하는 내용이 다른데, 이는 이 교재들이 어떤 사람에게는 맞고 어떤 사람에게는 틀릴 것이라는 점을 의미한다. 예를 들어, 내담자들이 자신의 삶을 살아가기 시작할 때 몇몇은 한 친구에게 마음을 털어놓기로 결정했고 그것이 얼마나 도움이 되었는지에 대해 보고했다. 몇몇은 학대를 했던 사람이나 다른 가족 구성원에게 문제를 제기했다고 보고했다. 그리고 몇몇은 다음과 같이 말할 수도 있다. "저는 인생의 반을 그것에 대해 생각하며 보냈어요. 이제는 그것을 한쪽에 치워 두려고 해요." 이것이 전달하는 메시지는 분명하다. 우리가 내담자가 자신의 삶을 살아가도록 도울 때 그들은 그렇게 될 수 있는 자신만의 방법을 자발적으로 찾게 된다.

수퍼비전, 코칭, 조직관리

PART

15

86

수퍼비전

"만약 당신의 내담자가 지금–여기에 있다면, 그는 당신이 한 것 중 무엇이 자신에게 도움이 되었다고 말할 것인가?"

해결중심 수퍼비전(solution focused supervision)은 해결중심상담을 바로 수퍼비전에 적용한 것이다. 해결중심 수퍼비전은 실패를 교정하기보다는 성공을 토대로 나아가며, 수퍼바이저의 지식보다는 수퍼바이지의 지식을 우선시하고, 단순하게 지시하는 것보다는 하지 못했던 것을 실제로 하게 만드는 성과중심의 과정이다. 해결중심 수퍼비전은 수퍼바이저의 기술을 전수하는 과정이 아니라 수퍼바이지에게 힘을 북돋아 줌으로써 자신의 기술을 발달시킬 수 있게 돕는 과정이다. 단, 이것이 수퍼바이저가 갖는 관리자로서의 책임, 즉 상담의 질을 유지할 책임을 부정하는 것은 아니다. 가장 자주 요구되는 책임은 아닐지라도 관리자로서의 책임은 수퍼바이저의 중요한 책임 중 하나이다.

성과에 초점을 맞추고 있기는 하지만, 해결중심 수퍼비전은 과거에도 세심한 주의를 기울인다. 그리고 해결중심상담과 마찬가지로 해결중심 수퍼비전에서도 미래의 성공을 가져다주는 가장 확실한 기반은 성공적인 과거이다. 따라서 많은 경우 해결중심 수퍼비전은 수퍼바이지가 최근에 실시했던 좋은 상담 개입들을 요약하는 것으로 시작된다. 좋은 상담 개입의 예는 수퍼바이지가 내담자와의 상담 작업과 관련하여 실시했던 행동 중 만족스러웠던 것이라면 어떤 것이든 해당될 수 있다. 이는 수퍼바이저가 다음과 같이 질문할 때 가능성에 대한 지각을 높이는 것 같다. "그렇다면 이번 수퍼비전 회기에서 당신이 가장 바라는 것은 무엇인가요?"

그런 다음 해결중심 수퍼비전은 내담자와의 상담 작업(work)에 초점을 맞추게 된다. 이것은 수퍼바이지가 내담자에 대한 '이야기'를 하는 것을 자제시킨다는 것을 의미한다. 왜냐하면 내담자에 대한 '이야기'는 문제를 '설명하는'(그리고 문제를 끼워 넣은) 이야기일 가능성이 높기 때문이다. 대신 수퍼바이지에게는 내담자의 강점과 자원, 성취를 고려하고, 내담자의 미래 잠재력에 대하여 숙고하고, 바라는 결과에 가장 부합하는 상담자-내담자 관계가 무엇인지 면밀히 탐색할 것이 요구된다. 여기에는 '지금까지 무엇이 효과가 있었는지' 그리고 '앞으로 어떻게 추가적인 진전을 확인할 수 있을지' 살펴보는 과정이 포함된다. 이때 이러한 평가 과정은 수퍼바이지의 관점에서뿐 아니라 수퍼바이지가 최선을 다해 추측한 내담자의 관점, 즉 이 장의 서두에서 제시한 질문을 통해서도 이루어져야 한다.

성과질문 또는 소망하는 미래에 대한 질문의 경우, 수퍼비전 장면에서는 다음과 같은 질문을 통해 변화 가능성에 대한 이야기를 시작할 수 있다. "만약 다음 회기에 당신의 상담 작업에서 획기적인 진전이 이루어진다면, 그것을 보여 주는 첫 번째 단서는 무엇일까요?" 이 질문의 목표는 성공적인 치료적 대화가 무엇일지에 관해 상담자와 내담자 각각의 관점에서 상세하고 구체적으로 묘사할 수 있도록 돕고, 상담자와 내담자 간의 상호작용에 대해 이야기함으로써 서로가 서로에게 미치는 상호적인 영향에 세심한 주의를 기울이게 되는 것이다.

척도질문 또한 수퍼비전에서 매우 효과적이다. 일반적으로 '리뷰(review)' 척도에서 10점은 '상담이 만족스럽게 마무리된 상황'을, 0점은 '현재 상담자가 더 이상 할 수 있는 것이 없어 내담자를 다른 전문가에게 재의뢰해야 하는 상황'을 의미한다. '지금 당신은 몇 점이라고 생각하는가?' '그 점수에 도달할 수 있었던 것은 당신이 무엇을 했기 때문인가?' '1점을 더 올렸다는 것을 어떻게 알 수 있겠는가?' 이러한 질문은 수퍼바이지가 자신뿐 아니라 내담자의 답변이 무엇일지도 고려하게 될 때 더욱 큰 강점을 갖게 된다. 이와 같은 다중 관점에서의 서술은 해결중심 접근법의 가장 창의적인 측면 중 하나이다.

SFBT가 내담자들에게 희망과 동기를 촉진하듯이, 해결중심 수퍼비전도 상담자에게 희망과 동기를 북돋아 준다. 내담자에게 있어 가장 큰 위험 중 하나는 자신에 대한 희망을 잃어버린 상담자, 변화가 가능하다는 가능성을 포기해 버린 상담자를 만나는 것이다. 왜냐하면 이러한 상담자는 내담자의 변화를 촉진할 수 없기 때문이다. 특히 상담자가 문제행동을 설명하고 분석하는 것에 초점을 맞출 때, 이러한 상황이 발생할 가능성은 훨씬 더 증가한다. 상담자들이 성과에 대한 기대를 갖도록 격려를 받고, 이러한 성과가 현실적이면서 실현 가능한 방식으로 표현될 수 있을 때, 상담자는 자신의 희망을 유지하면서 '어려운' 사례를 두려워하지 않게 될 것이다.

87

팀 수퍼비전

해결중심 팀 수퍼비전(solution focused team supervision)은 특히 풍부한 가능성이 있다. 이것은 각 구성원이 자신의 우수 사례에 대해 보고한 후 다른 팀원의 우수 사례에 코멘트를 하면서 진행된다. 팀 작업의 구체적인 기여에 대한 평가 규율을 만들면 직무 만족도 및 직원 유지와 관련된 요소들인 팀의 자신감, 성과 수준 및 성공의 기대치, 직무 만족도에 보탬이 된다.

한 사례에서 사회복지사 팀은 우수 사례에 대해 보고하며 회기를 시작하는 규칙에 너무나 익숙해져서 특별히 어려운 가족 사례를 함께 다룬 두 팀원이 함께 한 작업을 유인물로 미리 준비하여 회의에 참석한 경우도 있었다! 회의 후반에 팀의 다른 구성원의 진행 중인 작업에 대한 토론이 시작되었을 때, 동료의 발표를 듣는 것이 각자 가지고 있는 사례에서 무엇을 해야 하는지에 대한 아이디어를 이미 주고 있다고 말하는 것이 특징적이었다.

팀은 자원으로 사용되고, 함께 인터뷰 기법을 연습하며, 미래 회기에 대한 역할극(role-playing)을 해 보는 식으로 서로의 전문성 개발에 기여할 수 있다.

다음의 두 사례는 팀 수퍼비전 가능성의 범위를 전달할 것이다.

사례 1: 해결중심 성찰팀 모델

이것은 다음과 같이 구체적인 다섯 단계로 이루어진 구조화된 접근이다(Norman, 2003).

① 발표하기(Presenting): 상담자가 사례의 골자를 제시하기
② 명확화하기(Clarifying): 팀원들이 질문하기
③ 긍정하기(Affirming): 팀원들이 발표자의 작업에 대해 칭찬하기
④ 성찰하기(Reflecting): 팀원들이 아이디어를 제공하기
⑤ 반응하기(Responding): 발표자가 최종 발언하기

이 과정은 많은 시간을 필요로 하므로 30분을 주는 것이 일반적이다. 각 단계는 특정 시간이 할당되어 있어, '타임 키퍼(time monitor)'라고 불리는 사람이 이를 확실히 하는 임무를 맡는다. 물론 이 구조는 팀이 해결중심상담을 하지 않을 때에도 사용될 수 있다. 만약 팀이 해결중심적 치료 성향이라면, '명확화하기' 단계에서 모두가 최대한 해결중심 질문을 할 수 있도록 누군가 '해결중심 모니터' 역할을 할 수 있다.

사례 2: '한 번에 한 질문씩'

- 본인의 다음 회기 이전에 도움을 받고 싶은 팀원이 내담자가 되고 팀이 상담자가 된다.
- '내담자'는 '무엇이 더 나아졌는가?'라는 첫 질문에 대답한다.
- 응답을 듣고 난 후, 각 팀원은 자신이 상담자라면 다음으로 어떤 질문을 할지 적는다.
- 모두가 이것을 하고 나면, 팀은 각 질문에 대한 상대적인 가능성을 의논하고 팀 혹은 '내담자'가 적합한 질문을 선택한다.
- 합의된 질문을 묻고 내담자가 대답하면, 다시 한 번 각 팀원은 다음 질문을 적고, 의논과 선택 과정을 반복한다.

비록 시간의 제약으로 인해 10개의 질문이 제시되기는 어렵더라도, 이 연습은 거의 항상 희망, 가능성, 영감을 주는 데 큰 도움이 된다.

88

코칭

코칭(coaching)이 없었다면 해결중심치료와 해결중심 수퍼비전이 분명히 그 자리를 대신했을 것이다. 전문가를 돕는 과정은 자신이 필요한 수행 능력을 향상시키는데, 이는 정신과 내담자들이 삶의 양식을 개선하도록 돕는 것과 다르지 않다. 이렇듯 많은 유사점이 있지만 여전히 코칭과 상담(therapy, 심리치료) 사이에는 세 가지차이점이 있다(Iveson et al., 2012). 먼저, 두 접근은 동일한 대화 구성틀(conversational framework)을 활용한다는 점에서 유사하다.

- 이번 회의에서 최선의 소망은 무엇인가?
- 이 소망이 이루어진다면 무엇이 달라질 것인가?
- 당신은 이 소망을 실현하기 위해 어떠한 노력을 하고 있는가?

일련의 차이점은 다음과 같다.

- 첫째, 코칭의 내담자는 (항상은 아니더라도) 수행의 일부를 향상시키는 결과중심적 목적을 가지고 올 가능성이 더 많다. 반면, 상담의 내담자는 (항상은 아니더라도) 해결되어야 할 문제를 수반하는 경우가 많다. 사실상 이는 상담 과정에 대해 추가적인 질문을 유발한다. 만일 내담자의 첫 번째 대답이 문제가 사라지는 것(예: "나는 우울하지 않을 거예요.")이라면, 추가적인 질문은 무엇이 문제를 대신할 것인지 묻는 것으로, 이에 대해 내담자는 성과에 대한 답을 제시할 수 있다(예: "나는 내 삶을 주체적으로 꾸려 나갈 수 있을 거예요.").

- 둘째, 권력(power)의 차이이다. 문제를 제시하는 내담자는 스스로를 나약한 위치에 둔 채 상담자가 다른 사람들과 마찬가지로 권력을 남용한다고 가정한다. 이에 코칭은 다른 분위기를 제시한다. 내담자는 문제보다는 기대를 나타내고자 하며, 관계는 상담자나 의사보다 회계사나 변호사와의 관계와 유사할 것이다. 한 개인의 신체나 정신을 다른 사람의 손에 맡기는 것은 그의 경력이나 수입을 맡기는 것보다 더 위험하다.

- 셋째, 권력과 결합된 '책임감'에 주목해야 한다. 상담과 코칭 모두 해결중심접근에 기반했다면, 질문과 답변에 있어 두 접근을 구별해 내기는 어렵다. 심지어 동일한 소망이 존재하기도 한다. '더 큰 자신감'을 원하는 것이 그 흔한 경우이다. 만약 학교 교장이 더 큰 자신감을 갖기를 갈구하지만 성취하지 못했다면, 자신감의 지속된 부재가 문제 자체보다 더 큰 불편감을 일으킬 수도 있다. 그러나 급성 우울증 내담자가 일상으로 돌아가기 위해 더 큰 자신감을 얻으려고 했으나 실패했다면, 그것은 앞의 것과는 굉장히 다른 경우일 것이다.

'전문적 지식'은 상담자가 내담자에게 무엇이 문제인지 '알게' 하는 것과 어떻게 '해결할지'에 대한 이론적 틀을 의미한다. 이와 같은 지식에 기반한 상담은 권력과 책임감의 사안에 의해 진행된다. 상담자들은 스스로를 이해하고 내면에 있는 힘과 책임감의 문제를 인식하기 위해서 상담을 받아 볼 것을 요청받는다. 상담자가 (자기 자신을) '가장 잘 알 때' 내담자는 상대적으로 상담자를 잘 따라갈 것이다. 만약 내담자가 그렇지 않다면, 상담자는 그들을 동기가 없거나 저항하는 내담자로 간주하면서 실패에 대한 책임을 받아들이지 않고 내담자에게 전가할 수 있다.

코칭과 SFBT는 내담자와의 관계에서 더 겸손한 입장을 취한다. 내담자를 가장 잘 아는 것은 내담자 자신이므로 상담자의 과업은 내담자가 자신의 지식을 잘 정리하고 추구하게 될 목적을 명료화하도록 돕는 것이다. 내담자가 갖고 있는 자원이 풍부하며 스스로 결정을 내릴 수 있기 때문에 두 접근을 활용하는 상담자들은 (아무리 좋은 의도일지라도) 개입을 위해 자신의 위치를 사용할 필요가 없음을 경험하게 될 것이다.

89
멘토링

멘토링은 해결중심 상담자들에게 일종의 어려움을 안겨 준다. 왜냐하면 멘토들은 그들의 멘티보다 더 많은 지식과 경험을 가지고 있고, 내담자의 지식에 의존하기보다는 이러한 자신의 지식을 사용하도록 기대되기 때문이다. 멘토링에서 이와 같은 어려움이 더 분명하게 나타나기는 하지만, 내담자의 문제와 관련된 지식과 경험을 코치와 상담자들이 가지고 있다고 인식하거나 내담자가 구체적인 조언을 요청할 때 코치와 상담자들에게도 이와 동등한 수준의 어려움이 존재하게 된다.

이러한 상황을 마주했을 때 상담자, 코치, 혹은 멘토는 해결중심 상담을 무시하기로 결정하고 다음과 같이 단도직입적인 조언을 제시할 수 있다. "제 생각에는 잠자는 시간을 정하고 그것을 지키는 것이 중요할 것 같아요." "제 경험상 직원들과 협상하는 절차를 시작하기 전에 당신이 확실한 제안을 제시할 수 있기를 기다리는 것이 더 나을 것 같아요." "네가 괴롭힘을 당한다면 너는 선생님에게 이야기해야만 해."

직접적인 조언의 문제는 그것이 굉장히 자주 이행되지 않으며, 그 조언이 우리의 자율성이나 정체성을 침해한다고 느껴질수록 우리가 그것을 따르지 않을 가능성이 커진다는 것이다. 어떤 어머니는 아이가 바로 누워 자는 것이 가장 안전하다는 연구에 근거한 조언을 따를 준비가 되어 있을 수 있지만, 아이가 울도록 내버려 두는 것이 잠자리에 드는 시간 이후에 아이를 들어 올리는 것보다 낫다는 조언은 받아들일 준비가 되어 있지 않을 수 있다. 후자의 조언은 어머니가 자신의 아이와 맺고 싶어 하는 관계의 종류를 지나치게 침해하므로 오직 적합한 사람들에게만 받아들여질 수 있다. 상담, 코칭 그리고 멘토링은 관계와 관련이 깊기 때문에 우리의 문제들을 바로잡을 수 있는 방법에 대한 조언들은 대개 유익하지 않다. 우리는 존중이라는 가치에 대해 모두 동의할 것이다. 그러나 우리가 실제로 어떻게 존중을 표현하는가 하는 것은 각 개인에 따라 다를 것이다.

다행히도 중간 지대는 존재한다. 해결중심적인 목표하에서 조언을 요청하는 것은 성공적인 조언이 만들어 낼 수 있는 차이에 대한 기술로 이끌 수 있다.

상담자: 당신이 정확히 옳은 조언을 얻었고 그것이 효과가 있었다고 가정해 봅시다. 이것이 어떤 차이를 만들 것이라고 기대하시나요? 도대체 무엇이 달라졌나요?

내담자: 큰 차이요. 그녀는 나를 존중하는 태도로 대하기 시작할 거예요.

상담자: 그것을 나타낼 수 있는 첫 번째 신호는 무엇인가요?

내담자: 아마 "좋은 아침이야."가 시작이 될 것 같아요.

상담자: 그녀가 "좋은 아침이야."라고 말한다면 당신은 어떻게 반응할 건가요?

내담자: 저는 아마 기절할 것 같을 거예요!

상담자: 그러고 나서요?

내담자: "좋은 아침이야."라고 말하겠죠.

상담자: "좋은 아침이야."라고 말하는 자신을 보면서 기쁠 것 같나요?

내담자: 당연하죠!

상담자: 그녀는 그걸 어떻게 알아차릴 것 같나요?

내담자: 제 얼굴에서 미소를 지울 수 없을 테니까요.

성공적인 조언이 만들어 낼 수 있는 차이에 대한 논의가 진행됨에 따라 내담자의 가능성에 대한 지각은 증가할 것이고, 그녀는 그녀의 딸에게서 원하는 변화를 촉진하기 위해 자신이 할 수 있는 것들에 대해 스스로 말하는 것을 더 많이 듣게 될 것이다. 그녀는 스스로에게 조언을 주었을 것이고, 따라서 이를 받아들일 가능성이 더 높을 것이다.

이 중간 지대의 조금 덜 해결중심적인 목표하에서 멘토는 그녀의 지식에 대해 직접적인 조언을 주기보다 질문을 던지기 위해 그녀의 지식을 사용할 것이다.

당신이 생각하기에 무엇이 협상 절차에 있어 가장 유익한 반응을 만들어 낼 것 같나요? 어떤 추천도 없이 완전히 개방된 상태로 들어가는 것? 혹은 확실하지만 여전히 수정이 유효한 제안을 가지고 들어가는 것?

좋은 결과를 가지고 학교를 떠나기 위한 최고의 기회를 스스로에

게 주는 것과 관련해 당신은 어떤 사람이 당신을 자극하면 그 사람
을 때리는 것이 더 도움이 될 거라고 생각하세요, 아니면 그냥 지나
치는 것이 도움이 될 것이라고 생각하세요? (당신이 두려움이 아닌
힘을 가지고 이 상황을 그저 지나쳤다는 것을 다른 학생들이 알아차
릴 수 있게 하는 것은 무엇인가요?)

이러한 상황에서 멘토/코치/상담자는 가치 있는 경험을 가지고
있지만 내담자의 지식과 판단을 부인하는 것을 참는다. 경험은 질
문에 담기지만 그 대답은 내담자의 몫이다.

또래 멘토링 방식(Hillel & Smith, 2001)으로 다가서는 것은 학교
의 신나는 발전이다. 이것은 보통 나이가 많은 학생들이 어린 학생
들을 멘토링하는 형태를 띤다. 학교는 보통 상담의 필요성이 있다
고 확인되는 학생들에게 어떻게 상담을 '팔 것인가'에 관심을 가진
다. 학생들은 개인상담에 의뢰되었을 때 보통 자신에게 무언가 잘
못된 것이 있다고 낙인찍히는 것을 두려워한다. 그러나 그들은 나
이가 비슷하며 자신들의 경험을 조금 더 잘 이해해 줄 수 있을 것이
라고 여겨지는 동료 학생에게 멘토링을 받는 것은 대개 편안하
게 느낀다.

90

팀(집단) 코칭

집단상담 모델은 가족상담 모델의 방식을 따른다. 구체적인 형식은 다를지라도 '기본'이 되는 시작점이 동일하다. 소규모의 집단이라면 각 집단원은 집단에 가장 바라는 것이 무엇인지 돌아가면서 질문을 받게 된다(또는 어떤 주제가 논의되어도 상관없다). 이런 소망은 다음 날 아침에 확실하게 이루어질 것이라고 가정하고, 최근 과거에 일어났던 상황들은 이런 소망이 실현 가능한 것들이라는 근거를 제시해 줄 수 있다. 이와 같이 개인적인 접근을 적용하기에 집단이 크다면 소집단으로 나누어 동일한 방식으로 집단에 활용할 수 있다. 각 집단은 다음 날에 처음 10분 동안 20개의 작은 기적과 관련된 질문을 받는다. 집단에서 지향하는 바는 중요하고 실행 가능하여 집단원들 대부분이 원하는 것이어야 한다.

큰 집단에서 효과적인 활동은 각 사람이 자신들의 단체에 대해 감사하는 점을 한 가지씩 말하는 것이다. 비판과 불만이 일반적으로 일어나는 곳에서 이런 단순한 과정은 강력한 효과를 나타낸다.

그러나 모든 해결중심 기법 중에서 척도는 집단 개발을 위한 가장 유연하고 창의적인 틀을 제공한다. 집단의 여러 가지 기능적인 측면을 다루는 데 사용될 수 있으며, 공동의 정체성을 깨뜨리지 않는 선에서 개인적 반응을 가능하게 한다. 또한 척도는 비난 목록이 아니라 하나의 숫자 형태로 어려움의 정도를 명확하게 표현할 수 있으며, 소망의 형태로 10점은 언제나 긍정적인 상태를 의미하고 있어서 희망과 가능성을 제시하고 있다.

이러한 모든 기법과 통합적인 틀은 최고에 계속 머물고 싶어 하는 성공한 집단과 다시 정상 궤도로 돌아가고 싶어 하는 실패한 집단에 모두 동일하게 사용할 수 있다. 전자의 경우 과거의 성공을 더 강조할 수 있으며, 후자의 경우 성공적인 미래가 무엇인지 구상하는 데 더 집중할 수 있지만, 반드시 따라야 하는 규칙은 아니다.

보복당할 것에 대한 두려움으로 인해 비판하는 것에 대해서 집단원이 걱정하고 있는 어떤 집단에서 상담자는 집단에서 다루어야 할 복합적인 문제들에 대한 다양한 척도를 사용했다. 그러나 상담자는 자신들의 속마음을 말로 표현하는 것을 두려워하는 사람들을 보호하기 위해 척도상의 자기 점수를 각자 개인적으로 생각만 하고 있을 것을 요청했다. 이러한 부분이 다른 점이라고 할 수 있다. 점수를 말했다면 이전에 질문했던 것과 동일한 질문을 한다. "어떤 이유로 더 낮은 점수를 선택하지 않았나요?" 그리고 "만약 당신이 점수를 더 높일 수 있다면 무엇이 달라져야 할까요?" 이런 질문은 모든 집단원에게 안전하게 말할 수 있는 일정한 공간을 제공한다. 또한 집단 안에서 안전에 대한 인식을 유의미하게 증가시키고, 수용 가능한 수준에서의 활동을 향해 선순환하게 한다.

회의 시간을 줄이면서 동시에 그 시간을 더 효과적으로 활용하기 위해 집단들은 해결중심접근에서 영감을 얻을 수 있다. 회의에서 합의된 목표를 설정하는 것은 시간을 낭비하지 않도록 도와준다. 예를 들어, 사례 회의에서 각 집단원이 가장 바라는 것이 무엇인지 질문하는 것은 활용 가능한 정보를 가지고 바람직한 결정을 하여 희망적인 결과에 도달하도록 한다. 아동보호 회의에서 구체적으로 어떤 정보(knowledge)가 관련 있을 것 같은지 질문하는 것은 정보의 세 가지 영역으로 이끌어 준다. 그 세 가지 영역은 아동보호에서 위험 요인과 보호 요인에 대한 연구 정보, 위험 행동에 대한 정보 그리고 안전신호에 대한 정보이다. 이러한 정보 영역은 모두 당연한 듯 보이지만 실제 다양한 현장 회의에서는 자원과 가능성보다는 문제에 대해 탐색하고 논의하는 데 사용하는 시간이 더 유용하다.

──────── **91** ────────

리더십

지난 20년간 리더십의 개념에 대한 현저한 변화가 있었다. 탈영웅적 리더십(post-heroic leadership; Badarraco, 2001), 조용한 리더십(Mintzberg, 1999), 공유 리더십(shared leadership)은 리더십에 관한 전통적인 관점을 재구성하기 위해서 새롭게 제시된 개념들 중 일부이다. 기존의 조직화된 조직에서의 규범으로 여겨진 상의하달적이고 다소 느린 중앙집권화된 방식의 규범으로는 빠른 적용이 필요한 급변하는 세계 속에서 발생하는 문제를 해결하기 어렵다. 이러한 리더십의 개념에 대한 변화는 민첩성과 민감성 그리고 조직의 모든 사람이 '리더가 되어' 책임을 가질 것을 강조한다.

긍정심리학 분야의 연구인 프레드릭슨(Fredrickson)과 공동 연구자 로사다(Losada)의 정적 정서 대 부적 정서의 비율에 관한 연구에서도 사람들이 정체되지 않고 발전하기 위한 필수적인 조건으로 직장에서의 유연성을 꼽고 있다. 예를 들어, 로사다와 헤피(Losada & Heaphy, 2004: 680)에 따르면 직원들의 높은 긍정성은 장기적 관점에서의 사업적 성공뿐만 아니라 순간순간의 상호작용에 이르기까지 더 큰 행동의 변화를 만들어 내는 것과 연관되어 있었다. 다시 말해, 높은 긍정성은 직원들이 새로운 접근을 시도하는 가능성과 크게 연관되어 있고, 이러한 직원들의 시도 능력은 사업의 생존과 성공의 전제 조건이 되었다.

이러한 새로운 상황 속에서 해결중심 접근법은 전략 수립, 갈등 해결, 팀 구성, 의장 회의(chairing meetings), 직원 검토와 성장의 기초를 위한 코칭 모델(Iveson et al., 2012)에서 이용되었고, 경영자들에게 유용한 도구임이 입증되었다. 특히 해결중심 접근법은 경영자들에게 그들의 주의집중 패턴을 바꿔야 하는 구조적인 이론을 제시하기 때문에 그 가치가 있다. 연구에서 효과적이라고 밝혀진 것에 대해 해결중심적 리더들이 세심한 주의를 기울일 때, 이것은 직원들이 동료의 두드러진 성취—그것이 작은 성취일지라도—에 집중하고 그 성취에 대한 견해를 밝히도록 하는 기회를 제공한다. 문제와 잘못을 찾기보다는 팀 수행 기여도에 대한 공적인 평가로 향한 이러한 변화는 높은 수행을 보여 주는 팀의 특징을 제시한 갤럽 기구(Gallup Organization) 연구의 핵심 발견(Buckingham & Coffman, 1999에서 재인용) 중 하나와 잘 맞는다. 성공적인 조직을 평가하는 가장 유용한 질문 중 하나는 '지난 일주일간 당신은 일의 수행에 대해 인정이나 칭찬을 받은 적이 있는가?'이다. 거의 모든 경우에 이 질문에 대한 긍정적인 대답은 감사할 줄 아는 경영자에게서뿐만 아니라 팀 내 전반에서의 상호 칭찬 문화를 보여 준다.

자주 묻는 질문

PART 16

92

또 하나의 긍정적인 접근법 아닌가요?

SFBT는 일반적인 의미에서 '우리의 밝은 면을 바라보자.'보다는 수학적인 측면에서 완전히 긍정적인 접근법이다. 이러한 이유로 '긍정'이라는 단어의 사용은 오해를 불러일으킬 소지가 있다. 수학적으로 말했을 때, 긍정 혹은 '양의 값'은 부정 혹은 '음의 값'의 반의어이며, 그곳에 없는 것보다는 있는 것을 표현한다. 일례로, 택시를 타고 여정을 떠나는 상황에서 택시 운전사에게 "공항 말고 다른 곳으로 가 주세요."라고 부탁을 하는 행위는 택시 운전사로 하여금 여정을 시작하기 위해 "그렇다면 어디로 갑니까?"라고 되물을 수밖에 없게 하는 형편없는 지시이다. 이것은 긍정적 접근법에서의 '긍정'에 해당하지 않으며, 단지 실용적인 것이다. "이러한 실용적인 접근법을 '긍정적 접근법'이라고 착각하는 것은 해결중심 과정을 잘못 이해하는 것이며, 기껏해야 나쁜 것보다는 좋은 것을 더 정확하게 기억하고자 하는 폴리아나[1]처럼 말도 안 되는 프로젝트를

---

1) 역자 주: 지나친 낙천주의자나 과도한 긍정 편향을 의미한다.

착수하는 것이다. 최악의 경우에는 심리적으로 괴로움을 호소하는 내담자가 '밝은 면을 바라보세요.'라고밖에 느낄 수 없는 지시 사항으로 인해 모욕감을 느낄 수도 있다.

SFBT는 대화의 창의적인 힘에 직접적으로 의존하는데, 이 대화란 돌아가면서 상호 의존적 건설을 통해 일반적인 이해에 접근하도록 하는 것이다. (우울증, 불안, 알코올 중독 등을) 없애는 행위를 축적하는 것만으로는 새로운 가능성들을 창출할 수 없다. 이러한 없애는 행위를 축적하는 것은 공허함을 키울 뿐이다. 새로운 가능성들은 원치 않는 것을 대신하는 감정, 생각 및 행동을 분명히 표현함으로써 만들어야만 한다. 우울증, 불안 및 알코올 중독이 어떤 형태로 혼합되어 부재하더라도 유용한 결과를 얻기는 어렵다. 반면에 자신감, 평온, 자기수양은 무시할 수 없는 힘을 만든다. "약간의 평안함이 자기수양에 무슨 변화를 줄 수 있겠어?"와 같은 질문이야말로 내담자가 무엇을 원하는지 파악할 수 있게 해 주는 첫 단추인데, 이러한 질문은 '수학적 양의 값' 혹은 '긍정' 없이는 할 수 없다.

내담자들이 자신들이 열망하는 미래를 묘사할 때, 상담자는 느낌에 대한 묘사, 생각에 대한 묘사 그리고 행동에 대한 묘사를 오가며 듣다가 결국에는 항상 행동에 대한 묘사로 돌아오게 된다. 행동에 대한 묘사는 감정을 밖으로 표출시키는 역할을 할 뿐만 아니라 내면의 강함이 밖으로 나타남으로써 감정이 조절되고 있는 척도를 나타내는 지표 역할을 하기도 한다. 이러한 묘사들은 미래 행동을 예견하는 촉매제 역할도 하게 된다. 기분이 더 안 좋은 시기도 있고 기분이 더 나아진 시기도 있으면서 부정적인 감정이 변하는 것과 마찬가지로 긍정적인 감정도 다양하게 변화한다. 우리는 때로 자신감이 있어 보이거나 실제로 자신감이 있는 상태에 놓인다. 하지만 이러한 긍정적인 기분은 반대의 감정이 나타나는 상황에 놓이기도 한다. 그럼에도 불구하고 우리는 크게 달라 보이지 않으며, 우리가 자신감이 있었던 시기는 우리에게 자신감 있게 행동하기 위해서 어떻게 해야 할지를 가르쳐 주었고, 그래서 우리는 자신감을 잃은 시기에도 자신감 있을 때의 행동을 재생산할 수 있는 것이다.

수잔은 일주일 동안 자살 직전 위기 상황에 노출되어 있었고, 지역사회 정신건강 위기팀과 상담자에게 매일 전화했다. 상담자는 그녀가 매일 전화를 걸었을 때 그 전화가 가치 있었다는 것을 어떻게 알았는지를 물었고, 5~15분 사이에 그녀는 실용적인 단계로 대답을 했다. "전화를 끊고 나면 나는 쇼핑을 할 거예요. 쇼핑 목록을 만들 거예요." 그녀가 약속한 상담 시간에 도착했을 때 상담자는 물었다.

상담자: 수잔, 우리가 어제 오후 대화한 이후로 무엇이 당신을 버티게 해 주었나요?

수잔: 모르겠어요. 정말 모르겠어요. 저는 그냥 죽고 싶어요. 이렇게는 더 이상 살 수 없어요.

상담자: 그러면 당신이 너무나 강하게 삶을 끝내고 싶었을 때 무엇이 당신을 버티게 해 주었나요?

수잔: 스스로 산책을 가려고 했던 거예요. 그런데 너무 끔찍한 기분이 들어서 밖으로 나갈 수 없었어요.

상담자: 좋아요. 산책을 나가려고 했군요. 다른 건요?

수잔: 여기에 올 생각을 했어요.

상담자: 또 다른 건요?

수잔: 저는 일찍 침대에 누웠어요. 하지만 잠이 들지 않으니…… 별로 도움

이 안 되었죠. 그래서 다시 일어났고 기분은 전보다 더 나빠졌죠.

상담자: 그런데도 무엇이 당신을 버티게 해 주었나요?

수잔: 모르겠어요. 제가 생각하기에 제가 살고자 하는 의지를 아예 잃어버린
    건 아닌 것 같아요.

상담자: 그것이 없었더라면 할 수 없었을 텐데 그것이 있었기 때문에 당신이
    할 수 있었던 일은 무엇이었나요?

수잔: 잘 모르겠어요.

상담자: 지금은 무슨 생각이 들어요?

수잔: 차 한 잔을 마셨던 거요.

상담자: 차 한 잔을 마셨다고요?

수잔: 네. 원래는 차를 마실 생각은 없었고, 제대로 죽어 버리려고 했어요.

상담자: 그래서 제대로 죽어 버리는 대신에 차 한 잔을 마시게 된 계기는 무
    엇인가요?

수잔: 저는 모든 준비를 끝냈어요. 욕조에 물을 받고, 면도날을 꺼냈고요. 독
    한 술 한 병도 준비했죠. 욕조 안으로 들어가고 있었는데, 어떤 작은
    목소리가 들렸어요. "주전자를 올려놔. 물이 끓을 때까지 기다릴 필
    요도 없어." 그래서 저는 주전자에 물을 받아 올려놓았어요. 그랬더
    니 목소리가 "물이 끓을 때까지 기다려. 하지만 차를 만들 필요는 없
    어."라고 말했어요. 물이 끓기 시작하니까 작은 목소리가 "냄비를 채
    워. 하지만 물이 끓을 때까지 기다릴 필요는 없어."라고 말했어요.
    하지만 저는 물이 끓을 때까지 기다렸고, 다음 순간에는 이미 컵에
    물을 따랐고, 차를 버리는 것은 낭비라고 생각했어요!

다음 상담 회기 때 수잔은 상담자에게 "당신이 아니었으면 나는
죽을 수도 있었어요. 당신에게 너무도 화가 나요!"라고 분노하며

말했다. 이것은 상담자에게는 좋은 소식으로 보였고, 상담자는 그녀에게 왜 자신이 비난받고 있는지 물었다. 수잔은 자신이 그 어느 때보다도 더 기분이 나빠진 채로 잠에서 깨어났으며 살아갈 의지도 완전히 상실했다고 말했다. 그래서 그녀는 또 한 번 욕조에 물과 면도날, 술병을 준비했는데, 마지막 순간에 비록 그녀가 그다지 내키지 않았지만 살아야 할 의지를 '실행하기로' 했다. 그리고 또 한 번 그녀는 차 한 잔을 마시고 있었다. 위기에 대처하는 전형적인 영국인의 반응처럼 말이다.

SFBT 상담자들은 긍정적인 감정들을 탐색하고 그와 연합된 행동들을 발견하여 그러한 감정들이 잠시 사라진 시기에도 행동이 발현될 수 있도록 할 것이다. 감정이 행동을 초래하는 것과 동일하게 그 역도 성립한다. 긍정적인 행동은 긍정적인 감정도 초래할 수 있다.

───────── **93** ─────────

그저 미봉책 아닌가요?

문제중심의 상담은 전통적으로 상담자의 개념화 과정의 중심이 었던 '표면/심층(surface/depth)' 구분에 따라 구조화되어 왔다. 외부에 드러난 내담자의 행동(아마 분노나 고통)은 내담자 스스로 인식하지 못하는 내면에 숨겨진 복잡한 역동들의 표면적 징후로 여겨져 왔다. 이러한 심층 과정은 전통적으로 더 중요하게 여겨져 왔으며, 표면적 징후를 통해 심층 과정을 이해하는 상담자의 전문성을 통해 상담 장면에서 활용되었다. 다시 말해, 상담자는 표면에 드러난 현상의 '원인이 되는' 것으로 간주되는 더 깊은 심리적 과정에 접근할 수 있다고 여겨져 왔다. 이러한 구분의 존재는 전문 용어에서 증명된다. 임상 논의 장면에서 '증상'이라는 단어를 사용하는 것은 병원에서 '표출된 문제'라는 표현을 사용하는 것처럼 '표면/심층'을 구분하는 사고에 대한 하나의 지표이다. 후자는 종종 '근원적 문제'라고 불리는 대안적 문제에 대한 구성과 짝을 이루는 경향이 있다. 이러한 단어 선택을 통해 내담자의 지식은 피상적인 것으로 간주되며, 상담자의 지식은 더 가치 있다고 여겨지는 심오한 것으로 간주된다. 상담자들은 내면에 숨겨진 '심층' 수준이 다뤄지지 않는 이상 '문제를 미봉책으로 가리는 것'과 같이 변화는 오래 유지되지 못할 것이라 말한다. 침몰하고 있는 타이타닉호의 갑판에 있는 의자들을 정리하는 것처럼 소용없다고 여겨지는 활동이라는 것이다. 바로 이를 근거로 일반 상담자들(counsellors)은 해결중심 상담자들(therapists)을 '충분히 심도 있지 못하다'고 공격하고 비난할 수 있다. 우리는 상담자들이 심리검사 과정과 시행을 전유함으로써 상담자로서의 사회적 명성을 얻기 위해 필사적인 것을 보아 왔다. 그리고 이 심리검사는 내담자들의 지식을 뛰어넘고 모든 사람(특히 내담자들)에게 공개되지 않은 지식 기반을 그들만이 가진 것처럼 만들었다.

우리가 인식해야 할 중요한 사실은 '표면/심층' 구분이 서구 사상의 전 분야에 걸쳐 강력한 영향을 끼쳤음에도 불구하고 그저 여러 이해방식 중 하나라는 것이다. 은유법은 그저 사고방식 중 하나이자 우리의 경험을 이해하는 하나의 방법이며, 은유법의 가치는 사실의 유무가 아닌 그것의 유용성에 있다. 그리고 우리가 유용성을 고려한다면, 치료 시스템 내에서 광범위하게 생각해 볼 수 있다. 내담자에게 유용한가? 그것이 그들에게 미치는 영향은? 상담자에게 유용한가? 예를 들어, '표면/심층'에 대한 은유로 인한 영향 중 하나는 내담자의 힘은 박탈하고, 상담자의 지위는 그것만큼 높이는 경향이 있다고 주장될 수 있다. 비록 은유가 효과적인 치료의 근거를 제공하더라도 그리고 그것이 확실히 그렇다고 하더라도 그 효과가 보편적으로 이로운 것은 아니다.

SFBT는 대안적 명제에 기초한다. 사람들은 그들의 세계와 경험을 묘사하는 방법을 바꿀 때 그리고 그들이 문제중심적 대화에서 벗어나 해결중심적 대화에 참여할 때 변화한다. 그러므로 SFBT 상담자는 내담자들의 이면을 살피거나 원인을 규명하기보다는 그들과 함께 머물기 위해 최선을 다한다. 그리고 이 모델에 대한 연구는 이런 해결중심치료 과정의 대안적 틀이 효과적인 치료의 기반이 되며 장기간 유지되는 변화를 위한 기초를 제공한다는 것을 보여 준다. 만약 우리가 상담자로서 해결중심치료의 결과가 좋다고 판단한다면, '은유'적 모델의 선택은 필연적으로 실용적이라기보다는 미학적(철학적인)인 질문이 된다. '나와 상담하는 사람들에 대해 어떤 방식으로 생각할 것인가, 내담자와 어떤 관계를 발전시켜 나가길 원하는가 그리고 어떤 사고방식이 긍정적인 결과를 촉진시킬 것 같은가?' 우리는 때때로 우리가 스스로 마음속에서 만들고 전문적 훈련에서 제도화한 임의적인(유용할지라도) 구분을 그것들이 실제로 존재하듯 다루곤 하지만, 우리가 반드시 기억해야 할 것은 은유적 표현은 그저 은유일 뿐이라는 것이다.

94

정서를 다루지 않나요?

"당신이 행복할 때, 당신은 무엇을 하고 있나요?"

이것은 비평가들이 해결중심 상담자들이 정서와 감정을 무시한다고 주장할 때 사용하는 일종의 질문이다. 결과의 측면에서 볼 때 이 질문에 관한 해결중심치료의 명백한 대답이 있다. 만약 내담자들이 상담자가 자신의 감정을 무시한다고 진심으로 느낀다면, 치료는 실패할 수밖에 없을 것이다. 그러나 지금껏 보았듯이 해결중심치료는 증거 기반의 치료법이다. 사실상 해결중심치료의 모든 회기에서 상담자들이 내담자의 감정을 인식하는 말("당신은 아주 힘든 시간을 지나온 것 같네요.")을 반복적으로 하는 것을 듣게 될 것이다. 때로는 심지어 상담자들이 "내일 더 행복한 감정을 느끼며 일어났을 때 그 감정이 당신에게 어떤 감정일지 더 말해 줄 수 있나요?"처럼 직접적으로 감정에 대해 묻는 것을 듣게 될 것이다. 그러나 해결중심 상담자들이 정서를 '다루지' 않을 것이라는 말은 사실이다. 이들은 정서를 다루는 대신 재빠르게 정서에 따른 행동

(action talk)을 다루는 작업으로 옮겨 갈 것이다.

밀러와 드세이저(Miller & de Shazer, 2000)는 「Emotions in Solution-Focused Therapy」라는 논문에서 정서에 따른 행동을 강조하기 위해서 비트겐슈타인의 철학을 사용한다. 이들은 정서가 인간 경험의 분리된 측면으로 다뤄질 수 없다는 관점을 발달시켰다. 정서를 인간 경험의 분리된 측면으로 다루는 것은 정서를 다른 방식의 행동의 원동력이 되는 '엔진(engine)'으로 형상화하는 것을 의미한다. 예를 들어, 내담자가 자신이 어떻게 분노 조절을 하지 못하는지를 말하면 상담자는 그들을 '분노 관리(anger management)'에 참여하도록 할 것이다. 그 대신에 밀러와 드세이저는 내담자들의 감정을 그들이 경험하는 특정한 사회적 맥락과 관련지어 볼 것을 촉구한다. 예를 들어, 만약 내담자가 '화가 났다' 혹은 '우울하다'고 하면, 상담자들은 '무슨 맥락에서 내담자들이 화가 났거나 우울할까? 그리고 이런 상황에서 그들은 무엇을 통해 상황이 나아졌다고 느낄까?'라고 생각하게 될 것이다.

그러므로 문제중심접근에서 정서가 분노 혹은 우울처럼 문제로서 표명된다고 강조하는 것과 달리, 해결중심 상담자들은 내담자가 느끼는 바를 받아들인 다음 내담자에게 자원(resources)이 되는 정서를 이끌어 내는 대화를 발전시키고자 할 것이다. 이런 자원이 되는 정서에는 낙관주의와 자신감도 포함된다. 여기서 초점은 항상 정서에 따르는 행동(the doing of emotions)에 있다. 이는 "비트겐슈타인의 말을 다르게 표현해, '내적 프로세스(inner processes)'를 이야기할 때 우리는 다른 사람들이 참조할 수 있고 다른 사람들과 공유될 수 있는 외적인 기준이 필요하기"(Miller & de Shazer, 2000) 때문이다.

　이에 대항하여 해결중심치료를 최초로 개발한 밀워키 팀의 구성원 중 한 명인 이브 립칙(Eve Lipchik)은 생물학자 마투라나(Maturana)의 이론을 따라 "정서는 동기의 근원이며, 합리적 사고보다는 동기가 우리의 판단을 결정한다."라고 주장했고(Lipchik et al., 2005: 59), "합리적 사고가 정서를 쉽게 조절하지 못하는 반면 정서는 합리적 사고를 빠르게 압도할 수 있다."라고 주장했다(Lipchik et al., 2005: 52). 립칙과 동료들은 전통적인 해결중심접근보다 정서를 더 신중하게 다룬다. 예를 들어, 그녀는 다음과 같이 주장했다.

> 　신경과학의 발달은…… 내담자가 생산적으로 협조할 수 없거나 협조하기 싫은 상황이 있을 것임을 시사한다. 예를 들어, 내담자들은 해결을 촉진하는 특정한 기억에 접근하지 못할 수 있다. 이런 특정한 기억들이 인지적으로 접근할 수 없는 뇌의 일부분에 저장되어 있기 때문이다. …… 정서를 통해서 그리고 몸을 포함한 비언어적인 방식을 통해 내담자와 연결되는 새로운 방법을 배움으로써 해결중심 작업을 향상시킬 가능성을 탐색하는 것은 매우 도전적이다.
>
> (Lipchik, 2005: 69)

　예를 들어, 여기에는 아마 내담자에게 자신의 몸 어디에서 정서를 느끼는지를 묻는 것이 포함될 것이다. 상담자는 분노가 행사하는 지배력을 약화시키길 원하는 내담자와 작업하면서 무엇이 분노의 자리를 대체할지 물을 수 있다. 만약 내담자가 '평화와 안녕'이라고 대답하면, 치료자는 "당신의 몸 어디에서 평화와 안녕을 느낄 수 있나요?"라고 물을 수 있다. 우리 뇌의 '학습(learn)'이라는 관점에 기반한 추가적인 제안으로는 "해결중심 상담자들이 내담자들에게 해

결에 이르도록 할 수 있는 단계들로 보이는 생각이나 행동을 반복
적으로 하도록 지시하기를 고려하는 것이 유용할 것"이라는 것이
다(Lipchik et al., 2005: 63).

립칙의 아이디어가 흥미롭지만 동시에 해결중심치료가 정의한
경계 중 하나를 위반할 위험이 있다. 즉, 상담자의 '알지 못하는(not
knowing)' 자세를 위반할 위험성이 있다. 내담자와 공유되지 않은
'전문적인' 지식을 적용하는 것은 치료적 만남의 본질을 바꾼다. 이
는 반드시 더 낫거나 나쁜 것은 아니지만 다른 것이며, 신경과학 이
론에 기반한 관심은 내담자가 자신에게 어떤 것이 최선인지를 이
해하는 방식을 찾는 데로 향한 관심에 영향을 줄 것이다.

그러나 신경과학은 아직 초기 발달 단계에 있으며, 신경과학에
서 비롯된 아이디어가 해결중심치료에 주는 영향이 무엇일지 우리
가 알기에는 너무 이르다. 그리고 사실상 모든 심리치료 방법에 어
떤 영향을 줄지 판단하기에도 너무 이르다.

95

결국 강점 기반 접근법과 같은 것 아닌가요?

이 질문의 잘못된 점은 내담자의 강점과 자원을 상담의 주목적으로 보고 단지 강점을 모으는 것만으로 내담자가 자신의 길을 가기에 충분할 것이라고 여기는 데 있다. 해결중심 상담자들은 내담자의 강점과 자원에 관심이 있지만, 오직 원하는 결과에 도움을 줄 수 있는 강점과 자원에만 관심이 있다.

조시: 저는 이 문제를 해결하기 위해 노력해 왔고, 조금씩 나아지고 있어요.

상담자: 어떤 것을 노력해 왔나요?

조시: 저 스스로 할 수 있는 것들을 해 왔어요. 그래서 밖에 나가서 걷기 시작했고요.

상담자: 어떻게 그렇게 할 수 있었나요? 우리 모두가 그렇게 하는 것이 좋은 생각이라는 것은 알지만 하기 싫은 일을 하기 위해서는 매우 많은 용기가 필요하잖아요.

조시: 처음엔 친구의 개를 빌려 왔어요. 그래서 나갈 수밖에 없었어요.

상담자: 창의적이네요!

조시: (웃음) …… 그 후로 몇 번 더 했어요.

상담자: 그렇게 해 보니까 느낌이 어떤가요?

조시: 엄청 좋아요. 하늘을 떠다니는 기분이에요.

상담자: 그래요. 그러면 이런 용기와 창의성이 당신 스스로 할 수 있도록 또
어떤 도움을 주었나요?

조시: 도로 바로 건너편에 있는 상점에 다녀왔어요.

상담자: 당신이 경험하고 있는 것을 생각해 보면 도로가 굉장히 길 수 있을
것 같은데 어떻게 다녀올 수 있었나요?

조시: 좀 웃기지만 혼잣말을 했어요. 사람들이 어떻게 생각했을지는 모르지
만 "대문으로 가자. 언제든지 돌아갈 수 있어." 그리고 언제든지 뒤
돌아서 집으로 갈 수 있다고 스스로 말하는 것을 단계별로 했어요.

상담자: 이렇게 스스로 자신 곁에 있어 주는 방법을 찾았네요! 정말 창의적
이에요!

조시는 웃으며 창의적으로 용기를 낸 사례를 몇 개 더 이야기했다.
이 사례에서 창의성과 용기는 상담자에 의해 확인되고 점차 조
시가 받아들인 강점이며, '정상적인 삶으로 돌아오겠다'는 소망을
돕는 데 사용된다. 수줍은 성격의 스탠드업 코미디언인 데이비드
의 경우에는 각 공연에서 그가 보이는 용기와 창의성이 단지 직업
의 일부분이기 때문에 이러한 강점을 강조하는 것은 적절하지 않
다. 왜냐하면 그가 여성과의 일대일 관계에서 더 자신감을 가지기
를 원했기 때문이다. 여기서 도움이 되었던 것은 그의 개방적이고
자기비하적인 유머 스타일을 대화라는 좀 더 중요한 문제에 적용
하는 것이었다. 그는 공연에서 자신을 숨기지 않았으며, 결국 관계

에서 자신을 숨기지 않는 방법을 발견했다.

따라서 해결중심 대화에서 강점과 다른 긍정적인 특성을 확인하는 것은 그 자체로 끝이 아니다. 각 '강점'은 관련된 행동에 대한 설명을 제공하며, 그중 하나는 내담자가 당시의 강점을 '느끼고' 있는지의 여부와 관계없이 수행할 수 있다. 정서나 느낌과 마찬가지로 강점은 내담자의 숨겨진 내면세계의 일부이며, 해결중심 상담자는 내담자가 실제 세계에서 어떻게 자신을 드러내는지를 확인하는 것에 관심이 있다. 상담자는 부정적인 정서, 특히 문제와 관련된 정서는 알아주지만(그런 표현을 사회적으로 인정하는 것과 같은 방식으로) 깊이 탐색하지는 않는다. 오래전에 죽은 아내를 위해 우는 것을 멈추기 원하는 잭이 상담 중에 울기 시작하면 상담자는 상처를 알아주고 다음 주제로 넘어간다("그 일로 충격이 컸나 보네요. 우는 것을 어떤 걸로 바꿔 가기를 원하나요?"). 물론 우는 것 자체가 문제가 되는 것은 아니다. 잭이 원하는 생활에 방해가 되는 부분을 제외하고는 완벽하게 긍정적이고 창의적인 정서이며 삶의 일부분이다.

96

문화적으로 편파적이지 않을까요?

SFBT는 특정 문화에만 적합하다고 볼 수 없을 정도로 다양한 문화적 배경에서 널리 사용되고 있으며, 특정한 심리학 이론을 의도적으로 택하지 않고 있다. 따라서 내담자로 하여금 자신의 입장을 버리고 상담자의 관점을 따르게 만드는 문화제국주의(cultural imperialism)적인 수단으로 활용되기에는 적절하지 않다. 대화를 여는 질문인 "우리의 상담을 통해 달성하고자 하는 당신의 최선의 소망은 무엇입니까?" 또한 보편적으로 허용되는 질문이다. 상담자가 질문을 통해 대화를 미래지향적인 방향으로 제안하기는 하지만, 이에 대한 질문이나 상담 장면에서 제시되는 질문들에 대한 답은 오직 내담자로부터만 올 수 있다.

이브와 그녀의 아들 아브람은 각각 정신건강센터와 아동보호센터에서 의뢰되었다. 이브는 아들을 공격하고 목을 조르려고 한 사건 때문에 정신병원에 28일 동안 강제 입원되었으며, 의뢰 시기는 입원 날짜가 거의 끝나가는 시점이었다. 그녀는 정신증적인 상태를 보였으며, 그러한 상태는 며칠 동안 유지되었다. 그녀는 영어를 할 줄 몰랐고, 아프리카 대사관에서 가정부로 일하고 있었다. 아브람은 14세였고, 학교를 다니고 있었으며, 영어를 완벽하게 구사했다. 그러나 상담 중에 예의 바르게 인사를 하는 것 말고는 말을 전혀 하지 않았다. 두 사람과의 대화는 통역사를 통해 진행되었다. 통역사는 상담자의 여러 질문 중에서도 특히 기적질문이 자신들의 나라와 문화에 딱 맞는 훌륭한 질문이라고 생각했다. 대부분의 회기는 플립차트에 산 그림을 그리는 것으로 진행되었다. 산 아래에는 병원이 있었고, 산꼭대기에는 이브의 소망인 '건강'이 있었다. 그림을 통해 상담에서는 지금까지 그녀의 성취를 보여 주는 척도와 앞으로 나타날 수 있는 진전의 신호에 대해 이야기했다.

2회기 시작 부분에서 이브는 다양한 긍정적인 변화를 보고했다. 그리고 상담자는 그녀의 모국어로 "그 밖에 무엇이 있을까요?"를 말하는 법을 배웠다. 이브는 이것을 아주 재미있어 했고, 그녀의 반응은 눈에 띄게 증가했다. 그러나 아브람의 반응은 증가하지 않았다. 3회기가 되었을 때 (이때까지는 대부분 이브에게 "그 밖에 무엇이 있을까요?"라는 질문을 함으로써 진행되었다.) 그녀는 건강해졌으며, 새로운 숙소에 잘 정착했고, 아브람은 여전히 위탁 가정에서 생활하기는 했지만 집에 매일매일 방문했고, 그 과정에서 애로 사항이 발견되지 않았다. 이브는 그녀의 치료 과정에 놀라워했다. 그녀는 무료로 그녀와 아들이 훌륭한 돌봄을 받았다는 것을 믿기 어려워했다. 그녀는 대사관의 직장을 잃었지만 새로운 직업을 찾는 과정에서 지원을 받았으며, 새 주거 공간도 지원받을 수 있었다. 그녀는 왜 자신이 '정신을 놓았는지' 전혀 알지 못했지만, 몇 주 동안 전조 증상을 경험했다. 이제 그녀는 그러한 증상이 어디로 이어지는지 알게 되었고, 도움이 즉각적으로 제공되는 것도 알게 되었으며, 상황이 이렇게 나빠질 때까지 가만히 있지 않겠다고 다짐했다.

그녀는 앞으로 나아갈 길을 발견했고(그리고 상담이 이 과정에서 도움이 되었길 바란다), 4년 후의 추수(follow-up) 회기도 잘 진행되었다. 통역사는 가족의 친구가 되었고, 상담자와도 4년 후에 또 만나게 되었다. 이브는 이제 영어를 할 수 있게 되었고, 직업을 가졌으며, 더 이상 정신증적인 증상을 경험하지 않았다. 아브람도 집으로 다시 돌아왔고, 학교를 졸업했으며, 대학 진학을 기다리고 있었다.

상담 과정에서는 무엇이 잘못되었는지 이해하거나 문화적으로 또는 다른 용어로 설명하려는 어떠한 시도도 전혀 없었다. 상담자는 모든 내담자에게 그러하듯이 이브에 대해 신뢰를 가졌다. 그는 그녀가 어려움을 해결하고 삶을 되찾을 방법을 가장 잘 알고 있을 것이라고 믿었다. 또한 자신이 이해하지 못하는 답이더라도 이브의 답이 그녀의 삶을 살아가는 다양한 방법으로 안내해 줄 것이라고 믿었다.

97

문제해결 접근법의 한 형태일 뿐이지 않을까요?

이 질문에 대한 답은 아마도 누가 질문을 받느냐에 따라 크게 달라질 것이다. 만약 우리가 상담이 끝날 때 너무도 감사해하는 내담자들에게 물어본다면, 그들은 그러한 의견에 동의할 것 같다. 그들은 아마도 어떤 문제에 시달리다가 상담자에게 온 것일 테고, 상담을 받는 동안에 그들이 소망하던 미래나 절박하게 바라던 소망이 아니라 어려움을 해결하는 방법을 찾아냈다는 것일 것이다. 대부분의 내담자는 상담자의 특정한 접근법에 상대적으로 관심이 없으며, 단지 그들이 고통에서 안정을 얻을 수 있는지 그리고 어느 정도 안정을 얻으면 문제가 해결되는지에 관심이 있다.

상담자의 관점에서 보면, '문제해결'과 '해결중심' 접근법의 차이는 상당하며 의심할 여지 없이 중요하다. 해결중심 접근법이 비윤리적이거나 위험성의 여지가 없다고 하더라도, 전통적인 상담자들이 SFBT가 부적절하다는 견해를 표명하던 접근 초기에는 그 중요성의 정도가 더 컸다. 그들은 그 접근법을 단지 또 다른 '문제해결'

양식으로만 보지 않았다. 그들은 명확하고 분명한 차이점에 초점을 맞추고, 만약 해결중심 상담자들이 문제를 다루기 위해서 전통적인 상담에서 항상 해 왔던 것을 하지 않는다면 어떻게 지속적인 변화를 가져올 수 있는지에 대해 물었다.

해결중심 접근법의 핵심은, 상담에서 내담자의 가장 큰 소망이 달성되고 내담자의 인생 그림이 상담에 가져온 문제에 의해 결정되지 않을 때 내담자가 인생에 대한 상세한 그림을 그릴 수 있도록 내담자를 초대하는 것이다. 이런 관점에서는 문제와 해결책 사이에 직접적인 연관성은 없다. 업무 스트레스 때문에 상담자를 찾아와서 스트레스를 덜 받는 날들을 기록하도록 요구받은 내담자는 사무실에서 점심을 먹을 때보다 쉬면서 점심을 먹을 때 더 기분이 좋아진다는 것을 알아차릴 수 있다. 문제해결 접근법은 일반적으로 내담자의 삶에서 스트레스 요인에 초점을 맞추고 내담자가 그것에 대해 어떤 것이든지 해 보도록 초대할 것이다. 그러나 해결중심 상담자는 내담자에게 실험적으로 매일 쉬면서 점심 식사를 하고 그것이 어떤 변화를 일으키는지 지켜볼 것을 제안할 수 있다. 즉, SFBT는 이미 제자리에 놓여 있고, 내담자들이 소망하는 미래의 요소들에 주의를 기울이도록 하고, 그러한 것들을 더 많이 하도록 장려한다. 이 과정은 실질적으로 그리고 상당히 다르며, 그 차이를 강조하기 위해 다른 설명을 할 가치가 있다.

⓭⃝98

정해진 공식에 의한 접근이 아닌가요?

우리는 SFBT가 '훈련된' 접근법이라고 말하고 싶다. 상담 회기에 대해 잘 정의된 구조는 현장에 있는 상담자로서 우리의 방향을 아는 데 도움이 된다. 주어진 상담 회기에 신경 써야 할 것이 너무 많기에, 이미 시도되고 검증된 절차를 따르는 것은 복잡한 일을 훨씬 쉽게 만든다.

종종 반복되는 질문 그리고 회기가 끝난 후 정기적으로 사용되는 여러 가지 공식적 질문이 있다는 것을 부인할 수는 없다. '최선의 소망' 질문은 모든 회기에서 사용되며, "그 밖에 무엇이 있을까요?"와 같은 다른 질문들은 모든 만남에서 반복적으로 사용된다. 예를 들어, 각각의 추수 회기는 "무엇이 더 나아졌나요?"라는 질문으로 시작하고, 척도질문은 문자 그대로 진전의 척도로 매 회기에 의도적으로 채택된다. 낸시 클라인(Nancy Kline)의 다음 논평은 적절하다. "질문이 새로운 생각을 만들어 내는 한 질문 그 자체는 새로운 것이다."(Kline, 1999: 158)

1991년에 우리는 처음으로 빌 오한론을 그의 해결중심단기치료 모델(model of solution oriented brief therapy)에 대해 발표하도록 초대했다. 그는 미래에 초점을 둔 질문의 사용에 대해 길게 이야기했지만, 기적질문에 대해서는 거의 언급하지 않았다. 우리가 그에게 왜 기적질문을 언급하지 않느냐고 물었을 때, 그는 "나는 공식적 질문을 사용하는 것을 좋아하지 않는다."라고 말했다. 그것들은 그의 자유로운 행동을 방해했고, 그는 내담자에게 즉각적으로 반응하는 더 즉흥적인 스타일을 선호한다고 설명했다. 심지어 드세이저, 버그와 함께 SFBT의 창립자 중 한 명인 이브 립칙은 "나는 이론적 원리의 가치를 기법과 같은 수준에 두고 있다."라고 말했다(Lipchik, 2009: 60). 그리고 그녀는 그것이 점점 더 '형식적'이 되어 가고, 필수적인 기법들이 '그 자체로 힘을 발휘하고 있다'고 불평했다. 그녀는 "상담자들이 가정들을 내면화한다면 다음에 무엇을 물어볼 것인지에 대해 당황하지 않을 것이다."라는 결론을 내렸다(2009: 55).

해결중심 저서에 충분히 많은 다양한 질문이 있으므로 우리가 너무 경직되거나 예측 가능한 것에 대해 걱정하지 않아도 된다고 믿는다. 하지만 여기 주목할 점이 있다. 1997년에 『British Journal of Family Therapy』는 SFBT의 몇 가지 성과 연구를 실은 특별판을 발행했다. 드세이저와 버그는 SFBT의 네 가지 특징을 기술한 짧은 입문서를 기고했는데, 그중 첫 번째 논문에 "첫 번째 회기의 어느 시점에서는 상담자가 '기적질문'을 할 것"이라고 적혀 있었다(de Shazer & Berg, 1997: 123). 정말 공식적이다! 그러나 그들의 요점은 "연구 맥락에서 사용된 모델은 분명하고 명확하게 입증되어야 한다"는 것이었다(de Shazer & Berg, 1997). 그들은 계속해서 "분명히 이러한 특성의 존재는 치료의 질에 대해 아무것도 말하지 않는다."

라고 말했다(de Shazer & Berg, 1997). 어떤 사람이 기적질문을 한다는 사실만으로 그들이 잘하고 있다는 것을 보장하지는 않는다. 그러나 "연구자는 검증되는 치료 모델이 실제로 상담자들이 사용하는 모델이라는 것을 증명할 수 있어야 한다. 그렇지 않으면 모든 발견은 의심된다"(de Shazer & Berg, 1997).

새로운 접근법을 배우는 것은 어렵다. 우리는 초심 상담자들이 SFBT의 구조를 그대로(엄격하게, 공식적으로) 따르는 것부터 시작하길 추천한다. 그러고 나서 몇 년의 연습 후에는 오한론처럼 즉흥적으로 할 수 있고, 개인적으로 그들에게 맞는 스타일을 찾을 수 있을 것이다!

—— 99 ——
다른 접근법과 함께 사용할 수 있나요?

  SFBT는 다른 모든 접근법과 함께 사용할 수 있다. 그러나 SFBT
가 다른 접근법들과 통합될 수 있다고 생각하는 것은 실수일 것이
다. SFBT의 독특한 철학과 언어는 문제중심 접근법이 시행되고 해
결중심 질문이 더해지는 것이 마치 상담자가 문제중심에서 해결중
심으로 옮겨 갔다가 되돌아가는 것과 같다는 것을 의미한다. 다시
말해, 이들은 통합적이지 않고 절충적이다.

  해결중심 질문은 다른 접근법의 임상가들에 의해 사용될 수 있
다. 예를 들어, 내담자의 소망을 이끌어 내기 위해 미래중심 질문을
사용하고, 내담자의 진전 정도를 평가하기 위해 척도질문을 사용
하는 것은 치료적 노력에 분명히 도움이 될 것이다. 이러한 의미에
서 어떠한 사람들이 정신역동적인 입장, 예를 들어 단기치료와 가
장 멀리 떨어져 있는 것으로 간주되는 접근법을 사용할지라도 그
들은 해결중심 질문을 잘 활용할 수 있을 것이다.

  다른 질문은 어떤 접근법이 해결중심에 가장 가까운 것으로 간

주될 수 있는지에 관한 것이다. 실제로 해결중심 임상가들은 막히거나 실패할 때 어떤 접근법을 사용하는가? '렌즈 열기(Opening the Lens)'라는 제목의 글을 쓴 마이클 호이트(Michael Hoyt)는 다양한 모델에서 빌려 쓰는 임상가들이 "효과 있는 것을 하라(Do What Works)."라는 '해결중심의 메타 메시지'와 일치되게 한다는 것을 언급하지만, "모든 상담자는 이미 대부분 그들 스스로가 효과 있는 것을 하고 있다고 생각하고 있었다(효과가 없다면 왜 그 일을 했겠는가?). 따라서 해결중심 개입의 정신 및 의도와 일치할 수 있는 보다 구체적인 기준을 마련하는 것이 합리적이다."라고 덧붙인다(Hoyt, 2009: 177-178). 그는 SFBT와 가장 근접한 것으로 간주되는 역량 기반 개입과 아이디어를 동기강화상담(motivational interviewing), 강점 탐구(appreciative inquiry), 이야기치료(narrative therapy), MRI 접근[해결중심의 전신인 단기치료로, 그는 여기서 '느리게 진행하기(go slow messages)'와 '차질 예측하기(predicting setbacks)'를 핵심으로 강조한다]에서 이끌어 낸다(Hoyt, 2009: 179-182). BRIEF 회원이 참석한 1994년 MRI 콘퍼런스에서 드세이저는 해결중심이 효과가 없을 때 그와 그의 팀이 하는 것은 '그들이 여기에서 하는 것과 매우 비슷해 보인다'고 말했다.

호이트는 또한 '친절, 유머, 믿음, 존중, 사랑'에 대해 가정되거나 당연시된 이들의 특성이 많은 기술이 뿌리내릴 수 있는 토양을 제공한다고 이야기했다. 해결중심 상담자는 사람들이 제대로 치료받으면 유능하고 능력이 있다는 깊고 지속적인 믿음을 갖고 일한다. 우리는 그들의 해결책을 찾고 있고, 항상 그렇지는 않지만 일반적으로 내가 열심히 들을수록—종종 내가 기대하지도 상상하지도 못했던 방식으로— 내담자가 더 똑똑해진다는 것을 알게 되었다. 이러한 믿음은 해결중심 상담자가 '어둠을 저주하는 대신 빛을 찾게' 해준다.

(Hoyt, 2009: 181)

100

해결중심 단기치료: 스스로 적용해 보기

해결중심접근을 기반으로 한 자기계발서(self-help books)는 많다(Weiner-Davis, 1992, 2001; O'Hanlon & Hudson, 1994; Miller & Berg, 1995; O'Hanlon, 1999; Metcalf, 2004). 적용은 간단하며, 어떻게 하면 상담자나 코치 없이도 스스로 충분히 열심히 일할 수 있는지와 같은 모든 자기계발서의 내용과 마찬가지로 도전 과제도 명확하다. 상담자와 코치가 계속 존재하는 것은 우리가 포기한 우리만의 방법에 맡겨진 지점을 넘어서게 한다. 특정 어려움과 관련해서 우리는 스스로에게 이렇게 물어볼 수 있다.

- 문제가 해결되었는지 내가 어떻게 알 수 있을까?
- 해결이 낳는 스무 가지 차이점은 무엇일까?
- 문제가 해결되었다고 다른 사람들에게 말하는 스무 가지 방법은 무엇일까?
- 0부터 10까지의 척도 중에서 10이 문제의 완전한 해결이고

0이 그 반대라면, 나는 지금 어디에 있을까?

- 내가 그 지점에 있고, 그보다 낮지 않다는 것을 알려 주는 열
  가지 것은 무엇일까?
- 다른 사람들이 알 수 있는 열 가지 것은 무엇일까?
- 나와 다른 사람들은 내가 척도의 한 칸 위로 이동했다는 것을
  어떻게 알 수 있을까?
- 한 칸 위로 이동했다는 증거가 될 만한 것들 중에 다음 주 동안
  꾸준히 하고 그것이 내 삶에 변화를 가져올지 알아보는 것이
  가장 쉬운 두 가지는 무엇일까?

우리가 알 수 있듯이, 해결중심 질문의 적용은 간단하다. 새해 첫
날에 유용한 연습을 하라. 지금이 한 해의 마지막 날인 12월 31일이
라고 상상해 보고, 한 해를 되돌아봤을 때 당신은 이번 해가 자신의
모든 면에서 실력을 충분히 발휘한 한 해였다는 점을 깨달았다.

- 무엇이 당신에게 올해가 당신이 기대했던 것만큼 좋은 해였음
  을 말해 줄 것인가?
- 무엇이 다른 사람들에게 올해가 당신에게 진정한 성장의 한
  해였다는 것을 말해 줄 것인가?
- 성장이 올바른 방향으로 이루어지고 있다는 것을 알려 주는
  가장 작은 징후는 무엇인가?

그리고 당신이 2주마다 당신의 과제를 검토할 때, 간단한 척도는
당신의 진행 상황을 기록하는 데 도움을 줄 것이다.

한 가지 예를 더 들어 보자. 인생에서 발전하는 것을 보고 싶은

관계를 생각해 보자. 종이 한 장을 들고 앉아서, 두 사람 사이에 상황이 좋아지고 있다는 것을 알려 줄 상대방의 스무 가지 변화를 적어 보라. 이 과제를 완료한 후, 당신의 종이 한 장을 앞에 놓고 앉아서 목록을 천천히 쭉 읽어 보면서 한 번은 당신이 이러한 변화를 보는 것이 얼마나 기쁘고, 당신이 관련된 다른 사람을 어떻게 다르게 느끼는지, 얼마나 자비롭고, 어쩌면 얼마나 따뜻한지, 얼마나 감사한지 상상해 보라. 이 변화를 되돌아본 후, 다른 종이 한 장을 더 가지고 와서 다른 사람이 당신의 변화를 알아차릴 수 있는 마흔 가지 방법의 목록을 적어 보라. 이러한 변화는 미소, 차 한 잔, "좋은 아침이에요."라고 말하는 것처럼 가장 분명한 것에서부터 당신이 이 사람에 대해 서로의 지인에게 이야기할 법한 가장 미묘한 것까지 모두를 포괄한다. 변화 목록을 다시 읽고, 상대방의 변화에 대해 적은 첫 번째 목록을 찢어서 버리라. 다음 한 주 동안 상대방에게 변화가 일어난 것처럼 행동하라. 그것이 어떤 변화를 가져오는지 살펴보라.

해결중심적인 자조(self-help)질문의 가능성은 무궁무진하다. 행운을 빈다!

참고문헌

Andersen, T. (Ed.) (1990) *The Reflecting Team: Dialogue and Dialogues about the Dialogues*. Broadstairs, Kent: Borgmann.

Badarraco, J. (2001) We don't need another hero. *Harvard Business Review*, 79(8): 120–126.

Berg, I. K. (1991) *Family Preservation*. London: Brief Therapy Press.

Berg, I. K. and de Shazer, S. (1993) Making numbers talk: language in therapy. In S. Friedman (Ed.), *The New Language of Change: Constructive Collaboration in Psychotherapy*. New York: Guilford Press.

Berg, I. K. and Miller, S. (1992) *Working with the Problem Drinker: A Solution Focused Approach*. New York: W. W. Norton.

Berg, I. K. and Shilts, L. (2005) Keeping the solutions inside the classroom. *ASCA School Counselor*, July/August.

Berg, I. K. and Steiner, T. (2003) *Children's Solution Work*. New York: W. W. Norton.

Beyebach, M. and Carranza, V. E. (1997) Therapeutic interaction and dropout: measuring relational communication in solution-focused therapy. *Journal of Family Therapy*, 19: 173-212.

Bliss, E. V. and Edmonds, G. (2008) *A Self-determined Future with Asperger's Syndrome: Solution Focused Approaches*. London: Jessica Kingsley.

Buckingham, M. and Coffman, C. (1999) *First, Break All the Rules*. New York: Simon & Schuster.

Cade, B. (2007) Springs, streams and tributaries: a history of the brief, solution-focused approach. In T. Nelson and F. Thomas (Eds.), *Handbook of Solution-Focused Brief Therapy*. New York: Haworth.

Cockburn, J. T., Thomas, F. N. and Cockburn, O. J. (1997) Solution-focused therapy and psychosocial adjustment to orthopedic rehabilitation in a work hardening program. *Journal of Occupational Rehabilitation*, 7: 97-106.

DeJong, P. and Berg, I. K. (2008) *Interviewing for Solutions* (3rd edn.). Pacific Grove, CA: Brooks/Cole.

de Shazer, S. (1982) *Patterns of Brief Family Therapy*. New York: Guilford Press.

de Shazer, S. (1984) The death of resistance. *Family Process*, 23: 1117.

de Shazer, S. (1985) *Keys to Solution in Brief Therapy*. New York: W. W. Norton.

de Shazer, S. (1987) Minimal elegance. *Family Therapy Networker*, 11: 57-60.

de Shazer, S. (1988) *Clues: Investigating Solutions in Brief Therapy*. New York: W. W. Norton.

de Shazer, S. (1989) Resistance revisited. *Contemporary Family Therapy*, 11: 227-233.

de Shazer, S. (1991) *Putting Difference to Work*. New York: W. W. Norton.

de Shazer, S. (1994) *Words were Originally Magic*. New York: W. W. Norton.

de Shazer, S. (1995) *Coming Through The Ceiling*. Training video (available at: www.sfbta.org).

de Shazer, S. (1998) *Radical acceptance* (accessed 20 February 1998 from website of BFTC).

de Shazer, S. (2001) Handout at presentation for BRIEF, entitled 'Conversations with Steve de Shazer'.

de Shazer, S. and Berg, I. K. (1997) 'What works?' Remarks on research aspects of solution-focused brief therapy. *Journal of Family Therapy*, 19: 121-124.

de Shazer, S. and Isebaert, L. (2003) The Bruges Model: a solutionfocused approach to problem drinking. *Journal of Family Psychotherapy*, 14: 43-52.

de Shazer, S., Berg, I. K., Lipchik, L., Nunnally, E., Molnar, A., Gingerich, W. et al. (1986) Brief therapy: focused solution development. *Family Process*, 25: 207-222.

de Shazer, S., Dolan, Y., Korman, H., Trepper, T., McCollum, E. and Berg, I. K. (2007) *More than Miracles: The State of the Art of*

Solution-Focused Brief Therapy. New York: Haworth.

Dolan, Y. (1991) *Resolving Sexual Abuse*. New York: W. W. Norton.

Dolan, Y. (2000) *Beyond Survival*. London: Brief Therapy Press.

Eakes, G., Walsh, S., Markowski, M., Cain, H. and Swanson, M. (1997) Family-centred brief solution-focused therapy with chronic schizophrenia: a pilot study. *Journal of Family Therapy*, 19: 145-158.

Franklin, C., Moore, K. and Hopson, L. (2008) Effectiveness of solution-focused brief therapy in a school setting. *Children and Schools*, 30: 15-26.

Freud, S. (1912) *The Dynamics of Transference*. Standard Edition, Vol. XII. London: The Hogarth Press.

George, E., Iveson, C. and Ratner, H. (1999) *Problem to Solution: Brief Therapy with Individuals and Families* (revised and expanded edition). London: Brief Therapy Press.

Gergen, K. J. (1999) *An Invitation to Social Construction*. London: Sage.

Haley, J. (1973) *Uncommon Therapy: The Psychiatric Techniques of Milton H. Erickson, M.D.* New York: W. W. Norton.

Harker, M. (2001) How to build solutions at meetings. In Y. Ajmal and I. Rees (Eds.), *Solutions in Schools*. London: Brief Therapy Press.

Herrero de Vega, M. (2006) Un estudio sobre el proceso de cambio terapéutico: el manejo de 'casos atascados' en terapia sistémica breve [A study of therapeutic change: handling 'stuck cases' in brief systemic therapy]. Unpublished doctoral dissertation, Department of Psychology, Pontifical University of Salamanca, Salamanca,

Spain.

Hillel, V. and Smith, E. (2001) Empowering students to empower others. In Y. Ajmal and I. Rees (Eds.), *Solutions in Schools*. London: Brief Therapy Press.

Hoyt, M. H. (2009) *Brief Psychotherapies: Principles and Practices*. Phoenix, AZ: Zeig, Tucker & Theisen.

Iveson, C. (1994) *Preferred Futures-Exceptional Pasts*. Presentation to the European Brief Therapy Association Conference, Stockholm.

Iveson, C. (2001) *Whose Life? Working with Older People*. London: Brief Therapy Press.

Iveson, C., George, E. and Ratner, H. (2012) *Brief Coaching: A Solution Focused Approach*. London: Routledge.

Kelly, M., Kim, J. and Franklin, C. (2008) *Solution Focused Brief Therapy in Schools: A 360-Degree View of Research and Practice*. Oxford: Oxford University Press.

Kline, N. (1999) *A Time to Think*. London: Cassell.

Korman, H. (2004) *The Common Project* (available at: www.sikt.nu).

Lee, M. Y. (1997) A study of solution-focused brief family therapy: outcomes and issues. *American Journal of Family Therapy*, 25: 3-17.

Lee, M. Y., Greene, G. J., Uken, A., Sebold, J. and Rheinsheld, J. (1997) Solution-focused brief group treatment: a viable modality for domestic violence offenders? *Journal of Collaborative Therapies*, IV: 10-17.

Lee, M. Y., Sebold, J. and Uken, A. (2003) *Solution-Focused Treatment of Domestic Violence Offenders.* New York: Oxford University Press.

Lethem, J. (1994) *Moved to Tears, Moved to Action: Brief Therapy with Women and Children.* London: Brief Therapy Press.

Lindforss, L. and Magnusson, D. (1997) Solution-focused therapy in prison. *Contemporary Family Therapy,* 19: 89-104.

Lipchik, E. (1986) The purposeful interview. *Journal of Strategic and Systemic Therapies,* 5(1/2): 88-99.

Lipchik, E. (2005) An interview with Eve Lipchik: expanding solutionfocused thinking. *Journal of Systemic Therapies,* 24(1): 67-74.

Lipchik, E. (2009) A solution focused journey. In E. Connie and L. Metcalf (Eds.), *The Art of Solution Focused Therapy.* New York: Springer.

Lipchik, E., Becker, M., Brasher, B., Derks, J. and Volkmann, J. (2005) Neuroscience: a new direction for solution-focused thinkers? *Journal of Systemic Therapies,* 24(3): 49-69.

Littrell, J. M., Malia, J. A. and Vanderwood, M. (1995) Single-session brief counseling in a high school. *Journal of Counseling and Development,* 73: 451-458.

Losada, M. and Heaphy, E. (2004) The role of positivity and connectivity in the performance of business teams: a nonlinear dynamics model. *American Behavioral Scientist,* 47: 740-765.

Macdonald, A. (1997) Brief therapy in adult psychiatry: further outcomes. *Journal of Family Therapy,* 19: 213-222.

Macdonald, A. (2005) Brief therapy in adult psychiatry: results from 15 years of practice. *Journal of Family Therapy*, 27: 65-75.

Macdonald, A. (2011) Website of Alasdair Macdonald, keeping an up-to-date eye on all the research in the SFBT field (available at: www.solutionsdoc.co.uk/sft.html).

Mahlberg, K. and Sjoblom, M. (2004) *Solution Focused Education: For a Happier School* (available at: www.fkce.se).

McKergow, M. and Korman, H. (2009) In between-neither inside or outside: the radical simplicity of solution-focused brief therapy. *Journal of Systemic Therapies*, 28(2): 34-49.

Metcalf, L. (1998) *Solution Focused Group Therapy*. New York: Simon & Schuster.

Metcalf, L. (2003) *Teaching Towards Solutions: A Solution Focused Guide to Improving Student Behaviour, Grades, Parental Support and Staff Morale* (2nd edn.). Arlington, TX: Metcalf & Metcalf Family Clinic.

Metcalf, L. (2004) *The Miracle Question: Answer It and Change Your Life*. Carmarthen, Wales: Crown House Publishing.

Metcalf, L. (2009) *The Field Guide to Counselling Towards Solutions: The Solution Focused School*. San Francisco, CA: Jossey-Bass.

Miller, G. (1997) *Becoming Miracle Workers: Language and Meaning in Brief Therapy*. New York: Aldine de Gruyter.

Miller, G. and de Shazer, S. (1998) Have you heard the latest rumor about . . .? Solution-focused therapy as a rumor. *Family Process*, 37: 363-377.

Miller, G. and de Shazer, S. (2000) Emotions in solution-focused therapy: a re-examination. *Family Process*, 39: 5-23.

Miller, S. and Berg, I. K. (1995) *The Miracle Method: A Radically New Approach to Problem Drinking*. New York: W. W. Norton.

Mintzberg, H. (1999, Spring) Managing quietly. *Leader to Leader*, pp. 24-30.

Norman, H. (2003) Solution-focused reflecting team. In B. O'Connell and S. Palmer (Eds.), *Handbook of Solution-Focused Therapy*. London: Sage.

Norum, D. (2000) The family has the solution. *Journal of Systemic Therapies*, 19(1): 3-15.

Nunnally, E., de Shazer, S., Lipchik, E. and Berg, I. K. (1985) A study of change: therapeutic theory in process. In E. Efron (Ed.), *Journeys: Expansion of the Strategic-Systemic Therapies*. New York: Brunner/Mazel.

Nylund, D. and Corsiglia, V. (1994) Becoming solution-focused in brief therapy: remembering something important we already knew. *Journal of Systemic Therapies*, 13(1): 5-12.

O'Hanlon, B. (1999) *Do One Thing Different: And Other Uncommonly Simple Solutions to Life's Persistent Problems*. New York: Morrow.

O'Hanlon, B. and Beadle, S. (1996) *A Field Guide to PossibilityLand*. London: Brief Therapy Press.

O'Hanlon, B. and Bertolino, B. (1998) *Even from a Broken Web: Brief, Respectful Solution-Oriented Therapy for Sexual Abuse and Trauma*. New York: Wiley.

O'Hanlon, W. and Hudson, P. (1994) *Love is a Verb: How to Stop Analysing Your Relationship and Start Making it Great*. New York: W. W. Norton.

Perkins, R. (2006) *The effectiveness of one session of therapy using a single-session therapy approach for children and adolescents with mental health problems* (cited at www.solutionsdoc.co.uk).

Rhodes, J. and Ajmal, Y. (1995) *Solution Focused Thinking in Schools*. London: Brief Therapy Press.

Seidel, A. and Hedley, D. (2008) The use of solution-focused brief therapy with older adults in Mexico: a preliminary study. *American Journal of Family Therapy*, 36: 242–252.

Sharry, J. (2007) *Solution Focused Group Work* (2nd edn.). London: Sage.

Shennan, G. and Iveson, C. (2011) From solution to description: practice and research in tandem. In C. Franklin, T. S. Trepper, W. J. Gingerich and E. E. McCollum (Eds.), *Solution-focused Brief Therapy: A Handbook of Evidence-based Practice*. New York: Oxford University Press.

Shilts, L. (2008) The WOWW Program. In P. DeJong and I. K. Berg (Eds.), *Interviewing for Solutions* (3rd edn.). Pacific Grove, CA: Brooks/Cole.

Simon, J. (2010) *Solution Focused Practice in End-of-Life and Grief Counseling*. New York: Springer.

Simon, J. and Nelson, T. (2007) *Solution Focused Brief Practice with Long Term Clients in Mental Health Services: 'I Am More Than My*

Label'. New York: Haworth.

Sundman, P. (1997) Solution-focused ideas in social work. *Journal of Family Therapy*, 19: 159-172.

Tohn, S. L. and Oshlag, J. A. (1997) *Crossing the Bridge: Integrating Solution-Focused Therapy into Clinical Practice*. Sudbury, MA: Solutions Press.

Turnell, A. and Edwards, S. (1999) *Signs of Safety*. New York: W. W. Norton.

Wade, A. (1997) Small acts of living: everyday resistance to violence and other forms of oppression. *Contemporary Family Therapy*, 19: 23-39.

Wagner, P. and Gillies, E. (2001) Consultation: a solution-focused approach. In Y. Ajmal and I. Rees (Eds.), *Solutions in Schools*. London: Brief Therapy Press.

Walsh, T. (2010) *The Solution-Focused Helper*. London: McGraw-Hill.

Watzlawick, P., Weakland, J. and Fisch, R. (1974) *Change: Principles of Problem Formation and Problem Resolution*. New York: W. W. Norton.

Weakland, J., Fisch, R., Watzlawick, P. and Bodin, A. (1974) Brief therapy: focused problem resolution. *Family Process*, 13: 141-168.

Weiner-Davis, M. (1992) *Divorce Busting*. New York: Simon & Schuster.

Weiner-Davis, M. (2001) *The Divorce Remedy*. New York: Simon & Schuster.

Weiner-Davis, M., de Shazer, S. and Gingerich, W. (1987) Building on pretreatment change to construct the therapeutic solution: an exploratory study. *Journal of Family and Marital Therapy*, 13: 359–363.

Young, S. (2009) *Solution-Focused Schools: Anti-Bullying and Beyond*. London: Brief Therapy Press.

Zimmerman, T. S., Jacobsen, R. B., MacIntyre, M. and Watson, C. (1996) Solution-focused parenting groups: an empirical study. *Journal of Systemic Therapies*, 15: 12–25.

Zimmerman, T. S., Prest, L. A. and Wetzel, B. E. (1997) Solution-focused couples therapy groups: an empirical study. *Journal of Family Therapy*, 19: 125–144.

저자 소개

하비 래트너(Harvey Ratner), 에반 조지(Evan George)와 크리스 이브슨(Chris Iveson)은 BRIEF의 공동 창립자로서 1989년 런던에서 교육, 코칭 및 해결중심의 단기심리치료 상담기관(www.brief.org.uk)을 시작하였으며, 전 세계 7만 명 이상의 수강자에게 다양한 매체로 해결중심 단기치료 접근에 대하여 소개하고 교육을 진행했다.

역자 소개

김동일 교수 (Kim, Dongil)

서울대학교 사범대학 교육학과 교육상담전공 교수 및 서울대학교 대학원 특수교육전공 주임교수, 서울대학교 대학생활문화원 원장, 장애학생지원센터 상담교수, 서울대학교 특수교육연구소 소장으로 재직하고 있다. 서울대학교 교육학과를 졸업하고 교육부 국비유학생으로 도미하여 미네소타 대학교 교육심리학과에서 석사, 박사 학위를 취득했다.

Developmental Studies Center, Research Associate, 한국청소년상담원 상담교수, 경인교육대학교 교육학과 교수, 한국학습장애학회 회장, 서울대학교 사범대학 기획부학장(실장), 여성가족부 청소년보호위원회 위원, (사)한국교육심리학회 회장 등을 역임했다. 국가수준의 인터넷중독 척도와 개입연구를 진행하여 정보화 역기능 예방사업에 대한 공로를 인정받아 행정안전부 장관 표창을 받았고, 교육부 학술연구지원사업(50선) 연구성과 선정으로 교육부장관 학술상(2020년 제20-1075호), 연구논문과 저서의 우수성을 인정받아 한국상담학회 학술상(2014-2/2016)과 학지사 저술상(2012) 등을 수상했다.

현재 SSK 중형단계 교육사각지대학습자 연구사업단 단장, BK21FOUR 혁신과 공존의 교육연구사업단 단장, 한국아동청소년상담학회 회장, 한국특수교육학회 부회장, 여성가족부 학교밖청소년지원위원회(2기) 위원, 국무총리실 사행산업통합감독위원회(중독분과) 민간위원 등으로 봉직하고 있다.

『청소년 상담학 개론(2판): 한국아동청소년상담학회 연구총서 1』(공저, 2020, 학지사), 『지능이란 무엇인가: 인지과학이 밝혀낸 마음의 구조』(역, 2016, 사회평론), 『DSM-5에 기반한 학습장애아동의 이해와 교육(3판)』(공저, 2016, 학지사)을 비롯하여 50여 권의 (공)저·역서가 있으며, 300여 편의 전문학술논문(SSCI/KCI)을 등재했고, 30여 개의 표준화 심리검사를 발표했다.

한국아동청소년상담학회 연구총서 7

100개의 핵심 포인트
해결중심 단기치료

Solution Focused Brief Therapy:
100 Key Points and Techniques

2021년 4월 5일 1판 1쇄 발행
2023년 9월 20일 1판 2쇄 발행

지은이 • Harvey Ratner · Evan George · Chris Iveson
옮긴이 • 김 동 일
펴낸이 • 김 진 환
펴낸곳 • (주) **학지사**

04031 서울특별시 마포구 양화로 15길 20 마인드월드빌딩 5층
대표전화 • 02) 330-5114   팩스 • 02) 324-2345
등록번호 • 제313-2006-000265호

홈페이지 • http://www.hakjisa.co.kr
인스타그램 • https://www.instagram.com/hakjisabook

ISBN 978-89-997-2308-7 93180

정가 17,000원

출판미디어기업 **학지사**

간호보건의학출판 **학지사메디컬** www.hakjisamd.co.kr
심리검사연구소 **인싸이트** www.inpsyt.co.kr
학술논문서비스 **뉴논문** www.newnonmun.com
원격교육연수원 **카운피아** www.counpia.com